U0529524

2015年度教育部人文社会科学研究青年基金项目（15YJCZH142）

洮砚传人评传

史忠平 著

中国社会科学出版社

图书在版编目（CIP）数据

洮砚传人评传 / 史忠平著. —北京：中国社会科学出版社，2019.11
ISBN 978-7-5203-5849-1

Ⅰ.①洮… Ⅱ.①史… Ⅲ.①石砚－民间艺人－评传－甘肃 Ⅳ.①K825.72

中国版本图书馆 CIP 数据核字（2019）第 294700 号

出 版 人	赵剑英
责任编辑	张　潜
责任校对	王丽媛
责任印制	王　超

出　　版	中国社会科学出版社
社　　址	北京鼓楼西大街甲158号
邮　　编	100720
网　　址	http://www.csspw.cn
发 行 部	010-84083685
门 市 部	010-84029450
经　　销	新华书店及其他书店

印　　刷	北京明恒达印务有限公司
装　　订	廊坊市广阳区广增装订厂
版　　次	2019年11月第1版
印　　次	2019年11月第1次印刷

开　　本	710×1000　1/16
印　　张	17.25
插　　页	2
字　　数	232 千字
定　　价	98.00 元

凡购买中国社会科学出版社图书，如有质量问题请与本社营销中心联系调换
电话：010-84083683
版权所有　侵权必究

前　言

　　从各方面资料来看，洮砚至少在唐代甚至更早就已出现。但从工艺传承的角度而言，砚工才是洮砚得以传承的主体。遗憾的是，洮砚始出何时何人之手，却无从可考。

　　根据洮砚产地的民间传说，最早雕刻洮砚的是一位山西籍姓卢之人，他是宋朝王韶平定洮、岷、河、湟之后，在九甸峡口守城的配军。此人后来出家做了喇嘛，继续雕刻洮砚，并广收僧俗弟子，传授刻砚技艺。其徒弟们生生繁衍，成了今天洮砚石矿附近喀日山、纳儿、上达窝、卡古、丁尕等村落砚工的祖先。又据祁殿臣先生考证，明清以来洮砚雕刻艺人的发展及工艺流派传承主要有两条主线。一条是洮石产地附近村寨中的民间砚工，以清朝中期洮河东岸砚工为代表，其中心在喀日山、纳儿、卡古、丁尕、古路坪一带，成员以藏族为主。洮河东岸流派擅长龙凤图案的设计和创作，以刀工细腻、石形自然、选料严格见长。另一条是沿洮河西岸发展起来的砚工群体，以新城为中心。传说这支群体始于明永乐年间，师承新城药王庙的李道长。李道长原为擅长雕刻的屯军，退役后出家修道，居药王庙中，制砚授徒，其传人主要分布在党家沟、刘旗、李家庄、扁都、下川一带。洮河西岸流派的砚工主要源自屯军，故在风格上不拘泥于传统，构思新颖，刀法粗犷豪放，擅长创造各种奇特的砚式，精于花鸟虫鱼。[①]

关于新城药王庙的李道长，在祁殿臣先生的研究中，洮河西岸砚工群体的师祖李道长之后，药王庙的几任道长均会刻砚，也都姓李，最著名者有清乾隆年间刻制龙凤朝阳贡品砚的李氏，其砚边款刻有"洮州药王李"之印。另有民国二十七年左右在新城药王庙的李道士，既刻砚，又兼开砚铺。[②]而韩军一先生在其《甘肃洮砚志》"矸工"一节中则说："今闻清同治年，有李大爷者，为洮州新城药王庙住持，琢石治砚，富有巧思。后久于其事，学之者，乃尊为能手。所以至今推为治砚之宗匠。"韩、祁二人虽在时间上不能相合，但同述新城药王庙李姓住持。可见，这位住持新城药王庙，被称为李道长或李大爷者，应是洮砚传承史上最早真实可考之人。

据韩军一《甘肃洮砚志》考，同治年间新城药王庙的李大爷，将其制砚技艺传予李郁香、王式彦等人。他们"继执其艺，既师心而能法古，亦标新而自述其能"。到了民国时期，新城东南沟、党家沟、匾都台子、下扁都一带的砚工众多，著名的有新城东南沟（距新城二里）的姚万福，党家沟（距新城五里）的党明正，匾都台子（距新城十里）的汪同泰，下扁都（距新城十里）的董家、石家。另外，还有下川（距新城十二里）的杜家、王家，董师、石师，刘旗沟的老刘师等，都是在务农之余兼制洮砚者。他们往往在农闲时间制作洮砚，逢集时售卖。当时在洮砚产地一带出名的有古路沟的包师、古路坪的李师、峡地的李师、喀日山的卢师、纳儿的卢师和孙师等。[③]

[①] 参阅祁殿臣编著《艺斋瑰宝洮砚》，甘肃民族出版社1992年版，第79—83页。

[②] 祁殿臣编著：《艺斋瑰宝洮砚》，甘肃民族出版社1992年版，第83页。据祁殿臣研究，与清末新城药王庙李道长齐名的还有洮砚产地鹿角山的卢师，喀日山的卢师和古路沟的包师等。

[③] 参阅韩军一《甘肃洮砚志》和祁殿臣编著《艺斋瑰宝洮砚》，甘肃民族出版社1992年版，第86页。

前 言

新中国成立后，国家对民间工艺的重视和扶持，使洮砚发展又获新机。六十年代后期，甘肃省不仅首次创设了专门制作洮砚的工艺美术车间，而且，洮石产地所在县乡也有了洮砚加工点。由此，砚工人数大增，并分布甘肃省内外，当时的制砚名家有以下几位。

包含文（1910—1974），卓尼县洮砚乡古路沟村人，自幼跟随父亲包都智旦娃雕刻洮砚，继承祖业。解放前就和当地的同行一起雕刻砚台。1961年，在本地收徒办厂生产洮砚，到1964年秋，被甘肃省工艺美术厂调去在洮砚车间任车间主任。1965年，受省工艺美术厂委派，回洮砚乡纳儿村办分厂，任厂长。1969年，被甘肃省轻工局授予"甘肃省工艺美术老艺人"称号。

苗存喜（1920—1980），临潭县扁都乡李家庄人。自幼继承祖业，雕刻洮砚，解放初期便已成名。1962年，被卓尼县洮砚乡聘为技师，办厂授徒。1964年，被甘肃省工艺美术厂聘为洮砚车间技师。1979年，被甘肃省轻工局授予"甘肃省工艺美术老艺人"称号。

石长生（1921—1986），临潭县扁都乡扁都村人。12岁起跟随父亲学习洮砚雕刻。1964年，被甘肃省工艺美术厂聘为洮砚车间技师，与苗存喜齐名。1979年，被甘肃省轻工局授予"甘肃省工艺美术老艺人"称号。

刘文林（1924—1990），临潭县扁都乡刘旗村人。自幼子承父业，雕刻洮砚。1971年，被甘肃省工艺美术厂聘为洮砚车间技师。1979年，被甘肃省轻工局授予"甘肃省工艺美术老艺人"称号。

可以说，包含文、苗存喜、石长生和刘文林代表了出生于20世纪初的砚工的最高水平，成为新中国成立前后公认的第一代洮砚制作大师。遗憾的是，几位先生均未过七旬便离开人世。然而，也正是从他们开始，洮砚的传承方式发生了两个巨大的变化：其一是打破了传内不传外，传男不传女的家族式传承模式。其二是洮砚的传承主要依托于国营或私营的洮砚厂。综观新中国成立以来洮砚的发展与传承，省、州、县办洮砚企业厂社，及乡、社、村办洮砚生产合作社的大量涌现是前所未有的一大特点。而在各级洮砚企业与厂社中，最具影响力的有甘肃省工艺美术厂、西北师范大学洮砚艺术商社、姚氏（兰州）艺术品有限公司、九州洮砚厂、刘爱军洮砚艺术品研究所等。如细做考察，则会发现，新中国成立前后老中青三代洮砚传人都与以上公司有一定关系。如老一代的苗存喜、石长生、刘文林、包含文、李茂棣、包述吉等曾在甘肃省工艺美术厂授徒、学习。其后，包含文传予包述吉、张建才；包述吉又传予包旭龙；张建才传予张建华；李茂棣打破门户，广纳门徒，授徒最多，如今洮砚界艺人大多都受教于他，最有影响的有王玉明、马绪珍、洪绪龙、李月龙、李海平、李江平等；曾在西北师范大学洮砚艺术商社学习者有王玉明、洪绪龙、马万荣等；刘爱军、贾晓东是甘肃省工艺美术厂的职工；刘爱军后来与李国琴曾是姚氏公司首批洮砚雕刻师，二人又分别主办"刘爱军洮砚艺术品研究所"与"九州洮砚厂"，卢锁忠、马万荣、汪忠玉、李江平等又出其门下。

总之，从局部来看，具有一定的流动性，转益多师成为现当代洮砚工艺传承的一大特征，但基本的传承谱系并没超出上述几大洮砚厂的基本框架。

基于此，本书以洮砚厂为背景，在大量采访、尊重资料真实性、保证研究学术性的基础上，撰写了李茂棣、包述吉、张建才、刘爱军、贾晓东、王玉明、李国琴、马绪珍、汪忠玉、卢锁忠、洪绪龙、马万荣、李海平、李江平、卢宏伟十五位洮砚传人的评传。十五位洮砚传承人评传的完成，不仅为代表性砚工立传，具有个案研究性质，而且能构成新中国成立以来洮砚工艺传承与发展史的一个缩影；不仅整理了洮砚代表性传人的完整资料，而且挖掘了有关洮砚工具、技法、理论、推广交流等方面的大量信息。若将十五篇评传汇集一处，统观之，则可呈现自20世纪60年代至今洮砚制作工艺的历史、传承与

前　言

发展概况。

　　本书的完成得到了15位洮砚传人的大力支持和配合。但由于个人学识有限，缺少砚雕实践经验，加之时间仓促，实地考察和走访仍嫌不足。所以，缺陷和偏颇在所难免。敬希读者不吝批判、指正。

目　录

李茂棣……………… 1

张建才……………… 19

包述吉……………… 37

贾晓东……………… 55

刘爱军……………… 73

王玉明……………… 91

卢锁忠……………… 111

汪忠玉……………… 127

洪绪龙……………… 145

马绪珍……………… 159

李国琴……………… 175

马万荣……………… 193

李海平……………… 207

李江平……………… 229

卢宏伟……………… 251

后　记……………… 264

李茂棣

李茂棣[①]，1945年12月出生于卓尼县洮砚乡峡地村，祖上为明代大将军李达。明永乐元年（1403），明成祖朱棣调李达为洮州卫世袭都督指挥检事，率兵5600名戍守洮州，后编为屯军户，并携眷落籍洮州。清道光九年（1829）前后，李达后裔李七十六儿夫妇从磨沟迁往岷州北乡（今卓尼县洮砚乡），初住峡地吊楼嘴嘴，后因人口繁衍发展，分居峡地、古路沟、古路坪、大古山、寺口下等地。其父李生华是李七十六儿第五代后人，生于1904年2月，1926年考入兰州省立中学，1929年毕业回洮砚乡加麻沟小学任教。李生华性格刚烈，疾恶如仇，智谋深远，能言善辩，人称"铁嘴铜舌"。由于受进步思想与共产党的影响，曾参加共产党地下组织，做了不少有益的工作。李茂棣出生当年是农历的乙酉年，属鸡，父亲取金鸡报晓之意，给他起小名"金疙瘩"。

1952年，7岁的李茂棣进入古路沟小学上学。11岁那年，父亲去世，母亲每天辛苦砍柴卖柴供其读书。由于生活困难，小学生涯饥寒交迫。1957年年底，甘肃省委和省人民政府发出号召，抽调河西三地、定

[①] 本评传在大量采访李茂棣本人的同时，部分参考了李德全的《洮河砚与"金疙瘩"》、军区学员张万迎的《洮砚学艺记》系列文章。在此说明并表示感谢。

西、武都、平凉、庆阳等地区民工数十万人,动工兴修规模浩大的"引洮上山,引水入川"工程。当时,很多民工就住在李茂棣家。母亲遂将家里的菜、柴卖给引洮工程的民工,再用卖来的钱供他继续读书。1959年,14岁的李茂棣顺利考入位于磨沟的临潭四中读初一。一年后,又从临潭四中转到临潭一中读初二。1961年,16岁的李茂棣初三毕业,虽然没有拿到毕业证书,但顺利升入高一,李茂棣还清晰记得当时学费只需五毛钱。临潭一中是老牌学校,李茂棣在读期间,是一名优秀的共青团员,曾担任文体股股长、生活股股长、学生会主席等职务,音体美行行通。也就在这一时期,李茂棣在上学之余学习刻砚,由于家中困难,没有工具,只好拿着木匠的凿子雕刻。

1962年是农历壬寅年,17岁的李茂棣没有在临潭一中读完高一,就因家中没有劳动力,无法供其继续读书而辍学。辍学之后的他在亲戚的帮助下,前往车巴沟谋得一些差事。曾给人担水、砍柴,干过零碎活,也曾当过通讯员、大队文书和会计。在此期间,热心慷慨的李茂棣经常接济饱受饥荒的藏族同胞。正因如此,他在当地藏民心中有着很好的印象,也正因如此,在藏民的帮助下,他曾躲过了一场当时发生在公社的恶性事件。母亲闻听此事后,再也不愿他去车巴沟上班,于是,一份正经的营生就这样与他擦肩而过了。李茂棣每每回忆起此事,既觉得庆幸,又觉得沮丧,庆幸的是自己的善举得到回报,让他幸免于难,沮丧的是他因此失去了一次工作的机会。他说,若是那次继续回去上班,就很有可能转正并拥有固定的工资。

刚刚二十出头的李茂棣风华正茂,本以为可以努力工作,为家分忧,但不知命运弄人,将他从车巴沟拉回了家乡,从此开始在农业社干活、放牧。就在这时,李茂棣曾在闲余时间与二哥一起铲砚瓦,一来是因为非常喜爱工艺美术,二来可以补贴家用。李茂棣回忆说那时候他曾刻过一方一尺多大的鱼砚,雕得很不容易,最后才卖了五个大钱(五元钱)。更让他难忘的是,当时正值"文化大革命"之始,生产队将洮砚制作视为牛鬼蛇神。个性倔强的李茂棣常被列为批判对象，戴上尖尖帽接受批斗，头一天遭人毒打，第二天还要去给农业社放牛挡羊。李茂棣至今忘不了当年的放牧生活，也忘不了当时流行的几句顺口溜——"天爷下了和羊受，天爷晴了狗蹲蹴。黑了数羊羊不够，你把谁的气不受。"他说那时候缺吃少穿，一条常年不换的帆布裤，既僵又硬，若是遇上阴冷的雨天或雪天，腿上便像裹上了冰冷的铁甲，只好借助拐棍，一瘸一拐地在山间行走。

新中国成立后，卓尼县人民政府重视水利、电力、交通建设，组织开展了兴修渠道、水电站、桥梁等一系列利民工程。其中给李茂棣留下深刻印象的就有三项：第一是寺下川水渠工程。这是政府为了防旱抗旱，修整农田灌溉通道而组织建造的。水渠修在悬崖上，甚是险峻。李茂棣与哇日沟的卢庭娃、峡地村的张满云被抽调到修建队伍之中负责放炮，可谓险上加险。他说，当时，别人一天只得补助一斤包谷，一块二毛钱，而他们三人因干活出色而能得到三斤包谷与三块钱。第二是洮砚洮河大桥修建工程。那是1972年年初，卓尼县革命委员会决定修筑洮砚洮河大桥，沟通东部县乡公路。此项工程拨款38万元，抽调民工300人，于1972年3月12日动工，同年9月5日竣工通车。就在这项工程中，李茂棣被任命为古路坪大队民兵排长，带领大家前去修桥，并在洮砚大桥的落成大会上做了发言。第三是洮砚水电站的修建工程。该电站位于羊沙口，建成于1973年，装机120千瓦。李茂棣说，他就是背着家里的一点面和公家补贴的一斤包谷，走入羊沙口水电站的修建队伍中的。水电站的完工，为当地的照明、进行农副产品加工等发挥了重要作用。而李茂棣也因自己参与了这些工程、服务乡里感到自豪。

水渠修好了，大桥开通了，电站竣工了，李茂棣又一次闲在家里。于是，在时任洮砚乡党委书记的亲姑舅洪庭秀的推荐下，他开始走乡串户，为人照相。除了每月给公社上交一定的金额外，自己还有着相当可观的收入。他说得上这个相机，跟薛仁贵一样，算是得到了一个宝。

李茂棣

他曾一路走、一路照、一路洗，足迹遍布羊沙口、包舍口、旧城、车巴沟等地。那时没有彩色照相机，他就自己给黑白照片设色。在他的家里，至今还能看到他染色处理过的"彩色照片"（图1-1）。

图1-1 李茂棣自染的"彩色"照片

1964年，甘肃省工艺美术厂组织恢复洮砚生产，因此加强了与洮砚产地的联系，省工艺美术厂不仅从卓尼聘请苗存喜、石长生、包含文等人担任洮砚车间技师，而且大量订购洮砚石料，也招收学徒，扶持创办分厂。可以说，在那个时期，省工艺美术厂对洮砚的发展产生了很大的推动作用。李茂棣说，当时，为了保证省工艺美术厂预订的砚材，在公社领导下，他们曾集体到喇嘛崖开采洮砚石。但是原来打的矿洞都已塌方，人无法进入，很难找到新的矿口。当时的李茂棣表现出了自己的聪明才干，要求公社支持一些雷管和炸药，凭借自己当年在寺下川放炮能手的本领，成功炸出绿森森的石材。其中有一块巨大的上品石料，因他们无法挪动而暂时留置在坑洞内。就在他们苦思冥想如何顺利将巨石运出的时候，达勿村人却在一夜之间用钢钎将此石砸成小块拿走了。这件事留给李茂棣的不只是遗憾，而是伤痛。每当他看见喇嘛崖时，都会想起那一幕；也不管什么人向他问起喇嘛崖，他都会讲述这个故事；每当讲起此事，他都异常失落；每回听他诉说，我们都能感受到他对洮砚的炽热感情。

1979年，为了学习洮砚技艺，李茂棣与包述吉请来了当时方圆有名的砚雕师傅"桶桶匠"。李茂棣回忆说，由于老人家年事已高，他们二人就给配了一副眼镜，每月还给师傅付70元工资。跟师傅学习几个月后，在1980年的初春，三十五岁的李茂棣与包述吉拿着洮砚公社给他们开的介绍信，一同到兰州的甘肃省工艺美术厂进行了为期一年多的洮砚学习。

初到兰州的李茂棣，人生地不熟，好不容易到达目的地。当他看到一块小砚台被工艺美术厂以四千元的高价卖给日本人时，深受震动，也因此暗下决心，打算学成之后，返回家乡，发展洮砚事业。在此期的学习中，李茂棣曾做过三块自认为比较满意的作品，一块菊花砚、一块古币铜钱砚和一块梅花砚。

1981年5月23日，李茂棣与包述吉学习结束。包述吉至今还保存着当时甘肃省工艺美术厂为他们二人出具的返程证明。证明内容为："兹有甘南卓尼县洮砚公社李茂梯、包树吉二同志，前来我厂学习，现已结束回去，请沿途车站、旅店给予放便"。

从甘肃省工艺美术厂返回家乡的李茂棣和包述吉首先在洮砚公社带了七八个人搞起了社办厂。他们一边办厂生产洮砚，一边抽空给省工艺美术厂开采供应石料。到1982年冬季，在卓尼县政府的大力支持下，县洮砚厂顺利成立，李茂棣被聘请为指导老师。当时的金旦主县长和杨震县长，对洮砚厂十分感兴趣，厂长后永昌和刻砚师傅们的关系也很融洽，但在各方面都缺乏经验。1984年11月份左右，卓尼县政府给洮砚厂招收了40多名待业青年，并且多数是女性。这时，大家都感到很担心，这么多人在很长一段时间里需要李茂棣、包述吉他们指导、养活，如此下去，之前在厂的所有人都会平增很多负担。在这种情况下，包述吉首先离开了卓尼县洮砚厂，而李茂棣则继续待了下来。在当时几十人的徒弟中，李茂棣记得最清楚的就有付红云、雍丽英、郭亚苹等人。但时间不久，由于多种原因，县洮砚厂解散，李茂棣也回到了家中。回家之后，有王玉明等人登门拜他为师，李茂棣便在自己家中办起了洮砚雕刻培训班，培养了一批洮砚雕刻技术人才。当时学员有李学斌、王玉明、刘三胜、马绪珍、杜永辉等人。

1986年冬的一天，刚刚下完一场大雪。甘南军分区大校杨政委来到李茂棣家，与他同行的还有甘肃省军区司令部的一位王参谋、三位战士、一位司机和一位甘肃日报记者。这是甘肃省军区为了给部队培养"军地两用人才"而派三位战士前来拜李茂棣为师学习洮砚雕刻与制作工艺的。三名军队学员分别是张万迎、孟佐民、张创军,村里人称他们为"兰州部队"。"兰州部队"的到来,使李茂棣家热闹了许多,也拥挤了很多。当时学员们就住在李茂棣家西边台阶上的一间小瓦房里,隔壁的三间大房子则是他们制砚的工作间(图1-2)。李茂棣说,这段时间是他最愉快的时候,因为,兰州军区给他用卡车拉来的煤炭及其他生活用品都非常富裕,除了满足自家需求外,还能适当惠及乡邻。更重要的是,学员们大多很懂事,也很上进,他也从辨别石头质地、观察石头纹理、掌握石头结构等最基本的问题入手,耐心给他们传授技艺。还把自己手中的图案纹样毫不保留地拿给徒弟们临摹。当时工具短缺,李茂棣便利用晚上休息时间架起煤炉,用土办法给他们设计焊接各种常用的铲刀。为了消除徒弟们的枯燥和寂寞,李茂棣也会时不时带他们登山、踏青、打猎。善良的师母也待学员如同自己的孩子一样,尤其是对三个来自大城市的"兰州部队"更是关照有加。徒弟们从内心感激师傅师母,也主动承担起部分家务,以此减轻家中负担,报答李茂棣夫妇。1987年4月,三名军区学员返回兰州。5月,甘肃省军区司令部为李茂棣颁发了"艺绝德高"的匾牌,上写着"赠卓尼县洮砚艺人李茂棣"(图1-3)。事后多年,军区学员张万

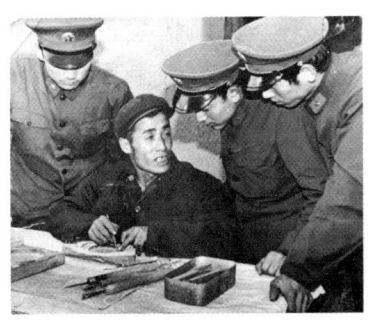

图1-2 1986年李茂棣为军区的徒弟传授雕刻技法。从左向右:孟佐民、张创军、张万迎

图1-3 甘肃省军区司令部颁发的"艺绝德高"匾牌

迎写了《洮砚学艺记》系列文章，记述了他跟李茂棣学艺的生活，以此怀念自己的师傅师母以及他与洮砚的一段缘分。现在，李茂棣已经记不清自己究竟带过多少徒弟，但当他拿出自己当年的记事本时，上面还留有很多徒弟的名字，都成为那一时期师徒授受的珍贵资料（图1-4）。

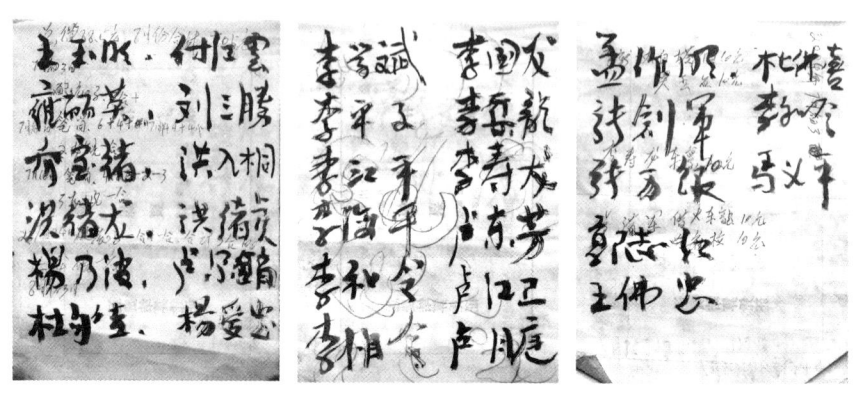

图1-4 李茂棣记录的徒弟姓名

图1-5 1987年李茂棣（左一）与付红云、张克智在莫高窟

1987年6月，为了扩展洮砚销路，李茂棣又带领徒弟付红云、张克智前往敦煌推销洮砚（图1-5）。在那里他结识了时任敦煌书画院院长的李振甫，李院长为他提供了住宿，并给他赠送了自己创作的敦煌雕塑作品和《敦煌莫高窟》国画作品，上落款"李茂棣先生雅正，李振甫，一九八七年六月"，还将他带去的所有砚台予以收购。（图1-6、图1-7）

1989年，李茂棣44岁那一年。古路沟一位姓梅的老师为峡地村作诗一首道："猴子山下峡地庄，尾巴星点毛不长。呲牙咧嘴猴扳虱，众生织男轻学堂。"由于李茂棣是读书人，所以，他不仅能深深地认

图1-6 李振甫赠给李茂棣的雕塑作品

识到读书的好处，也深刻地体会到此诗的真实性以及对峡地村缺乏教育的讽刺，心灵受到极大的震动。于是，他解散了家中的学徒，送给他们每人一套桌凳、一套工具、一套书，最后决定在村里建校办学。办学首先面临的是场地，李茂棣就把自家的房屋当成教室，自己置办桌凳，聘请已经退休的梅富春老师住在他家教书，梅老师之后，还请过古路沟的包老师等前来教学。从此，峡地村结束了没有学校的历史（图1-8）。

图1-7 李振甫赠给李茂棣的国画作品

图1-8 李茂棣在家中办学的旧址

图1-9 卓尼教育局等单位为李茂棣在家中办学而庆贺的匾牌与奖状

1989年10月6日，卓尼县文教局赠给他熊猫竹子玻璃画匾额、洮砚八年制学校赠给他漓江景色玻璃牌匾，一同恭贺峡地村学成立。1989年重阳节，拉扎党支部、村委会、学校全体恭贺峡地学校诞辰。1990年3月7日，中共甘南州委、甘南州人民政府颁发奖状，奖给捐资助学先进个人李茂棣，同时还颁发荣誉证书，写道："李茂棣同志：您为振兴甘南教育事业，自一九八三年以来，捐资壹仟叁佰元，全州各族人民谨向您致以崇高的敬意和衷心的感谢"（图1-9）。

1991—1997年，随着入学学生的增多，李茂棣添置桌凳，安置好家中学校的学生，然后，到岷县赵成德的洮砚公司制砚。1997年，由他设计、包新明雕刻的《九九归一砚》被甘肃省人民政府赠送香港。还设计制作了《东方醒狮》《九龙壁》等洮砚作品，对岷县的洮砚发展做出了很大的贡献。

1999年，李茂棣的私立学校已经有了十年的历史，为峡地村的教育事业做出了一定的贡献。随着子女的成长，家中的住房已经无法满足全家人的居住。这时的村民、政府对教育的认识已经大大提高，也深深意识到李茂棣的贡献和难处。所以，在政府的提议与村民的支持下，峡地村修建了公立学校，把李茂棣的住房腾了出来。

2002年，他制作了《九龙腾飞砚》，被团中央收藏，并由何光第先生为该砚题写了"九龙腾飞砚"的条幅。2003年，作为贵宾，参加定西师范高等专科学校成立庆典，为校庆赠送洮砚。2005年12月26日，甘肃省工艺美术协会授予李茂棣"甘肃省工艺美术一级大师"称号，并颁发证书。2006年9月，洮砚作品《鸟语花香》获甘肃省第九届工艺美术百花奖创新设计优秀奖。此时的李茂棣已是一名享誉省内外的名家，他设计与雕刻的作品多姿多彩，慕名而来的收藏家、书画家、军地领导络绎不绝，门庭若市。

2008年，是李茂棣一生中特殊的一年。因为，这一年，他被中华人民共和国国务院、文化部评为"国家级非物质文化遗产——砚台制作技艺·洮砚制作技艺传承人"。当他手捧奖杯，站在天安门广场拍照留念时，不禁回想起他与洮砚的点点滴滴，内心深处感慨万千（图1-10）。

图1-10 李茂棣手捧国家级非遗传承人奖杯在天安门留影

自此以后，各种职务、活动邀请、专题采访接踵而来。如2009年9月24日，李茂棣应邀担任甘肃省卓尼洮砚协会副会长；2011年2月，经甘肃省工艺美术大师评审领导小组批准，授予李茂棣"甘肃省工艺美术大师"荣誉称号；2012年5月16日，他被聘为深圳市当代名家文房四宝博物馆顾问，2013年4月27日，被聘为临洮县洮砚协会顾问，5月28日，被特聘为卓尼县万龙工艺美术公司顾问。同年，中文国际频道《走遍中国》栏目《访洮砚之乡》电视纪录片对他进行了重点介绍……

李茂棣不知道接受过多少采访，也不知道那些人采访他之后都做了什么。他只知道他家的大门向所有关注洮砚的人敞开着，他只知道凡是想向他了解洮砚的人，他都会全盘托出，毫无保留。作为他的采访者之一，我们也知道，李茂棣每次都要将采访他的客人送到村头的马路边，每次和他握手道别的瞬间都能看到他那双带有血丝的、湿润的眼睛。

现在，洮砚界早就流传一句话："没有李茂棣就没有今天的洮砚。"著名雕塑家何鄂也曾说："李茂棣是洮砚界公认的一代宗师。"可见，要说今天洮砚的传承与发展，就不能绕开李茂棣。我们在采访中不仅感受到李茂棣的倔犟、健谈和幽默，而且深深地意识到他思维活跃、视野开阔、博古通今、多才多艺，而这些积累和修养都使他攀登砚雕高峰成为必然。

绘画是制砚者必备的基本功，提起绘画，李茂棣说，当年在甘肃省工艺美术厂时，看到老师得心应手在砚石上绘画，并且能按照砚石大小准确掌握比例，非常羡慕，也逐渐认识到，作为一名砚工，不仅要在脑中贮存多样的素材，而且要根据所需适时提取并加以表现。所以，自己就不断模仿老师，画了很多样稿。另外，还买了《芥子园画谱》《马骀画宝》等参考资料，并把它们全"吃到肚子里了"，足见他用工之勤。我们从他当时仅存的几幅画稿，便能看出其严谨、扎实的基本功。他曾颇为得意的说，正因在那时打下了坚实的基础，所以在后来做砚时，他能轻松地在砚石上按照比例勾勒出所雕内容的大致轮廓和基本形象。这种简单的、标识性的轮廓往往是平面的，但雕刻时，则会成竹于胸地将其雕刻成立体图样。

我们在走访时发现，大多砚工能够按照师徒传承，在砚石上勾画形象并雕刻成砚，但却无法在纸张或其他平面上绘制图画。而李茂棣不然，他的绘画似乎不受材料限制，不受题材限制，也不受尺幅限制。我们不仅能在他用烟酒包装盒做成的烟灰缸上看到他画的洮砚图案，也能在村里舞台、寺庙上看到他绘制的彩绘巨龙和水墨花鸟山石。从这些作品不难看出，李茂棣有着较强的造型能力和笔墨驾驭能力，其绘画既是民间的，也是文人的，既是艳俗的，也是高雅的。

除了绘画，李茂棣也没有忘记对书法、雕塑等姊妹艺术的实践。他说曾为寺庙塑过神像，也做过根雕。2007年7月，弟子王玉明设计创作了大型洮砚作品《红楼梦》，李茂棣帮助制作完成了配有百兽吉祥物的艺术根雕底座五组，全长586cm。在峡地村的戏台上，李茂棣的书法雄健有力，颇得颜真卿遗韵。2015年3月30日，甘肃省文化馆封尘在甘肃润玉洮砚艺术研究院采访李茂棣，他为研究院题写"静听石语""艺绝德高""志在千里""艺缘""艺海"等书法作品（图1-11）。

正因为李茂棣没有把自己限定在"洮砚工匠"这一概念上，所以，他不仅广泛涉猎多种艺术形式，而且善于思考，非常注重从画理上去理解洮砚的雕刻。他认为：

第一，离开实用价值、艺术价值和收藏价值就不是一方合格

图1-11 李茂棣书画、根雕作品

的洮砚。"不是太光就是工艺美术","似像非像的砚才是好砚","砚也要讲究'韵味'","一方砚是工艺美术,但有些只有工艺,没有美术,没有美,那就是工艺品"。他说他做的砚台粗处粗,细处细,粗处粗的别人想不到,细处细的别人也想不到。就像木匠,有些人面子上做得细,柜背面、下面做的粗,而有些人则连背面都刨的非常光滑,并以此为荣,认为自己的工艺"艺术"了,实际上适得其反了。再比如表现红军长征革命烈士的雕塑,满脸泥点子,疙疙瘩瘩,很粗糙,但很好地表现出冲锋陷阵的感觉。

第二,"活要做'活'。做'像'是匠人,做'活'才是大师。匠人就是'像人'。"比如悬崖上长一棵松树,他经常是直接凿打,让部分石花自然崩落,出现鲜活的黄膘,如此一来,松树皮虽然粗糙,但比较"活"。再如,有山必有水,有水必有树,有飞禽走兽、亭台楼阁、人物来往,这才是一幅有灵气的山水图。

第三,"雕刻人物必须注重其眼神和内心,刻什么人便要了解他的背景和心境"。他说,工艺也是美术,美术就是你画一个人就必须是这个人,是定形的,还要生动活泼。这个画法的特点是什么?就是要通过"外五型"的刻画把人物的"内五型"表现出来,让观者能辨别出贤愚和忠奸,砚雕也是如此。

第四,"刻砚要讲求合理性,如'天女散花',天女在天上,但很多人将天女眼睛刻得很大,这就是不懂得'远人无目'的道理"。再如雕刻老鹰,要表现仰视的感觉,也就是说要多表现鹰的胸部,而不是表现背部,以此来强化其凶猛、坚韧的品格。刻牡丹不在花的多少,也不在刻的粗细,若上面没有蜜蜂与蝴蝶便是死花或塑料花,不符合花的条件。

第五,洮砚雕刻不是单一的工艺,要体现传统文化。李茂棣很重视一方砚所承载的文化信息,他说砚里面要把八卦、《周易》放进去。还有,要寄托美好的寓意和愿景。如老鼠啃葡萄,那是不吉祥的东西，古人既要砚台好看，还要讲究吉祥、顺利、招财进宝。在砚上刻牡丹不能花开太多，也不可太茂盛。因为，牡丹花开象征富贵，但若过多过盛，则面临接下来的败谢，意味着失去富贵，是不吉利的。所以，刻花时，要多表现含苞待放的花苞。但要刻瓜果蔬菜，则越多越好，这样会意味着硕果累累。山水之中，将湖面部分设计成墨池，不使墨水外流，则有聚财之意……

第六，设计是一方砚的灵魂。比如，砚池应该设计在石料最润的地方，还有砚的比例结构都要非常讲究。

作为国家级传承人，李茂棣对洮砚工艺的传承也有着独到的理解，他清醒地认识到洮砚的传承主要基于两点：一是解决当地人们的生存问题，二是不愿让这一祖辈传下来的手艺失传。

至于传承思想，李茂棣虽不能清晰条理，但从他的言谈中也可窥其一二。

第一，洮砚先辈曾留有"人不亲，行亲"的祖训，这就朴实地说出了洮砚砚工们对洮砚的尊重和保护，也是他为什么打破门户之见广纳徒弟的原因所在。当然，李茂棣也不会忘记自己的后代。多年来，他将自己所学全部传授给儿子李月龙（图1-12）。月龙为人忠厚，在父亲的教导下，手中洮砚设计独特，注重用刀，

图1-12 李茂棣与儿子李月龙

其作品拙朴大气。在技法上往往以冲刀法为主，一冲到底，有刀砍斧凿之痕，少精雕细琢之迹。从而避免了繁密、精细带来的俗气（图1-13）。唐孙李海平、李江平也是李茂棣在家族中亲传的后人。

图1-13 李月龙作品

第二，作为师傅，一定要给徒弟解释如何下刀，为什么这样下刀等问题，不能哑巴带哑巴，糊里糊涂地乱摸索。

第三，"洮砚要发展，内部要互相依赖、学习，不嫉妒。在外要向端、歙等砚学习，但不能改变洮砚的本质，否则就像藏民穿高跟鞋"。

第四，洮砚是非物质文化遗产，而"非物质""文化""遗产"都强调的是"人工"，而不是"机器"。

客观讲，李茂棣的这些认识，确非一般砚工所能及。正因如此，其作品质朴、简洁，粗中有细，主次得宜，刀刀有痕，见刀法、见刀路，形成了粗犷豪放的雕刻风格（图1-14），其弟子中大多也是目前洮砚行业中的骨干。但我们在采访中有一种强烈的感受，那就是李茂棣的心中，还有很多洮砚的故事，只有长期与他相处方能得到深入的挖掘。

2014年9月1日，众弟子在卓尼大酒店举办了一次声势浩大的师徒会，会上大家一致尊奉李茂棣先生为洮砚艺术的一代宗师（图1-15）。

图1-14 李茂棣作品　　　　图1-15 李茂棣师徒会

但，李茂棣深知，在洮砚的传承之路上，他仍然任重而道远。当时间倒回至2012年1月1日时，我们发现李茂棣给甘肃省文化厅递交的一份工作计划，他说：

新年伊始，万象更新。

在党的十七届第六次全体会议文化大发展的精神鼓舞下，新的一年里，充满信心和希望的我，打算在家乡办几个非物质文化艺术传习所，并在自己家的基础上扩大规模，让家乡部分高中毕业后无正当职业的有文化青年人，足不出户在自己家门口学习和掌握洮砚的雕刻技艺，使他们走上致富之路，有固定职业，也能安定一方社会的和谐，使传承千年的洮砚文化艺术，继续发扬光大。洮砚虽已走向世界，为世界青睐汉文化的人士所赏识，但由于客观的原因，石料面临匮乏危机，雕刻艺人在付出雕刻劳动力时，受劳动力涨价的因素的冲击、干扰和影响，洮砚艺术雕刻队伍的人员，越来越减少。面对这些问题，我决心在上级主管部门的倾心关爱下，发挥自己的余热，凭借自己在家乡的影响力，拉动自己的儿孙，鼓动身边的亲友，都继续投身到传承千年洮砚艺术雕刻的队伍里，借文化大发展的东风，使洮砚雕刻艺术技艺继续健康地发展下去。

自己决心在余生中，不断探索、继续创新，总结经验，吸取其他砚种的特长，使洮砚技艺再发扬光大。目前存在的最现实问题，还是经济问题，我是一个农民，空怀一腔热情，举步维艰，望得到各级文化主管部门的大力支持、热情帮助。

这份计划，字里行间流露出一个传承人对洮砚发展传承的思考、展望、焦虑和无奈以及对政府支持的渴求。

李茂棣曾是峡地村的大能人，他是全村第一个拥有照相机的人，第一个骑上摩托车的人，第一个看上电视机的人，第一个带徒弟传授洮砚雕刻技艺的人。如今，他家的屋檐很深，下面包裹着宽宽的走廊，走廊角落的那张抽屉桌便是他的工作台（图1－16）。李茂棣就是在这张桌子前固执地坚持着自己的手工洮砚制作，因为，在他的理解中，守住"人工"，在某种程度上就是守住了"非遗"（图1－17）。在走廊的另一头，是一个老式的绿格三人弹簧沙发，这也是他接待客人的地方。2017年腊月，陪伴他风风雨雨几十年的老伴离他而去了（图1－18）。独自一人的李茂棣经常会端坐或斜躺在沙发上，透过院中的竹林，远望着对面山上的那一片绿……（图1－19）

图1－16　李茂棣的工作台　　　图1－17　李茂棣在工作台前刻砚

图1－18　1988年李茂棣夫妇在中山桥　图1－19　绿格三人弹簧沙发里的李茂棣
　　　　　合影

张建才

张建才[①]，艺名张锲，取锲而不舍之意。1949年出生于甘肃省甘南州卓尼县洮砚乡古路沟村一个普通的农民家庭。父亲弟兄三人，排行老二，解放后加入中国共产党，曾在农业社当过一段时间干部。张建才弟兄七人，排行老大。幼年的他爱好手工与机械，表现出较强的领悟能力，经常跟着大人们维修生产队为数不多的几台农机。上小学时，更是聪明好学，深得老师们的喜欢。但在当时的农村，补充劳动力，解决温饱才是要紧之事。由此，作为长子的张建才在洮砚乡六年制小学读完三年级就辍学了。

就在张建才十五岁那年，同村的包含文因洮砚雕刻技艺高超而被甘肃省工艺美术厂聘为指导老师，并派回洮砚本地，与牙利山村的郭凤鸣、石门寺村的徐德胜，还有孙五权、孙志义、孙禅个、孙玉仁、孙二爷等人一同办起了纳儿洮砚厂。父母便让张建才拜包含文为师，学习洮砚制作，一来能够满足他的个人爱好，二来可以补贴家用。就这样，张建才进入了纳儿洮砚厂，成为当时为数极少的学徒之一。在他的印象中，与他一起学习的还有徐德胜师傅的儿子徐登贤和包含文

[①] 本评传撰写中得到了张建才的大力支持与配合。在此说明并表示感谢。

师傅的儿子包述吉。由于该厂是甘肃省工艺美术厂的分厂，所以，每隔一段时间，省工艺美术厂就会派苗存喜、石长生等师傅前来指导。张建才说他是洮砚人中的幸运儿，因为，一开始学习刻砚，就遇到了当时洮砚界最好的老师，并接受了他们长期的指导和教育。尤其是自己的师傅包含文先生对他关爱有加，耐心授艺，教会了让他一生受用的知识和手艺。

每当提起在纳儿洮砚厂的日子，张建才总是感慨万千。因为，在那个艰苦的岁月里，雕刻洮砚非常不易。比如，当时交通不便，运送洮砚石全凭人力一点点地背，靠毛驴一块块地驮；当时没有雕刻工具，就设法自制。好在张建才的舅舅是铁匠，他从小对打铁比较熟悉，所以，他不仅有锥子、砧子等制造刻刀的工具，而且能用黑皮钢打制简单的雕刻工具。有一次，他与包述吉设计了一套刻刀，绘成图纸，通过邮局寄往四川一家刀具制造厂，希望能按他们的要求制成合金钢的刻刀，但因他们的设计独特，对方技术难以达到而未能如愿；当时没有磨石、砂纸和砂轮，就用一种红石头磨刻刀、打磨砚台，或拿宽刀一点一点地刮；当时没有切割机，所有工序都由人工完成，尤其是出砚坯，更需要力气、技巧和功夫。张建才说当时厂里有两位姓孙的坯子工水平极高，他们给铲刀装了很长的刀柄，每次做长条形砚坯，都是从一端起刀，另一端收刀，一刀挨一刀铲，铲完的坯子非常平整，放在桌子上从不晃动，也不需打磨，功夫之深，让他佩服得五体投地。总之，当时刻砚的困境还有很多，但正是在那种艰苦的境况下，每个人都练就了一身过硬的手工制作本领，也磨砺了他们的意志，而这是现在的制砚人难以想象的，也是难以达到的。

1966年，张建才三年学徒期满，再过三年，中国共产党第九次全国代表大会将在北京召开。为了给党的九大献礼，甘南州人民政府决定在洮砚乡选拔洮砚雕刻艺人，组织制作一套精美的洮砚，其设计思路是所有砚盖上都必须出现毛主席头像，而负责雕刻主席像的人则需要经过政治审查和技术审核才能通过。刚结束学徒期的张建才凭借过硬的洮砚雕刻技术得以入选，并通过审核，承担了负责雕刻主席像的重任。这项为党的九大献礼的洮砚雕刻工程用时整整两年，直到1968年才圆满结束。

九大献礼砚完成后，张建才回到家中，在生产队参加劳动。在此期间，他并没有停止对洮砚的钻研和思考。他回想起过去五六年时间里师傅对他的教诲，众师叔们对他的指引，以及九大献礼砚对他的锻炼，他一次次陷入沉思，有时甚至对自己的将来感到迷茫。但冷静下来时，他还是自觉不自觉地回归到对洮砚的摸索、理解和领悟当中。

1970年，甘南州夏河县的阿姨山发现了铜矿，州政府遂成立了采矿公司，面向甘南定额招工。当听说这次招工给洮砚乡也分配有名额时，张建才心里别提有多高兴。因为，他很清楚，这是一次帮他走出大山的绝佳机会，一定不能放过。果然，他凭着一向诚实好学、吃苦耐劳和心灵手巧的品格，顺利进入阿姨山铜矿成为一名正式职工。由于张建才从小喜欢机械，也曾在生产队维修过农机，矿区领导便让他从事机械管理工作。有了工作的张建才干劲十足，很快就凭借着认真的工作态度和刻苦的钻研精神受到领导的重视（图2-1、图2-2）。

图2-1　刚参加工作时的张建才　　图2-2　张建才（中）与阿姨山铜矿的同事

半年后，他被安排到青海省门源大红沟铜矿进修学习两年。张建才从心里感激矿区领导对他的器重，只有通过努力工作表达谢意，但他并没有因此放弃洮砚。因为，他心中的洮砚情结并没有因参加工作而消失，相反，在矿区的工作更有助于他继续雕刻洮砚。就拿收集资料来说，他坚持订阅《人民画报》和《民族画报》，把其中与雕刻相关的图片都剪下来装订在一起。直到今天，他的书架上还保存着好几本当年从各种画报、杂志上剪裁下来的相关资料（图2-3、图2-4）。除此之外，他还积攒了满满一大本各种各样的香烟盒，其主要目的就是把上面的各种图案变成他设计洮砚的参考资料。张建才说当时他就是靠着这种一点一滴的努力，逐步进行着顽强的艺术积累，并做了各种各样的创新与尝试。

图2-3　张建才资料合订本一

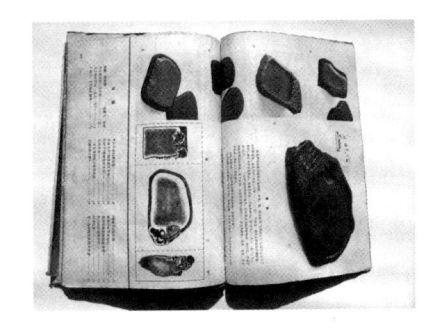

图2-4　张建才资料合订本二

1980年，阿姨山铜矿因为矿藏减少而被迫下马，原有职工在矿里的妥善安置下各奔东西，张建才被分配到甘南州砖瓦厂，跟着一位老师傅学习"司炉"。所谓"司炉"就是在砖瓦厂里负责掌握烧砖时火力大小和时间长短的技术工人，是一个比较重要的岗位。在砖瓦厂工作的日子里，张建才依然吃苦耐劳、勤学好学，很快，他又成为老师傅最满意的徒弟。洮砚雕刻仍旧是他度过业余时间的主要方式，而且凭借州政府所在地的优势，他得以在更广阔的环境中积累洮砚创作素材，提高洮砚雕刻能力。他坚定地认为一个人不管在哪个领域从事何种职业，努力与坚持都是最好的助推器。

接下来的事实充分证实了这一点。他这个身怀洮砚雕刻技艺的司炉工很快就引起了甘南州群众艺术馆领导们的注意。通过与砖瓦厂反复协调，甘南州群众艺术馆于1981年6月正式为张建才办理了调入手续，从此，他从一名砖瓦厂的司炉工变成了群艺馆的文艺工作者。如果说阿姨山铜矿的招工，让张建才走出了大山，迎得了人生第一次转折的话，这次调入群艺馆，让他的爱好成为职业，是一次可遇不可求的机遇，算得上是他人生中的第二次转折。当时的群艺馆里不仅有身怀绝技的能工巧匠和艺术系科班毕业的大学生，而且有藏书丰富的资料室。张建才被这里浓厚的学术氛围与艺术气息吸引着、感染着。作为当时引进的人才，张建才自然成为群艺馆专职的洮砚雕刻师，他如鱼得水，把全部的时间都用于洮砚的理论研究与实践探索上。他回忆说："当时在掌握与继承洮砚传统的背景镂空高浮雕技法，墨池带盖等工艺后，经过广泛吸收与消化中国其他工艺美术门类的优点，不断地摸索和创新，最终形成自己构图不拘一格，因石造势，善用石料俏色，雕刻工艺精湛，刀法细腻，极力追求作品生动传神的风格。"正当张建才以极高的热情在甘南州群众艺术馆工作时，远在六百公里以外的金川正在进行着一次行政区域的变更，而这一变更又潜在地与他发生关系。

事情要从1981年2月9日说起，这一天，国务院下发了《国务院关于甘肃省设立金昌市的批复》，"将永昌县金川镇所属的金川地区和宁远堡、双湾两个公社划为金昌市的行政区域，将武威地区的永昌县划归金昌市领导。金昌市由省直接领导，市人民政府驻金川"。1981年5月6日，省委、省政府决定成立金昌市筹备小组，而时任筹备小组组长、后来为金昌第一任市委书记的王如东，正是当年张建才在阿姨山铜矿时的老领导。

金昌市的发展得到了时任国务院副总理的方毅同志的高度重视，在筹建之初，他就以一位国家领导人的政治眼光和一位书画家的艺术敏感，建议金昌成立画院，重视艺术的发展，推动精神文明建设。在方毅同志的启示下，王如东准备筹办金昌市工艺美术厂，并有意调张建才前去负责建厂。为了张建才，金昌市筹建组与甘南州群艺馆多次协商，谁都想把这位有才华的年轻人纳入麾下，为己所用。最后，双方在互相理解与支持的基础上各让一步，甘南州群艺馆同意金昌市借调张建才一年，并承诺他借调期间可以照常享受群艺馆的所有待遇。就这样，张建才又从甘南州群众艺术馆来到了金昌市工艺美术厂，这一年是1982年，他33岁（图2-5）。

图2-5　金昌借调时的张建才

作为总理，方毅同志非常关心金昌的发展，从1978年到1986年的9年间，曾8次亲临金川。他尊重人才，曾多次指出："人才，是最可宝贵的财富；智力资源，是最为重要的资源"，"一个企业最重要的素质是人才素质"。作为工艺美术方面的特殊人才，张建才在借调金昌期间有幸受到方毅总理的接见。方总理看了张建才的洮砚作品后，嘱咐市委一定要重视他这个人才，有机会要调到金昌来发挥作用。最后，方总理还为他挥笔写下了"求精"二字，并题上"建财同志"的落款，以示鼓励（图2-6）。时至今日，张建才一直找不到适合形容当时激动心情的字眼，但他知道，这是他一生获得的最高殊荣，是他艺术生涯中得到的最高奖励和肯定。

张建才被方总理接见的消息很快就传回了甘南州、卓尼县、洮砚乡

图2-6　方毅给张建才的题字

和古路沟村，并引起了极大的轰动。时任卓尼县长的金旦珠专程赶到张建才家，诚心邀请他到卓尼县洮砚厂工作，并许诺了诸多优厚的条件。与此同时，金昌市政府眼看张建才的借调期限已到，一再催促他办理正式调动手续。而甘南州群艺馆对这样一位炙手可热的人才自然也不想放手。突然摆在面前的众多选择，让张建才感到非常意外，但他必须通盘考虑并做出最后的决定。一霎时，他陷入了取舍带来的痛苦当中。金昌经济发达、交通方便，而且市政府还答应调过去后可以解决家属的工作，这对个人的长远发展和子女教育等都非常有利；另一方面，群艺馆是自己取得这些进步的根据地，他也希望能留在这里给予回报；而卓尼是自己的家乡，更有难以割舍的感情。正当他举棋不定、左右为难的时候，卓尼县政府不遗余力，多次派人上门相邀，晓之以理、动之以情。最后，出于对家乡的眷恋，以及对卓尼洮砚发展的希望，他毅然带着全家于1984年4月来到当时还处于起步阶段的卓尼县洮砚厂（图2-7），开始了他的又一段人生历程，这一年他35岁。张建才回想起过去几年的时光，从阿姨山铜矿到甘南州砖瓦厂，从甘南州砖瓦厂到甘南州群艺馆，从甘南州群艺馆到金昌工艺美术厂，又从金昌工艺美术厂到卓尼县洮砚厂，这一切，都好似一场接一场的梦，让他深深地体会到是洮砚让他实现了人生价值，是洮砚让他受人尊重，也正是洮砚，让他有了奔波不定的人生。

图2-7 从群艺馆调往卓尼洮砚厂时的张建才（前排左起第三）

张建才的到来，无疑给卓尼洮砚厂增添一支强大的力量（图2-8）。从此，他与已经在厂的包述吉、李茂棣一道，成为名副其实的三驾马车。他们一起担任技术指导，共同切磋技艺，并把各自的洮砚技艺毫无保留地传授给厂里的学徒,让厂子在创办之初的几年里出现了产销两旺的喜人形势。此时的张建才对洮砚厂寄予厚望,他的理想不单是通过洮砚改善大家的生活,而是让家乡的瑰宝名扬天下。为了实现这一理想,他对自己的作品更加精益求精。当时洮砚雕刻中流行一本名叫《龙凤狮》的书,是包述吉与李茂棣从甘肃省工艺美术厂带来的内部资料,其中有各种龙、凤、狮的形象,深得洮砚雕刻者喜爱。张建才借来此书,硬是用铅笔把整本书一页不落地描摹了下来(图2—9)。正是通过这次描摹,张建才对龙的形象产生了浓厚的兴趣并进行了深入的分析和研究,最后形成了自己独特的认识。首先,他明白了龙是上古先民虚构的形象,只存于神话传说之中。其形有九似,即头似驼,角似鹿,眼似兔,耳似牛,项似蛇,腹似蜃,鳞似鲤,爪似鹰,掌似虎;其次,他认为正因龙不是现实之物,所以,历代砚雕师不仅创作了平面化、图案化的龙纹砚,而且表现了立体化、写实化的"真龙"砚。从中可以看出,在龙的形象塑造上有着很大的发挥空间。与张建才交谈,你就会发现,在龙的雕刻中,他不仅刻苦,而且善

图2—8 在卓尼洮砚厂时的张建才(前排左三)

图2—9 张建才描摹《龙凤狮》中的图案

于动脑。比如，他一直认为龙身上最美的就是龙鳞。所以，在他的作品中，非常注重对龙鳞的雕刻。张建才说他有一方自认为是得意之作的龙砚，在石料天然黄标形成的山体中表现一条穿山而过的巨龙。但要表现龙从山中钻过的效果，一般的直刀子无法完成龙鳞的雕刻。为此，他不得不中途停止雕刻，转而研究并制作适合龙鳞的刻刀。久而久之，这种根据需要创造性的设计制作刀具的做法，也就成了他的一种常态。再比如，要表现龙的气势离不开云的衬托，但云在天上，无法很好地感知，张建才便把自己关在屋子里，一支支地抽烟，一口口地吐烟，一圈圈烟雾在房中升腾，时卷时舒、时薄时厚、时聚时散、时轻时重……这一切都让他对云有了深刻的理解和认识并能够很好地应用到龙砚雕刻当中。可以说，在卓尼洮砚厂的这段时间是张建才思考、研究洮砚问题最多、最深入的时候。因为在过去，他虽然没有间断洮砚的制作，但毕竟是正经工作之余的一项爱好。可现在却不一样了，他的所有工作都与洮砚相关，身边的每一个人也都与洮砚有关。他喜欢在这样的环境里与同事们为洮砚而努力，他也很快从诸多选择的纠结心情中走了出来，他觉得自己选择回家的做法是正确的，他已经把这里确立为施展抱负、实现人生理想的新舞台。然而，好景不长，一年之后，限于当时政府对企业管理水平的低下和眼界的狭窄，厂里开始乱象丛生，管理也日益混乱起来，一些老员工开始动摇了继续干下去的信念。紧接着，在国有企业承包经营的政策要求下，卓尼县洮砚厂接连更换了几任承包人，这些人对洮砚一无所知，都抱着赚钱之后就走人的想法，其管理手段与经营方式就可想而知了。后来，卓尼县政府给洮砚厂招来四十余名待业青年，其中大多是女性。就在此时，包述吉感到当下的洮砚厂已经不比以往，再没有待下去的理由，于是辞职回家去了。接下来，李茂棣也不干了。

两位老朋友都走了，洮砚厂只剩下他一个人，孤独和寂寞袭来时，他总有说不出的悲伤。但他还是坚持了下来，他尽量通过认真传授技艺和潜心刻砚排除心中的苦闷。在他的带领下，洮砚厂继续维持着日常的运作。1986年冬天，甘肃省军区为了培养军地两用人才，将张创军、孟佐民、张万迎三人派往卓尼县洮砚乡学习洮砚雕刻与制作工艺。他们初到卓尼的第二天一早，就在武装部领导的带领下，拜访了张建才，参观了卓尼县洮砚工艺厂。时隔三十年后，张万迎在他的《洮砚学艺记》中翔实地记述了当时欣赏张建才作品后的感受。他说张氏的作品"件件令人惊叹，龙凤能飞，硕果可食，栩栩如生，真假难辨"。他还如实描述了参观洮砚厂的情形。他说："老远就能听到叮当叮当的敲击声，听到蹭蹭的铲石声。一位年轻帅气的厂长热情接待了我们。走进车间，令人惊奇。因为很多工艺师都是女的，看到一件件半成品，一件件精美的成品，令人难以置信。繁重的劳动，精美的工艺，竟然和一些纤柔瘦弱的女性有着密切的关联。更想不到，这一件件精雕细琢，价值连城的工艺品，竟然出自一位位年轻漂亮的姑娘之手。我们深深地被她们感动，被她们震撼，在心里感到由衷的敬佩。"张万迎眼前所见姑娘们制砚的情景是让很多人难以相信的，因为，客观的讲，之前有些人离开洮砚厂的主要原因就是担心这些待业女青年的到来会增加全厂职工的负担。但张建才却不这么认为，因为，他相信男同志能干的事，女同志也能干，甚至可以干得更好。即便是在军人张万迎看来热火朝天的洮砚厂，与起初相比，终究是败落了。这使当初县政府调动张建才时承诺的条件大多成了空头支票，这对他及家人造成了极大的伤害。看着往日的同事一个个离开厂舍，张建才无可奈何，只好仰天长叹。因为，在全厂职工中，其他人都是从农村招来的临时聘用人员，他们回家有田种，与洮砚厂不存在依附关系。而他却不同，他可是从政府部门调来的唯一一位正式工作人员，一旦厂里发不出工资，靠他一个人收入供养的家庭立马会陷入困境。想起当时放弃了大好的前程，抱着报效家乡的心情来到这里，如今却落得如此境地。巨大的落差和家人的抱怨使他心力憔悴、懊恼不已。

但事已至此，他除了听从命运的安排还能如何？

1987—1999年十余年间，洮砚厂因经济困难停发工资，张建才的事业陷入低谷，经济出现危机，感到前途无望。但也正是这种困境，让他发奋学习，把所有精力都花在洮砚的创作与研究上。之前二十几年的积累让他的洮砚雕刻达到了高峰，在接下来的时间里，他不断取得好成绩。1987年6月，作品《龙凤洮砚》入选"1987年全国工艺美术展览会"，同年8月，作品《龙凤双合砚》荣获甘肃省"百花设计二等奖"，并顺利加入了甘肃省工艺美术协会。通过展览，他的作品得到了甘肃省工艺美术厂专家的赞赏，收购他作品的藏家也越来越多。1991年10月28日，他参加了首届甘肃省工艺美术艺人、专业技术人员代表大会，被甘肃省轻纺厅授予"甘肃省优秀工艺美术专业技术人员"荣誉称号（图2-10）。自此以后，他经常被邀请参加国内的各种展览和比赛，也不断获得各种荣誉。1992年9月，他应邀参加了在京举办的"中日传统工艺品联合展"并进行现场制作展示。同年，他加入了中国工艺美术协会，成为雕塑专业委员会会员。1994年，甘肃省职称改革工作领导小组授予他"甘肃省工艺美术师"任职资格。

图2-10　张建才（第三排自左至右第十三）参加首届甘肃省工艺美术艺人、专业技术人员代表大会时的合影

1999年，县上一位领导得知张建才的事后，把他安排到卓尼县国土资源环保局上班，同时，兼任卓尼洮砚厂的技术指导，借此补发前

些年洮砚厂亏欠他的工资。在这段时间里，张建才虽然同时在两个单位工作，但由于一边是闲职，一边萧条，反而拥有了比以前更多的时间。就这样，他一直坚持在洮砚厂兼职，兢兢业业做着一位洮砚师傅该做的事。直到有一天，卓尼洮砚厂被拍卖，沦为私人所有，他才回到国土资源环保局。

张建才再也不用两处奔波了，他除了国土局的本职工作外，其余的时间都用来研习洮砚。2000年10月，作品《鲤鱼跳龙门洮砚》获"2000杭州西湖博览会首届中国工艺美术大师作品暨工艺美术精品博览会"铜奖。2005年9月，作品《根艺玉兰洮砚》《鱼龙戏水洮砚》分别获"甘肃省第八届工艺美术百花奖"设计创新一等奖、制作技艺一等奖。也就是这一年12月，甘肃省工艺美术协会授予他"甘肃工艺美术大师"称号（图2-11）。2006年10月，国家发展改革委员会第五届中国工艺美术大师评审工作领导小组授予他"全国工艺美术优秀创作奖"。2010年，甘肃省工艺美术协会授予他"甘肃省工艺美术特级大师"称号，鉴于他在洮砚界的威望，8月19日，甘肃省工艺美术协会又聘请他为专家顾问（图2-12）。2011年，甘肃省工信委甘肃省工艺美术大师评审领导小组批准授予他"甘肃省工艺美术大师"荣誉称号。2014年11月，他参加清华大学美院文房四宝高级人才研修班，获"中国文房四宝制砚艺术大师"荣誉称号。2015年7月，作品《鱼龙戏

图2-11 张建才获得"甘肃工艺美术大师"称号

图2-12 张建才的顾问聘书

图2-13 张建才被聘为全国工艺美术行业理事会理事

图2-14 张建才的理事证书

水洮砚》获"中国工艺美术精品博览会'国艺杯'"金奖。2015年4月,被聘为全国工艺美术行业理事会理事(图2-13)。2016年5月,作品《龙凤呈祥》获"第五届(2016)中国传统工艺美术精品展'巧夺天工·金马奖'"银奖。2017年3月16日,经甘肃省工艺美术协会第三次会员代表大会选举,张建才当选为甘肃省工艺美术协会第三届理事会理事(图2-14)。2006—2010年,他连续担任甘肃省第九届、第十届、第十一届"工艺美术百花奖"评审委员会评委。

就在一次又一次的展览与比赛中,张建才接触到了越来越多的优秀艺术家和作品,这不仅开阔了他的眼界,而且促使他进一步从理论上构筑一套完整的认知体系。2016年3月,他在《工艺与创新》杂志第4辑发表了题为《洮砚雕刻之我见》的文章,从选料、设计、雕刻等方面集中阐述了自己多年来对洮砚的理解和认识。在选料方面,他认为埋在矿带表层的石料由于风化不易制砚,距离洮河河床越近的石料越好,每选一块砚石,都必须要充分考虑坑口,找到符合需要的砚石是保证洮砚质量的第一关;在造型设计方面,他认为"要避免图案杂乱无序,雕刻过分繁杂而影响实用价值和观赏效果,应注意布局合理,疏密有致,同时兼顾砚的实用性";在石纹、石色的应用方面,他认为要突出一个"巧"字,不应为保留石标石纹而破坏整体;在墨池的设计方面,他认为"缩减墨池、增大图案面积以期提高砚欣赏价值的做法,是本末倒置不可取的";在砚盖的设计方面,他认为"砚盖的形状和是否雕刻图案,雕什么样的图案，都要和砚的整体协调搭配，不可忽视砚盖的设计或是将其作为独立个体随意设计"；在洮砚雕刻方面，他认为目前洮砚雕刻在利益驱动下，出现了一种一味追求难度而忽视精度的风气，从而导致大量作品存在设计不合理、图案繁琐、布局杂乱、雕工生涩、打磨粗糙。人物走兽比例失调、缺乏真实之美、写意之趣和文雅清爽之气等弊病。最后，他重申传统制砚法在当下的重要性，指出"刻砚应该从最基本的做砚坯开始，经过长时间的锻炼，熟练掌握各种刀法雕刻技艺，刻砚时要做到用心专一、细心雕琢，线条刻画流畅，规矩方圆一丝不苟，砚底、墨池平整，砚盖扣合准确。墨池、砚底、砚边没有图案的部分应该仔细打磨，最后的成品应该不留刀斧痕迹，圆润自然，才能成为一件合格的洮河石砚"。

现在，人们都说张建才以刻龙著称，甚至有"张家龙"的美誉，但圈内人都知道，这只是表明在他的作品中龙砚最具代表性，仅此而已。因为，他不仅在理论研究上有一定的高度，而且在实践中能够触类旁通。所以，不论是龙凤、人物砚，还是山水、花鸟砚，他都游刃有余，佳作迭出。《鲤鱼跳龙门》《龙腾四海》《群龙戏珠》《群龙戏水》《龙凤呈祥》等都是他龙凤砚的代表作，其中体现了张建才对龙凤造型、结构、动态、姿势等外在形象，以及神韵、气势等内在精神的深刻理解和准确把握。2016年10月23日，我们采访他时，见到一方正在雕刻的龙砚，用流畅的线条勾勒出一条云中穿梭的巨龙，砚面没有一点铅笔或毛笔起稿的痕迹，可谓以刀直取，功夫之深，可见一斑（图2－15）。另有一方《丹凤砚》，巧妙利用紫色石钉和石筋制成凤尾，流云层层叠叠，凤

图2－15　雕刻中的龙砚

图2-16　《丹凤砚》

图2-17　《四喜抄手砚》

羽疏密有致，刀法细腻，形象生动（图2-16）。张建才自认为人物是自己雕刻中的弱项，但他的作品告诉我们，事实并非如此。看他的人物，一人一面，一人一态，一人一格，用他的话说就是"仕女是仕女，下人是下人"。他曾有一方李白观山的砚盖，运用石料本身的水浪和黄膘，表现了李白乘船观赏山水的画面，其中借用石纹雕刻而成的船夫尤其传神，他自己非常喜欢此砚，但因当时条件所限，没留下照片，甚为遗憾。张建才同样擅长花鸟与山水，其代表作中，无论是梅兰竹菊，还是走兽禽鸟；无论是仙桃、葡萄等果蔬，还是玉兰、睡莲等花卉；无论是山川树木，还是亭台楼阁，他都能够举重若轻。在一块布满白线的砚石的启发下，他表现了四只蜘蛛两两相对，辛勤织网的画面，而周边传统纹样的设计，让整个砚动静相宜，意趣相合，他将此砚命名为《四喜砚》（图2-17）。缘于一块紫石的《玉兰紫石砚》，巧妙利用紫色砚石上白黄相间的油脂膘，雕成一朵朵洁白的玉兰花，娇艳而高贵。根据传统题材制作的《喜上眉梢砚》，将图案设计在砚边，热闹的梅花、对话的双鸟，让全砚充满着一种喜庆（图2-18）。由于张建才是全能型砚雕家，所以，在他的作品中，集山水、花鸟、人物于一身者众多，由此呈现出一种大的场景、大的气势、大的格局。如他的《天女散花》砚，下半部分表现了层叠的山峦、丛生的杂树以及林立的殿宇，上半部分表现了散花的天女，中间部分表现了彩云与鲜花，一砚之中，内容非常丰富，处处显思路，刀刀见功夫（图2－19）。再如他的《龙凤砚》，砚盖部分雕刻鱼龙戏珠，砚身部分刻有凤鸟山石，除龙凤栩栩如生外，利用黄标雕成的山石更如夕阳照耀下金光万丈的仙山，为此砚增色不少（图2－20）。《松鹤砚》中，松树、白鹤、茅亭，还有石纹自然形成的流云，共同构成了一幅祥瑞而又略显萧瑟的画面（图2－21）。除此之外，他还在带盖砚的墨池和盖子上创新出一种"双子扣"（图2－22），其特点是盖子上的卡扣是双层，这个形式相比较以前的单扣砚盖密封性能更好，合盖之后的砚台即便是被竖着立起来，里面的水也不会漏出来。有趣的是，在一次省级展览上，评委们被他的砚盖所吸引，但因砚体与砚盖相合过严密而不敢用力打开，最终没有看到砚

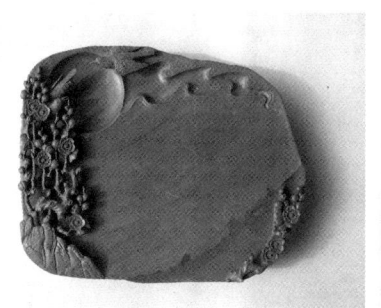

图2－18 《喜上眉梢砚》　　图2－19 《天女散花砚》　　图2－20 《龙凤砚》

图2－21 《松鹤砚》　　图2－22 双子扣砚盖

池。结果，原本应该得一等奖的作品被降为二等奖。总之，张建才可圈可点的作品和创意还有很多，在此不能一一列举。

2002年11月6日，53岁的张建才从卓尼县国土资源环保局退休（图2-23）。每当回想起自己40多年刻砚路上的坎坷与荣誉，他总是感慨万千。他说在过去的40余年里，他一直以"精益求精"为信念，严格选料，精心构思，用心创作，并把这种精神传给了自己的弟弟张建华和徒弟李学斌。

2018年，69岁的张建才不像其他人那样夸夸其谈，但当我们欣赏他的作品时，立马就会明白，不是他不爱和人说话，而是他更愿意与洮河里的石头交谈；也不是他不会说话，而是他更愿意把所有的言语都倾诉给自己刀下的一方方洮砚。而这，正是他寡语与腼腆背后的深邃。

图2-23 张建才的退休证

包述吉

包述吉[①]，男，藏族，1950（庚寅）年7月6日出生于卓尼县洮砚乡古路沟村（图3-1）。

图3-1 包述吉

包述吉走路时总是习惯性地将双手背在身后。他说，这种"背搭手儿"的走路姿势是祖先遗留下来的。因为，听老人们讲，包家的祖先最初是从南京朱氏巷被强制背着手一串一串捆绑而来的。早来的被称为"根占"，迟来的被叫做"地买"。

儿时的包述吉活泼可爱，原本可以和其他孩子一样享受快乐的童年，但命运之神似乎没有眷顾于他。事情要从1953年说起，那一天，父母下地干活，刚刚学步的包述吉照常和奶奶留在家中。当时的包家安有水磨，水磨附近有几间看磨的房子，房子旁边养了不少蜜蜂，也有许多闲置的圆筒状蜂槽。火红的太阳炙烤着大地，贪玩的包述吉便钻进蜂槽中，一来躲避阳光的照射，二来

[①] 本评传撰写中得到了包述吉与包旭龙的大力支持与配合。在此说明并表示感谢。

滚来滚去，很是有趣。谁知蜂槽滚落，包述吉的脚被房侧的乱柴死死夹住，并倒挂了起来。奶奶听见哭喊声，急忙跑来，倒提腿子将他拉了回去，没有及时处理。直到晚上，父母干活回来，见孩子不能走路，才想起给他看病。由于当时医疗条件非常落后，没有看病的大夫，家人只好背着他，前往石门寺院，找了一个叫东东儿的高僧给他"算"。高僧说，这是月亮影子呱下了，要念经度七七四十九天。结果，四十九天的拖延让那只幼小的脚错过了最佳的治疗时机。父亲发现他的脚坏了，便用木桶板子周围固定后用绳子结结实实地捆了起来。从此，活蹦乱跳的包述吉就立在墙角一动也动不了，那只脚再也没有恢复过来。这件事不仅给包述吉留下了终身的残疾，而且在他幼小的心灵深处留下了挥之不去的阴影。尤其是每年正月最受煎熬，因为，正月里要走社火、唱戏，煞是热闹。但腿脚不便的包述吉不能独立行走，眼睁睁看着别的小孩呼朋引伴、追逐嬉戏。对于一个幼童来讲，他唯一能够做到的就是哭啼与闹嚷。好在当时家里住着一位名叫旦旦娃的表哥，还可以背着小述吉到戏场去看戏。但这位表哥也并非正常之人，他常对人说，自己头上顶的是旧城里的黄教帘子神，于是，便把排香烧着后连着火焰一并吞吃了。正月看戏，虽说热闹，但寒冷难忍，于是，表哥又在戏场周边的粪堆尖挖一个小坑，钻进去取暖看戏。他饭量很大，一顿要吃四五马勺。在村里放牧时，闲得无聊，就从山坡下倒着往上翻跟斗。总之，这位行为反常的表哥给包述吉留下了深刻的印象。后来，听说他去北路一带挡牛，一去再就没有回来。

提起童年，包述吉心中总是难以平静，他说，就是因为当初的那一"算"，迷信把他害成了残疾人，所以，直到现在，他对迷信仍有着深仇大恨……

岁月流逝，包述吉和家人都慢慢习惯了他那只不太灵便的脚，生活重新步入常态。1957年的冬天，包述吉家里来了许多民工，说是要搞引洮工程。他们安排好住处后就开始在房子背面的山上挖了起来。没过几个月，包家的一排住房全部被掩埋了。当时包述吉家的情况是，父亲作为地下共产党员，被任命为信用社主任，并调去组织参观团出差在外，大哥二哥在石门寺学校读书。母亲便带着孩子们到石门寺村借房安身，不久，母亲被社里组织到加麻沟的牙子沟大炼钢铁，家中只剩包述吉姐弟四人艰苦度日。他说，好在当时吃饭有食堂，一日三餐，每到饭点，全村老少便在食堂聚集就餐，六七个厨师也忙得不可开交。当时正是"大跃进"时期，口号是国家要发展到"电灯电话，楼上楼下，照灯不用油，犁地不用牛，说话不用嘴，走路不用腿"。大伙在背地里也曾议论说不可能，甚至有人认为那是胡说，但这并不影响人们追求这一理想的行为。比如说，大人们白天拾人粪，在野外挖有煮大粪的灶火，还整天整夜地换人煮，包述吉不懂大人们为什么要这样做，只听说那是在做化学肥料。

1959年初春，外出参观的父亲回来了，全家人都很高兴，但借住的房子却被集体征用了。无奈之下，他们又从石门寺搬迁到峡地村，父亲花了40元钱买下李茂棣家的半院房子，从此便和李茂棣住在同一院中。可是，就在1959年冬天，住了还不到一年的房屋又被征收，用于集体办食堂。拿到兑现房款后，全家又搬到峡地村的包新明家暂住。

1960年，全国上下遭受着前所未有的饥荒，对于包述吉来讲，饥饿留下的记忆和那只残脚一样刻骨铭心。他说，就在那次浩劫中，奶奶被活活饿死。还有，1961年初春，为了补给耕种，国家给农民提供了农作物种子，于是，大伙便一路步行到会川的双石门儿去背。一去就是10天左右，在那次背种子的队伍中，有的人回来了，有的人半路饿死了，有的人把种子偷着生吃了……种子短缺，人们只好把麦糠撒到地里，结果苍天开眼，庄稼有了大丰收。在收割时，人们在地里现割现生吃，结果又被毒死了不少人，因为他们的胃早就变成了"草胃"。

1961年冬天，包家再次搬迁，从峡地村包新明家回到古路沟村。

村民李来祥死于饥饿，妻子无奈将三间破草房以30元钱卖给包家，然后，带着女儿鼠代花儿和儿子都哥儿九出家逃难去了。自此，包氏一家总算结束了颠沛流离的日子。

1962年，12岁的包述吉仍然是一个懵懂的孩子，但有一件事情让他慢慢走近了洮砚。事情是这样的，那年的秋冬之际，甘肃省派甘南州和卓尼县相关人员到乡下寻找砚台雕刻匠人。当他们来到古路沟村时，包述吉的父亲包含文首先被选中。当时的包述吉或许并不理解为什么他们偏偏会找到自己的父亲，直到长大后他才知道自己降生的这个家庭是一个洮砚世家。清代中晚期，他的太爷包扎世次力就从事洮砚雕刻，专刻古人物图案。爷爷包都智旦娃专刻山水花鸟砚，艺名远扬，而且为人忠厚，不畏权势。曾有一次，一伙自称为尕司令部下的强人登门破室，逼着爷爷强要砚台，态度十分恶劣。老人不忍让苦心刻制的砚台落入歹人之手，遂亲手将其掷于地上，摔成碎片。恼羞成怒的强盗，不由分说，拳棒相加，最后将木棒钉进了爷爷的肛门，极其残忍地夺走了老人的生命。爷爷虽然含恨而亡，但早已把制砚的本领传给了父亲包含文，使其成为新中国成立后洮砚发展史上人们公认的"老师爷"。

再说1962年秋冬之际的那天下午，父亲包含文把前来寻找砚台雕刻匠的三四人带到他家的破草房里。来人说要给上级做砚台，包含文接受了任务。但双方约定，等所有原料备齐之后方能开工。包述吉记得，过了一半天，父亲就收拾起老镢头、老斧头，还有锻水磨的钻子和锤子，前往寻找曾在旧社会与他一起雕过砚台、采过石料的老伙伴去了。这一去就是整五天，第六天下午，父亲背着五块砚石毛料回了家。那时的包述吉对父亲花如此力气采几块石头的行为很是费解，便说，那石头河坝里多得是。父亲骂他："你知道啥，我背来的是砚瓦石，是国家的四大名砚之石，是无价之宝。"但说真的，包述吉实在不懂那些石头究竟"宝"在什么地方。

新的一天开始了，父亲又拿了砍柴的刀、绳、大背斗去坡上烧糟碳去了，太阳落山时便背来许多的糟碳。第二天又收拾了一些铁器，背着糟碳说要去铁匠处打工具。一去又是两天，第二天天黑时回到家。包述吉完全被父亲的"怪异"弄懵了，因为，他完全不知道父亲的所作所为与那个叫"洮砚"的东西有何关系，何况，父亲出门时明明说要去打工具，但回来时却两手空空。晚饭后，全家大小围坐在炕上，享受着一天的团聚和天伦之乐。好奇的包述吉还是忍不住问父亲打的工具哪儿去了。父亲这才从挂包取出一块白布手帕，里面包着二三十根像汉钉子一样的小铁条。包述吉看后感觉没什么了不起，于是又说："这钉子在大滩的烂磨轮上多得是。"父亲告诉他："你可别小看它，你说的那是汉钉子，是铁打的，我这是用钢打的。"包述吉搞不清楚什么是铁，什么是钢。父亲又解释说："铁不能用作刃口家具，它用作刃口家具就会卷刃，而钢就不卷刃，你不知道就别多嘴。"从那天起，包述吉再也没有贸然提过问题，只是悄悄关注着父亲"洮砚计划"的进展。只见在后来的几天里，父亲陆续安装工具手柄，用土坯搭建工作台，然后，就是出砚坯、画图案、下体、镂空、细刮、破花纹、破脸谱等。

　　这一切在包述吉看来都是那么的神奇和有趣，他真想一直跟在父亲身边亲眼目睹洮砚诞生的全过程。但父亲似乎压根儿没有看出他的心思，还是如往常一样命包述吉到牛群里拾牛粪。晚上回来，包述吉想瞧一眼父亲的砚台，可那个神秘之物早就被锁起来了。

　　时间久了，父亲也慢慢看出了儿子的心思。有一天，父亲对他说："你一心想学也好，我就给你教，你已经成了残废了，学点手艺也好。老古人有话，荒年饿不死手艺人嘛。但你要记住，制砚很辛苦，若是怕吃苦，就永远成不了匠人。这就是'不吃苦中苦，难为人上人'的道理。"就这样，父亲开始给包述吉传授一些入门的常识，如怎样选料，怎样持刀，怎样在肩膀上顶刀把等。除了口授外，父亲还将边角料给包述吉用于练习基本功。当他肩膀顶着刀把铲凿石头时，难忍的疼痛才让他知道了制砚的艰辛。然而，父亲却说，越是痛，越要坚持，否则，一旦松懈，肩膀就再也不能接触刀把了，需要把肩膀顶成死肉，才能练出功夫来。此时的包述吉虽然一闲下来就叮叮当当，铲个不停，但并没有正规做过一方完整的洮砚。1962年年底，父亲的"洮砚计划"完工并顺利送到了定作人手中。1963年春，父亲好吃好喝请纳儿村的采石工为他提供砚石，开始了相对稳定而持续的制砚生活。也就在此时，包述吉也才正式成为父亲的徒弟。

当时信息闭塞，交流不便，包家父子的砚台大多卖给了解洮砚价值的县级、州级以上干部，或赠送给自己的亲戚朋友。在包述吉的记忆中，他大哥有两个舅子哥，老大叫洪庭瑞，儿子叫洪源，老小叫洪庭秀，儿子叫洪渊。父亲曾给他们四人每人做了一方书本式砚台。时隔多年后，包述吉在卓尼办厂时碰见洪渊，二人交谈时提起此事。听说父亲赠予洪渊的砚台还在，包述吉激动不已。但当他提出可否用自己的精品换回父亲的那方砚台时，洪渊却说："阿爷给我那方砚台你给上十方我都不换。"包述吉遗憾之余，也感到很庆幸。现在，每每回想起父亲的那几方洮砚，包述吉还会喃喃自语道："父亲的那方砚看现在还有吗？很可能还在吧？洪渊人在啥单位工作我不清楚，或许退休了吧！如果能找着他，给父亲的砚台照张相片我想是完全能办到的吧……"

1963年冬，刚刚跟父亲铲了半年洮砚的包述吉，迎来了人生的一次转折。一天，时任古路沟学校校长的张学仁来到包家，动员包述吉去读书。但父亲不让去，说"他那样子一瘸一拐能念个啥书"。校长再三劝说，才征得父亲同意。从此，十三岁的包述吉踏进了学校的大门。他入学不久，就因勤奋好学、成绩优异而得到老师的赏识和同学的认同。比如入学一星期后，他就从一年级升到二年级，因为他早就跟着上学的弟弟学习了一年级的全部课程。再比如在一次数学考试中，校委会曾给他一百二十分的好成绩，因为在他的卷面上，不仅有着无误的答案，而且留下了干净整洁、漂亮大方的字迹。这对他来讲，赢得的不只是附加分数，更是老师的肯定与同学的认同（图3-2）。

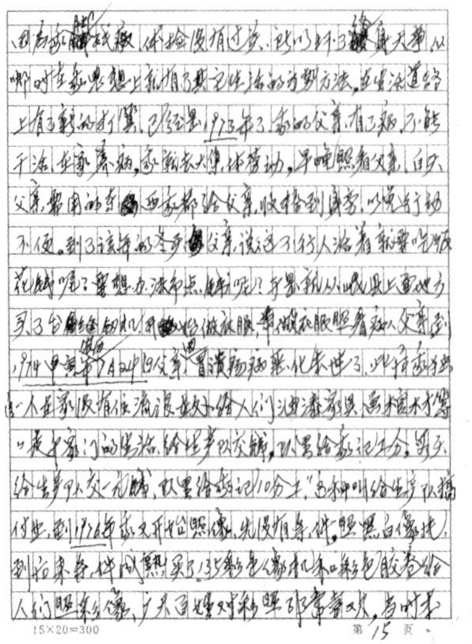

在接下来的时间里，包述吉置身于学校、家庭和社会的大熔炉中，接受着多种教育，也不断崭露着自己的艺术才华。1964年，一场以端正思想，提高战斗力，推动全军正规化训练为目的的群众性练兵比武活动在全国展开。为了响应"大比武"运动，人人都要做木枪，还要比比看谁的木枪做得好。巧手的包述吉就给自己尊敬的长辈和基干民兵用木头雕刻了半自动步枪，并因做工细腻逼真而受到上级的表扬和奖励。

图3-2 包述吉手稿

1966年，"文化大革命"开始，正在读四年级的包述吉已经是一位16岁的少年，成为这一特殊历史时期不折不扣的见证者与亲历者。一向成绩优异的包述吉被选为学校"红卫兵"大队长，带领学生学习"把无产阶级文化大革命进行到底"的文件和方针政策。此时的包述吉，脑中反复出现曾因美术特长而经常得到奖励的场景，也想到学校每次都把颜料作为奖品颁发给自己，引来无数羡慕目光的情形。于是，他决定充分发挥美术特长，在教室和老师宿舍的窗台与门之间的墙上，全部用楷书写上了毛主席语录和大革命口号。1968年，一幅歌颂毛主席无产阶级革命路线的油画作品《毛主席去安源》红遍大江南北。在美术老师贾元的带领下，包述吉等人在学校院子中间用砖瓦和土坯建成一座高五米，宽三米的碑。之后，他和贾老师足足花了两个星期的时间，在此碑正对校门的一面画上了《毛主席去安源》。同时，为了迎接1969年召开的中国共产党第九次全国代表大会，他们又在碑的背面设计了喜迎"九大"的图样，如九朵葵花，九杆红旗，中间是毛主席头像或红太阳等。包述吉说，那时学校很少正常上课，高年级学生也大多远去延安或其他圣地与"红卫兵"串联去了。放假前不组织考试，只是将全班学生召集到教室评升级，威信好的升上了，威信不好的留下了。一旦放假，他便跑来跑去，又投入到给全公社各农村画"忠字台"、雕"忠字牌"的工作当中……

受"文化大革命"影响，学校上课不能照常，于是，包述吉一有时间就到纳儿村跟父亲学习砚台雕刻。因为，1964年秋，甘肃省工艺美术公司聘父亲包含文去担任砚雕师傅，时间不长又派他到洮砚本地办分厂并担任分厂厂长。包含文便找到早年刻砚的同行，还有郭凤明、徐德胜、徐登贤、孙五权、孙志义、孙禅个、孙玉仁、孙二爷、张建才，加上包述吉，洮砚厂一开始就有十几人的规模。每隔一段时间，美术公司就派石长生师傅前来指导。当时的洮砚生产，紧跟形势，重在为"九大"献礼，这批作品的主要特点是在砚盖上表现毛主席头像，而负责雕刻主席像的人就是现在洮砚界的著名大师张建才，其他活则由老师傅们雕刻。在这样的氛围里，包述吉白天学习制砚，晚上给纳儿村的群众教唱毛主席语录歌曲，教的最清楚的一首就是"政策和策略是党的生命，各级领导同志务必充分注意，万万不可粗心大意"。

到了1967年，包述吉六年级。当时国家实行七年制，所以，他被从六年级降到五年级，第二年又升到六年级，第三年升到七年级就算初中毕业了。毕业前夕，校长和老师找到包述吉，说鉴于他的学习优秀，校委会已经商量决定给县文教局提出申请，让他留下来在母校任教，再不需要上高中了。包述吉忆起此事，内心充满感激和遗憾。他说那时因为学习好，和全校仅有的四五个老师关系都很好。所以，老师们对他也格外关心，尤其是班主任吴明军和范学典老师待他尤其好。只可惜范学典老师因家庭成分高，在"文化大革命"时期遭到其他老师的排斥和批斗，最后在桂林含冤上吊了。说到这些，包述吉总是非常痛心。

尽管老师再三劝说包述吉留校任教，但执拗的他还是参加了当年的高中考试，但录取通知书被急于求贤的老师给压下了。就在暑假农忙时节，队长张占荣把县文教局批复到古路沟学校任教的通知送给了正在地头干活的包述吉。队长高兴地说："哎！这你就把吃饭碗寻着了。"谁知一心只想读书的包述吉并没有想象中那样兴奋，而是淡淡地说："我不爱当老师。"后来，老师又跑到家中，问明情由后非常愧疚，遂推荐他报考甘南师范。接下来又是步行赶考和长时间的等待……眼看着别的同学接到通知书后的欢天喜地，包述吉陷入无尽的沉默，因为，他的通知书一直没有来。好心的班主任吴明军老师为此事专门去县里查询，才知道包述吉考了全县第一名，但因脚部残废没有通过体检。得知此事后，包述吉彻底死心了，也就是从那时起，他开始重新思谋自己的生活方式与人生道路。

1972年，卓尼县革委会开始组织修建洮砚大桥，每周六下午，洮砚大桥指挥部就会来人把包述吉接去，按照既定的内容和底稿为他们办黑板报，表扬好人好事，批评后进民工。那时的包述吉很有成就感，因为，每次到指挥部，首先一顿好吃好喝款待，出完黑板报后就回家了。1973年，父亲生病，再也不能干活了，生活的重担便压在了包述吉的身上。早晨起来，他给父亲把需用的东西收拾到身边，然后去大集体劳动，晚间回来，再为父亲煎汤换药。冬天到了，父亲说："这不行，人活着要吃饭花钱呢，要想办法挣点钱呢。"于是，包述吉就从岷县买来一台缝纫机，开始一边学做衣服一边照看父亲。

1974年是农历的甲寅年，7月24日这一天，父亲因胃溃疡病情恶化离开了人世。孤苦伶仃的包述吉独自一人四处流浪，给人油漆家具、画棺材（图3-3），过上了走千家门的生活。他每天给生产队交一元钱，队里给他记10分工，这叫给生产队搞副业。到1976年，他又开始照相，起初没有条件，只能

图3-3　包述吉给自己画的棺材

拍黑白照，后来条件好了，他便买来一架135彩色相机和一些彩色胶卷给人照彩像。老百姓对彩色照片非常喜欢，但当时本地没条件，照四五个胶卷后要坐车到兰州的"兰光冲印公司"去洗照片（图3-4）。

1979年秋，上级政府找到包述吉，想让他找几个人搞洮砚雕刻。于是，他就找到了李茂棣。从此，他真正意义上的洮砚人生开始了。父亲去世后，再也没有人给他指点迷津，为了拜师，包述吉骑自行车前去现卫新乡的下寨村请一位曾和父亲一起铲过砚台，名叫"赵志瑞"[①]的师傅。家人说赵师傅出外箍木桶去了，两三天后才能回来，包述吉便与赵师傅家人约好三日后再次登门拜访。当包述吉说明来意

图3-4　青年包述吉

后，赵师傅爽快地答应了他的请求。过了两三天，赵师傅坐着儿子的驴车来到了与包述吉同村的女婿家。从此，包述吉和李茂棣就跟着赵师傅在他女婿家做洮砚并每月给赵师傅70元工资，铲出的砚台上缴给人民公社。

冬去春来，跟赵师傅制砚已有数月。1980年初春，包述吉与李茂

[①] 在采访李茂棣时，李茂棣说此人名叫"赵新合"，包述吉说，自己所说的"赵志瑞"，与李所说"赵新合"实为一人，因此人在雕刻洮砚之余，常在外给人箍桶，所以，外号叫"桶桶匠"。

棣辞别了师傅，收拾起行李，拿着洮砚公社的介绍信，前往甘肃省工艺美术厂开始了为期一年多的洮砚学习。初到兰州的包述吉，好像打懵了的鸡，晕头晕脑，整整一下午才找到美术厂。厂里领导帮他们安排了住处，并告诉他们如何购买饭票和菜票，如何凭票在公司大灶打饭吃（图3-5）。等一切就绪后，就开始在洮砚车间上班。当时省工

图3-5 甘肃省工艺美术厂的饭票

艺美术厂有两个洮砚雕刻车间，大车间四十多人，小车间十七八人，有男有女，包述吉和李茂棣被分在小车间。包述吉和刘文林师傅在一起，二人亦师亦友，关系甚好（图3-6）。初到厂的第一月，包述吉就做了两方砚台。见包、李二人刚进厂就能做出成品砚台，其他学徒很羡慕也很好奇，便问他们是不是在家经常铲砚台，包述吉他们就故意卖关子说在家没铲过。

图3-6 在甘肃省工艺美术厂时与刘文林（左）在五泉山合影

1981年5月23日，他们在省工艺美术厂的学习结束。包述吉至今还保存着当时甘肃省工艺美术厂为他们二人出具的返程证明。证明内容为"兹有甘南卓尼县洮砚公社李茂梯、包树吉二同志，前来我厂学习，现已结束回去，请沿途车站、旅店给予放便"（图3-7）。

这次回家后，包述吉就在洮砚雕刻和发展方面不断努力，发挥着

自己应有的作用。

　　首先是和李茂棣在洮砚乡召集了七八个人办厂，当时就他和李茂棣能生产产品，做出的产品上交公社，公社给他俩发工资，那时每人工资七八十元。其他徒弟没工资，有时候还要给省工艺美术厂采石料，没有交通工具，公社就给台"55"拖拉机。初次办厂，没什么设备，铲法也比较原始，所以，厂子仅维持了一年多。到1982年冬季，包述吉被卓尼县调去办厂，当时的金旦珠县长和杨震县长，对洮砚厂十分感兴趣，厂长后永昌和刻砚师傅们的关系也很融洽，但在各方面都缺乏经验（图3-8）。于是，1983年11月，县政府决定派包述吉和人事局的赵重庆前往南方考察并落实老干部政策。这次的行程和路线是，先去甘肃省委、省政府，然后又到地矿局等，吃住在甘南饭店，共一星期时间。后从兰州坐火车直达四川省政协、省工业厅落实老干部，在地质饭店住了10天。

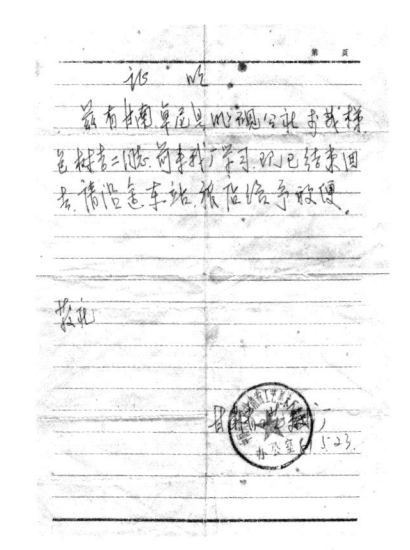

图3-7　甘肃省工艺美术厂给包述吉、李茂棣出具的返乡证明

图3-8　1982年左右雕刻的洮砚

后又赶回重庆，住在重庆市第二招待所，听说在北碚区有一个长江三峡砚厂，便去实地参观，厂子在山坡上，厂房一台一台的很有特点，包述吉从他们的展厅买了三方小砚台带了回来。在重庆待了12天又去了贵州的省会贵阳市，在包述吉眼里，那时的贵阳确实落后，环境极差。3天后又去了贵州岑巩县的思州石砚厂参观，发现他们

的刻工不理想，没什么参考价值。最后又坐车赶往广东，肇庆市有不少砚厂，种类繁多，主要雕工是浅浮雕，立体感极强，砚石和贵州的砚石有些相似，多数都带金星点，只是贵州的石料颜色不好。端砚厂的参观让包述吉大开眼界，除了端砚石色泽漂亮之外，其雕工、设备等方面都属上乘。该厂领导不在，包述吉就和砚工们交谈，但因听不懂广东话而不得不终止语言上的沟通。至此，这次长时间的考察活动结束了。他们从广东坐快车到成都，再坐普客慢车到兰州。整整三天三夜，回来给政府和厂里汇报了情况后继续上班雕刻砚台。当时的洮砚厂是在县牧机局借房办的，到了1984年，搬进了正规建设的新厂房。11月，卓尼县政府给洮砚厂招收了待业青年40多人，多数是女的，这时包述吉的看法是厂子办不成了，于是就收拾行李回家了。

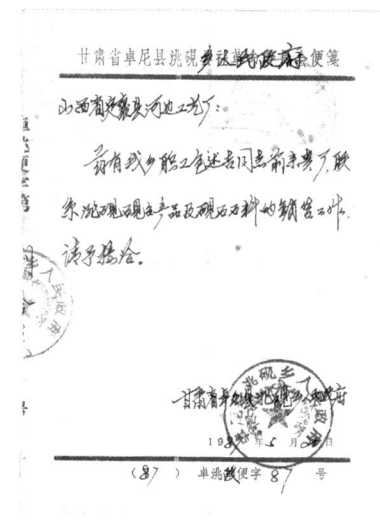

图3-9 考察河边工艺厂的证明

包述吉的离开，让很多人感到遗憾和不舍，一些关系要好的徒弟曾雇车前来包家请他回去，也有几个女徒弟写信请他，但包述吉去意已决，再也没有回去。而是在家带了几个徒弟，继续制砚。1987年5月，包述吉带着徒弟李红平开始了又一次外出考查。这次他带着乡政府开具的介绍信先去了山西（图3-9），在友人曲映雪的陪伴下参观了沂州地区的河边石刻工艺厂（图3-10）、阎锡山的故乡和五台山等风景名胜。当时的河边石刻工艺厂规模较大，面向的是国外市场。包述吉一心想和他们合作，把洮砚产品推向日本和东南亚等国。所以，白天在曲映雪家吃饭，晚上住在附近的旅店里，忙着谈业务及相关事宜。根据曲映雪与包述吉的信件，两人有过一段时间的合作，曲也曾来洮砚乡实地考察过（图3-11）。热心的曲映雪还带他们去了

图3-10 河边石刻工艺厂旧址

图3-11 曲映雪在喇嘛崖考察 左：曲映雪，右从前至后依次为：卢桂生、卢连生、卢四哥

澄泥砚厂，但包述吉感到澄泥砚无论在材料、工艺，还是工序等方面都与洮砚石刻有着很大的不同。这次回家后，包述吉怀着满腔热情给政府汇报了考察情况，希望引起重视，但因资金短缺等原因又一次放弃了。事隔不久，卓尼扶贫办和有关单位打算在洮砚乡办厂，主要依托包述吉。由此，县政府又派扶贫办的牛茂赠和他一起外出考察，这次的主要任务是去找办厂设备如切割机、磨床等。于是，他们又去了武山县鸳鸯镇的夜光杯厂、宝鸡市的西北有色金属制造厂、陕西省的秦川大理石厂等地。看了很多设备，等给政府发电报请求汇款购买时，还是因为资金问题不了了之了。

心灰意冷的包述吉送走了同行的牛茂赠后，独自一人又去了安徽的安庆市，因为，这里有一个未曾谋面的老友，他就是安徽省书法家协会理事孟滢（图3-12）。在孟滢的帮助下，包述吉前往歙县参观了几处歙砚厂，遗憾的是几家厂舍因扩建而停产。最后，只好看了几个歙砚展厅，买了两方小砚台后返回了家乡。

1988年，乡政府以乡政企业的

图3-12 孟滢给包述吉的书信

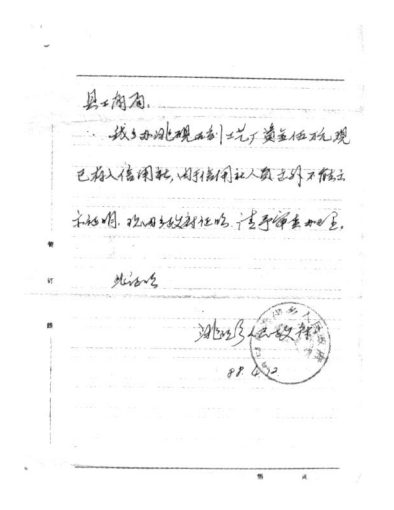

图3-13　乡政府申请5万资金的证明

图3-14　卓尼县洮砚乡石刻工艺厂公章

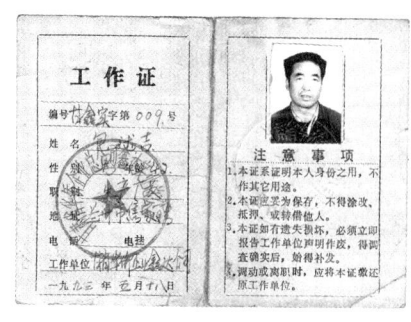

图3-15　包述吉在鑫达公司的工作证

图3-16　包述吉与鑫达公司全体员工在厂前合影

名义从卓尼县申请了5万元，用于办洮砚石刻工艺厂，包述吉终于看到了希望（图3-13、图3-14）。该厂最初两年办得很正规，效益也不错。但到后来，就只见上交政府的砚台，而不见政府给厂子投钱，1991年，厂子毫不意外破产了。包述吉和所有领不到工资的工人一样，怀着沉重的心情回家了。

1993年2月，43岁的包述吉被"甘肃省华侨企业鑫达公司"聘去办厂并担任生产厂长，他应邀带了十几人前去（图3-15、图3-16）。但由于管理人员对洮砚理解上的缺陷，导致砚厂两年后走向破产。

这次回家之后，包述吉很长时间潜心在家刻砚，再也没有出去。直到2000年，又带着外甥卢海忠去宁夏银川贺兰砚厂，受原为铁路职工的丁梅夫妇之邀，雕刻贺兰砚和作为旅游纪念品的印章毛坯。当时每一块作品卖一百多元，两年后因家中有事返回。

从此以后，年过半百的包述吉再也没有出过家门，把一门心思全部花在儿子包旭龙身上。1982年出生的旭龙从小耳濡目染，对洮砚雕刻有着较高的灵性和天赋。15岁时就能独自雕刻洮砚，尤其擅长仿古山水与花鸟题材的创作。加之父亲的言传身教，很好地继承了包氏家族的砚雕风格，如今已经成长为一名颇有名气的砚雕师（图3-17）。

除了继承祖业，为儿子传授技艺外，包述吉的砚雕生涯中还有一个人不容忽视，那就是北京的安庆丰（图3-18）。此人自1965年接触

图3-17　包述吉指导包旭龙制砚　　图3-18　包述吉（左）与安庆丰（右）李茂棣（中）合影

洮砚以来，曾多渠道、多角度地搜集、整理、研究洮砚文化，对洮砚的研究、收藏、宣传、推广做出了较大的贡献。在众多的砚工中，安庆丰选择了包述吉并和他保持了长期的合作关系。在包述吉手中，至今保存着他与安庆丰的大量书信，从中可见二人围绕洮砚讲说的诸多故事，其中有默契、有争执、有鼓励、有安慰、有探讨、有研究……在包述吉眼里，安庆丰是个直杠子人，谁一旦不对就当场骂起来。而在安庆丰看来，包述吉的作品除了精巧、细腻，砚堂平整，手感舒适等整体特点外，还有着三大优点：一是线条处理到位。直就是直，绝对180度的直线，曲就是曲，手感圆润很舒服，不划手；二是花纹很好。无论是回纹还是连纹，在包述吉手中都能巧妙地利用在砚边，并得到很好的视觉效

果；三是理解、表现能力强。无论是何制式和形制，只要别人说得出，包述吉就能做得出。这或许是一个多年的老朋友对包述吉作品的最好阐释，也是对其砚雕水平的中肯评价（图3—19）。

图3—19　包述吉作品

2019年10月18日（农历九月二十）19点30分，操劳一生的包述吉在家中安详离世，享年69岁。据包旭龙说："父亲一直都是好好的，就是头一天晚上半夜突然说有点晕，检查了一下血压和血糖都正常。本来要去县医院的，但头晕得厉害坐不了车，没办法就在当地医院输了两瓶液体，稍有好转。当我们给老人家穿好衣服，准备去县医院时，父亲就离我们而去了。"可以说，在包述吉那个年代，他无疑是为数不多文化程度较高，足迹遍布祖国多地，经多见广，又有祖传的洮砚雕刻经验的人。当我们回想每次拜访这位老人的情景时，想到的永远是那张布满沧桑、慈祥与笑容的脸，还有"背搭着手"的身影……

贾晓东

贾晓东[①]，男，汉族，1962年2月8日出生于兰州市城关区。父亲贾登文是一位新闻工作者，1956—1960年曾在永靖县报社、临夏团结报社、甘肃日报社任记者。1961年调入省委电影摄制组。1970年后历任甘肃电视台电影摄制组新闻部主任、国际部副主任、研究室主任、主任编辑，中国广播电视学会电视学研究委员会理事、甘肃广播电视学会副秘书长、电视学研究委员会副主任等职。母亲是甘肃省妇幼保健院的一名病理医生。

这样的家庭环境，让贾晓东从小就拥有一个了解时事与外界的窗口。通过这一窗口，他不仅增加了见识，拓宽了视野，而且兴趣广泛，尤其是对图像格外敏感。所以，从小学起，他就痴迷于绘画。凡是父亲拿来的画册与报纸，他都要选择其中喜欢的内容临摹一通。

1974年，贾晓东进入兰州市第四中学，开始了为期两年的初中学习。他的绘画才能很快在新的校园里为人所知，学校把黑板报的宣传工作交给了他。贾晓东没有辜负学校的期望，他努力探索用粉笔在黑板上写字画画的技巧，并尽力办好每一期黑板报。美术老师安立民见

[①] 本评传撰写中得到了贾晓东的大力支持与配合。在此说明并表示感谢。

贾晓东绘画天分较高，便有意引导，给了他很好的启蒙教育。

按照当时的学制，初中、高中各为两年。所以，1976年，贾晓东顺利升入高中。不断增加的学业压力并没有影响他对绘画的学习，反而在父亲的督促下，每天晚上都要临摹一幅连环画（图4-1）。1976年10月，在父亲同事张耀的介绍下，贾晓东拜兰州工人文化宫工作的佘国刚为师，开始学习素描、油画静物、人物写生、风景写生（图4-2），从此走上了正规的美术学习之路。回忆起那时的情景，贾晓东说："记得当时去佘国刚老师的工作室，让我印象最深的就是他在画一幅名叫《你办事，我放心》的大型油画，非常震撼。"在跟佘老师学习的时间里，贾晓东又认识了甘肃省著名山水画家董吉泉老师，并向他学习过中国画。1978年，经张利平老师介绍，他又参加了兰石厂学校办的美术学习班，绘画水平得到了进一步的提高（图4-3）。

图4-1 贾晓东临摹连环画

图4-2 贾晓东跟佘国刚老师学素描

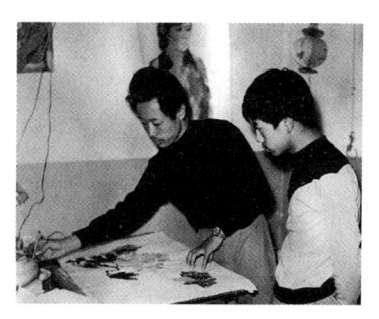

图4-3 贾晓东在兰石厂美术班学习

在贾晓东四处拜师，学习绘画的同时，一直没有忘记在家以父为师学习摄影。他说："父亲对我非常严格，从小受他影响，喜欢摄影。但要说正式学习，那应该是初中的事。在70年代，大家基本都用黑白胶卷，常见的型号有120、135。我用的是海鸥120和135型相机。"可以说，在那个年代，能拥有一台海鸥牌相机是令人羡慕的。

贾晓东知道这一点。所以，他非常爱惜自己的相机，也很珍惜学习摄影的机会。他在认识光圈、快门、取景的过程中感受着摄影的乐趣。而更让他感到神奇并充满期待的便是照片的冲洗过程。他说："每次拍照完都是自己在家里冲洗放大。冲洗胶卷时先用显影液再用定影液，然后用清水洗干净挂起来晾干，这样冲洗胶卷的工序就完成了。如果是放大照片，则需要在晚上用红色的灯泡来冲洗胶卷，再将放大的照片贴在玻璃上自然晾干。最后取下来剪裁边缘即可完成。"一卷胶片，承载着一代人的情怀与记忆。而贾晓东正是通过镜头，留下了一幅幅见证自己和同龄人成长经历的美好瞬间。

1978年5月10日，贾晓东拿到了兰州四中发给他的高中毕业证，毕业证上加盖一枚长方形印章，上面写着"准予参加一九七九年高考"的字样。1979年，贾晓东的确参加了西安美术学院的招生考试，但他落榜了。不过，他并没有因此而泄气。这一年9月，他又一次参加了兰州市工人文化宫举办的实用美术学习班（图4-4），之后还参加了兰州市举办的美术展览。在这期间又认识了王兴中和张振中，二位老师在他学习雕塑与油画中给予了很多的帮助。

图4-4 兰州市工人文化宫实用美术学习班合影（前三排右二为贾晓东）

就在贾晓东铆足了劲，打算好好复习，再次考取美术院校的同时，甘肃省工艺美术厂发布了招工的信息。这对当时很多美术学习者来讲无疑是一个喜讯，贾晓东也不例外。他报名参加了。通过素描、设计、色彩、创作四方面的考核，1979年11月，贾晓东被甘肃省工艺美术厂正式录取，开始了新的人生历程（图4-5）。

当时的甘肃省工艺美术厂有装裱车间、石雕刻车间、洮砚雕刻车间、仿古画车间、木雕车间等。贾晓东被分配到洮砚车间，学习洮砚雕刻。按照厂里的规定，每两名学徒跟一位刻砚师傅。于是，贾晓东和一名叫秋林的女学员被分配到王丽师傅的名下。王丽是一位

图4-5 甘肃省工艺美术厂新员工合影（第二排左二为贾晓东）

为人热情，技艺高超的女砚雕师。她从认识砚石、下料磨坯、雕刻打磨入手，循序渐进，让对洮砚不甚了解的贾晓东很快就掌握了最基础的技巧。并在后来的时间里，雕刻了不少以仕女、芭蕉、梅兰竹菊、龙凤为题材的砚作。1980年，省工艺美术厂组织他们到兴隆山写生（图4-6），这让他非常兴奋。因为，他仿佛又回到了之前的美术课堂上。面对自然，他将自己的感受全部倾注在画面上。同行的师生们看到贾晓东有如此丰富的室外写生经验，无不拍手称赞。

1981年7月，在徐自民师傅的指导下，贾晓东以敦煌莫高窟西魏第432窟为取材对象，将一佛二菩萨的三尊式造像图式移入石中，制作了有生以来第一方《敦煌菩萨砚》（图4-7）。贾晓东说："当时，由于对敦煌艺术的了解非常肤浅，加以经验不足和技术不过关，这块砚台的图案布局还不够合理，整个轮廓也很模糊，现在想来远远没有达到再现原作艺术魅力的目的。"然而，就是这块取材敦煌的

图4-6 1980年在兴隆山写生

图4-7 《敦煌菩萨砚》

处女作却赢得了很多观者的赞赏，最后被日本秋田县访华代表团的一位老人买走。这件事让贾晓东很受鼓舞并坚定了继续探索敦煌艺术的信心。

1981年11月，为了进一步了解敦煌艺术，尤其是敦煌彩塑的特点，厂里决定派贾晓东、刘爱军，连同玉雕车间的二位同事，一同前往敦煌莫高窟参观学习（图4-8）。这是他第一次近距离接触敦煌壁画与彩塑。每次进入窟内，贾晓东都会被古代劳动人民的艺术才华所震撼。他认真研究着亲眼所见的每一幅壁画和每一尊塑像，并尽可能多地将他们临摹下来。就是在这样一笔笔的临摹，一点点的体会过程中，他逐渐构建起了敦煌艺术的大致脉络，初步掌握了各个时期敦煌艺术的不同风格与面貌。

图4-8 1981年在敦煌学习期间的贾晓东（后排左一）

图4-9 1982年12月刘文林指导贾晓东刻砚

1982年，贾晓东有幸得到制砚老艺人刘文林的指导，雕刻水平进一步提高（图4-9）。这让他创作敦煌题材砚的冲动愈加强烈。于是，贾晓东找来一块较大的石料，打算把从敦煌考察以来的所有思考都表现其中。耗时三月，数易其稿，他最终将莫高窟的代表性建筑九层楼、盛唐第45窟正龛的一佛二弟子二菩萨二天王，以及第158窟的卧佛汇集一处，和谐地设计雕刻在砚面上（图4-10）。无论是庄严慈祥的佛陀，还是温柔善良的菩萨；无论是聪明俊秀的阿难，还是成熟睿智的迦叶，

60

亦或是雄健威猛的天
王，都被他表现得准
确到位。贾晓东对
这件作品充满感情，
因为，这是他在敦煌
题材创作中的一次突
破，更重要的是，在
这方砚中，融入了他

图4-10 敦煌题材砚（正面、底面）

对敦煌艺术较为深入的理解与认识。2017年，他曾在《中国文房四宝》
杂志的第2期发表了题为《为有源头活水来》的文章，翔实记述了此砚
创作的全过程以及自己的创作构思、技法应用、理论思考等问题。他
说："在制作敦煌菩萨砚的过程中，我深深的体会到，我们民族古代的
艺术珍宝，是丰富多彩和令人惊叹的，它们是今天从事艺术实践活动取
之不尽，用之不竭的艺术源泉，每个工艺美术工作者，都应把挖掘、继
承和发扬民族古代艺术传统，当做自己一生的责任。"

贾晓东以挖掘、继承和发扬民族传统艺术为己任，勤勤恳恳，努
力工作。不仅被工艺美术厂提前转为正式员工，而且得到了新闻媒体
的关注和报道。1983年1月12日，《兰
州青年报》第一版刊登消息说，"甘肃
省工艺美术厂青工贾晓东，刻苦钻研
业务，去年以来他雕刻的洮砚，工艺精
美，造型独特，多为外宾购买，并受到
称赞；为国家创造外汇近万元，受到省
轻工业厅的嘉奖，并被晋升一级工资"
（图4-11）。同样的消息也刊登在
1983年2月17日的《兰州报》第2版上。

在接下来的几年里，随着单位的需

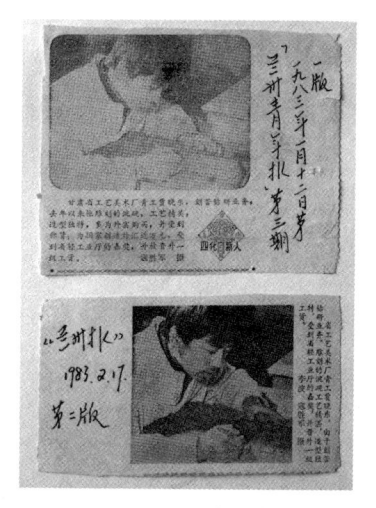

图4-11 媒体对贾晓东的报道

要，贾晓东的工作范围不断拓展，不论在洮砚雕刻方面，还是在语言学习和其它相近艺术门类方面都取得了突出的成绩。比如，在洮砚创作方面：1983年8月，他的《敦煌菩萨砚》以甘肃省政府的名义作为礼品赠送给新加坡前总理李光耀。1984年4月，以西魏432窟一佛二菩萨为题材的传统带盖《敦煌砚》，在中国轻工业部举办的"中国工艺美术品百花奖"中荣获优秀创作设计二等奖（图4-12）。1986年，《反弹琵琶》砚以甘肃省政府名义赠送给日本前首相竹下登。1987年6月，《敦煌石窟砚》入选"一九八七年全国工艺美术展"。1987年8月15日，《敦煌洮砚》被甘肃省经济委员会评为"一九八七年省百花创作设计二等奖"。在语言学习方面：1985年8月2日，贾晓东参加了为期一年的"中国民主同盟甘肃省委员会日语学习班"，顺利结业（图4-13）。在其它艺术门类方面：1988年，工艺美术厂车间产品更新，增加了瓷盘油画

图4-12　传统带盖《敦煌砚》　　　　图4-13　日语结业证

与瓷刻。通过考试，贾晓东初次被分配到瓷盘油画车间，负责在瓷器上绘制风景、人物与世界名画。随后又被转到刻瓷盘车间工作。1989年到1990年年底，主要工作是组织对外加工，装饰工程，教学石膏翻制，引大入秦工程的刻字，景观模型及装饰画等。1991年，他又被调到甘肃省工艺美术厂的荟萃商店，从事宣传、布置插花等工作。正是由于贾晓东多才多艺，能胜任多种工作，1992年元月，他被甘肃省工艺美术厂和厂内工会评为"一九九一年度先进个人"。

1995年，甘肃省工艺美术厂改革，推行自由组合，贾晓东便到了中国工艺美术大师罗代奎老师的工作室工作，主要承接雕塑和洮砚等业务。从此时起，贾晓东在很长一段时间里跟雕塑打上了交道。1999年10月，他们承接了甘肃省博物馆迎接澳门回归祖国的献礼组雕《敦煌伎乐》。组雕由20身敦煌伎乐青铜鎏金雕像、主干、荷花宝座与红木底座组成（图4－14）。总高为1999厘米，寓意着澳门于1999年12月回归祖

图4－14　《敦煌伎乐》组雕

国。1999年12月15日，《甘肃日报》社会周刊发表题为《天乐仙舞庆回国——甘肃迎澳门回归礼品青铜鎏金敦煌伎乐组雕诞生记》的文章，专门报道了这组作品。文章说："正是迎春花盛开的季节，张朋川（时任甘肃省博物馆副馆长）带着春天的消息，一面请来了著名雕塑家龙绪理、工艺美术大师罗代奎和三位初现实力的年轻人杨奇、钟浩和贾晓东，按设计制作贺礼，岂不更有意义？"2000年1月，他们为兰州市亚欧民百集团制作了《金龙迎春》的大型浮雕。其中每条龙高13米、宽5.6米，象征着13亿龙的传人，56个民族，传递了龙的精神腾飞于新世纪的创作理念。2000年10月至2001年1月，他们又承接了张掖市广场大型花岗岩浮雕工程，由贾晓东担任现场指导。在罗代奎老师工作室的几年里，贾晓东不仅学到了很多泥塑和浮雕的知识，知道了如何将设计小稿放大成泥塑作品，而且在一次又一次的现场施工中积累了很多经验。

2002年至2005年1月，贾晓东进入位于兰州七里河区范家坪的兰州慈爱实验艺术职业学校，主要从事舞台美术、制作舞台道具、摄影、摄像、带队演出等工作。在闲下来的时候，他还要刻印章、练书法、画写生、刻洮砚。值得一提的是，就在这段时间，为了装饰教学

图4—15　贾晓东所临拉斐尔作品

图4—16　贾晓东所临德加作品

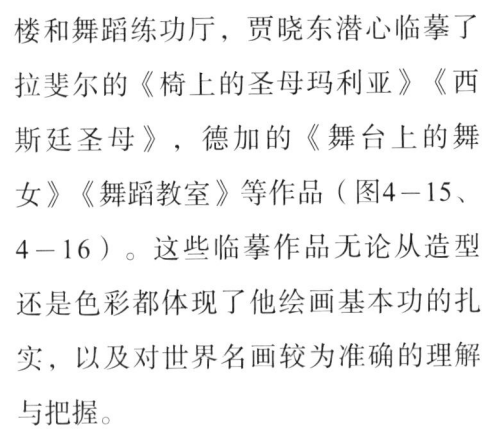

图4—17　《陇原卫士》浮雕

楼和舞蹈练功厅，贾晓东潜心临摹了拉斐尔的《椅上的圣母玛利亚》《西斯廷圣母》，德加的《舞台上的舞女》《舞蹈教室》等作品（图4—15、4—16）。这些临摹作品无论从造型还是色彩都体现了他绘画基本功的扎实，以及对世界名画较为准确的理解与把握。

2005年5月，贾晓东来到何鄂雕塑院工作学习。刚入雕塑院，何鄂老师就要求他独自设计、制作完成镇远县的《王府纪念馆》浮雕。他说这是进入雕塑院后老师交给他的第一个任务，也是第一次考试。经过二十几天的劳作，贾晓东终于完成了这组作品，给何鄂老师上交了一份满意的答卷。在接下来的几年里，他跟着何老师，参与完成了临泽烈士陵园的《王震》《徐向前》雕塑、一只船小学的《飞翔·扬帆》雕塑、高台烈士陵园的《永恒祁连》浮雕、甘肃省政协的《狩猎图》浮雕、鄂尔多斯市康巴什新区的《亚洲雕塑艺术主题公园》工程、武警三支队的《陇原卫士》浮雕等（图4—17）。可以说，从罗代奎工作室，到何鄂雕塑院，贾晓东已经由一名洮砚雕刻师成功转型为一名雕塑家。2005年9月，在"甘肃省第八届工艺美术百花奖"的评比活动中，他的雕塑作品《肖像》荣获优秀奖，洮砚作品《童子抚髯》获制作技艺二等奖。2005年12月26日，甘肃省工艺美术协会授予他"甘肃省工艺美术一级大师"称号。有耕耘就有收获，贾晓东的雕塑与洮砚雕刻双双获奖就是很好的说明。

《成吉思汗青铜雕塑群》是著名雕塑家何鄂先生的巨型力作，也是贾晓东在何鄂雕塑院参与过规模最大的工程。这组屹立在鄂尔多斯市康巴什新区成吉思汗广场的雕塑，是迄今为止全球最大的成吉思汗雕塑群青铜艺术工程，被誉为"中国大型雕塑的一座里程碑"。共由《闻名世界》《一代天骄》《草原母亲》《海纳百川》《天驹行空》五座群雕组成。雕塑群总表面积4800平方米，铸造用铜480吨，艺术工程总人数800余人。在这项浩大的工程中，贾晓东有幸成为指挥中心的五名成员之一，主要负责摄影、塑像、修模、修蜡型等工作。2006年8月6日，在《成吉思汗青铜雕塑群》巨型艺术工程青铜铸造全部完成的那一刻，所有参与人员都被幸福、激动和自豪所包围。贾晓东更是如此，因为他自己心里清楚，在这次工程中，他学到的不单是雕塑家们精益求精的工作态度和各个环节的技术技巧，更重要的是大家所坚守的一种毅力和精神，尤其是何鄂老师的坚韧与强大，让他由衷敬佩（图4—18）。

图4—18 贾晓东在成吉思汗组雕安装现场

贾晓东参与制作了很多巨型雕塑，但并没有因此遗忘小型的雕刻。在工作之余，他依然坚持洮砚创作。2008年9月，他的《莫高神韵

图4-19 《莫高神韵砚》

砚》（图4-19）、《琵琶行砚》、《敦煌反弹伎乐砚》分别荣获"甘肃省第十届工艺美术百花奖"产品创新一等奖、创作设计一等奖与制作技艺二等奖。

2009年4—10月，经甘肃省工艺美术协会推荐，贾晓东参加了由国家文化部立项、中国工艺美术协会主办、在苏州工艺美术学院授课的"全国工艺美术2009国家级雕刻、刺绣艺术研修班"。来自全国各地的55名学员，共同接受了三个阶段培训。第一阶段是基地培训。主要是在苏州工艺美术职业技术学院、中国艺术研究院等培训基地进行理论学习与专业实践。韩美林、袁运甫、张道一、徐艺乙、张夫也等知名学者深入课堂，为他们授业解惑。第二阶段是社会、历史、文化考察。重点是在陕西关中地区实地考察具有代表性的传统文化与工艺美术。以此开阔视野，增进交流。第三阶段是大师批评、脱产集训与分散网络教学。主要是通过多种方式评价学员的学习成果。在这次长达半年的学习中，贾晓东不仅学到了很多新知识和新理论，而且获得了很多新技能与新技法。本次研修班的结业作品展，就安排在2009年11月1日的杭州"第十届中国工艺美术大师博览会"期间。贾晓东制作的《苏武牧羊砚》荣获"2009'天工艺苑·百花杯'中国工艺美术精品奖"铜奖。

2010年，快到知天命之年的贾晓东在多个领域都已经取得了显著的成绩，他该在追求自己艺术的同时，关心下一代的成长了。2010年7月，他应邀参加了甘肃省文化厅第三批非物质文化遗产名录项目论证专家评审会，并在月底担任甘肃省工艺美术（百花奖）评审委员会委员。2011年2月，甘肃省工业信息化委员会授予他"甘肃省工艺美术大师"荣誉称号。2012年11月，他的洮砚作品《云海居友》《敦煌飞天伎乐砚》还荣获"第十三届甘肃省工艺美术百花奖"创作技艺二等奖与创作创新一等奖。

2013年，经何鄂老师推荐，万龙工艺美术公司于3月28日聘贾晓东为工艺总监，主要负责指导洮砚的设计与制作。从此，他开始抽调甘肃省有雕刻经验的砚工，组建了一支由乔兴合、王九斤、朱银芳等为骨干的十人团队。也就是贾晓东带领下的这支团队，在短短两个月的时间内完成了以敦煌为题材的洮砚二十余方，大茶海4件。其中《老坑洮砚——洮砚上的敦煌》系列作品最值得一提。因为，这组砚选取了最为珍贵的老坑石，以经典敦煌壁画为题材。不仅让敦煌艺术以浮雕的形式得以呈现，而且让更多的人通过欣赏洮砚来感知敦煌，为甘肃洮砚打造了一个品牌。2013年6月，"第十九届兰州投资贸易洽谈会"要在兰举行。为了精益求精，喜迎兰洽会，万龙公司聘请了著名雕塑家何鄂为艺术总监，兰州大学敦煌学研究所所长郑炳林为文化总监。设计团队则聘请了兰州城市学院美术学院院长左义林教授、杨广银教授，中国社会科学院考古系研究生陈晓东，北京大学国学系研究生、澳大利亚《时尚澳洲》文化专栏负责人、文房器物及空间设计师展嘉怡，当代著名砚雕家郑寒，甘肃省一级工艺美术大师钟浩等。他们与贾晓东一起推敲《老坑洮砚——洮砚上的敦煌》系列砚，力求使每一方砚都成为精品。最后，这组作品在"第十九届兰州投资贸易洽谈会"上闪亮登场。时任甘肃省副省长的李荣灿、省委宣传部部长连辑闻讯前来观看，并对这一创作理念表示赞赏。连辑还为其题写了"洮水有韵、洮砚无言"八个大字。

《老坑洮砚——洮砚上的敦煌》系列砚在兰洽会上的精彩露面，给了贾晓东很大的动力。2013年6月底，他开始以榆林窟第25窟的文殊变为题材进行新的创作。这一次，他选用洮石里的鸊鷉血，用石刻艺术之长来展现壁画艺术的魅力，在强调"形似"的同时，力求"神似"。贾晓东说："在造像的整体布局上，根据原作的特点，安排得有主有次。为表现出各种人物的不同特征，我在浮雕的基础上运用下刀的深浅变化、线条的明暗对比和棱角的软硬结合，努力刻画出各种菩萨、昆仑奴的不同性格和神态。如文殊菩萨用深刻法，左右两身胁侍菩萨用浅刻法；青狮头用深刻法，身体用浅刻法。"在贾晓东的精心设计与雕刻下，仪态悠闲的文殊菩萨，面含微笑的胁侍菩萨，愤怒紧张的昆仑奴，桀骜不驯的青狮都被表现得非常传神且较为自然地统一在一个整体中。2013年8—9月，贾晓东又用老坑水泉湾石制作了普贤变。就这样，他顺利完成了榆林窟第25窟西壁门洞南北两侧的文殊变和普贤变。若将两方洮砚并置在一起，则可视为该窟的一个缩影（图4－20）。贾晓东说："这两方砚是我多年来在敦煌题材制作上的一个新里程。在2013年10月的'海峡两岸（厦门）创意文化产业博览会'上，被组委会评为'中华工艺优秀作品奖'。"

图4－20 《普贤砚》

图4－21 《水月观音砚》

2014年3月，他创作的《伎乐香音神砚》在"第33届全国文房四宝艺术博览会"上荣获金奖。几乎与此同时，贾晓东将水月观音"请到"绿波荡漾的洮砚石上，他要总结前几次的经验，制作一方完美的《水月观音砚》（图4－21）。水月观音相传为唐代画家周昉所创的一种观音新样，一般表现观音坐于竹石之间，或低头观水中之月，或抬头仰视天上之月，是一尊寄托着恬静、高洁的文人思想的神祇。贾晓东以榆林窟第2窟的西夏水月观音为摹本，很好地表现了菩萨清俊秀逸、娴静自若的神情。这方砚在2015年4月举办的"第35届全国文房四宝艺术博览会"上，不仅荣获了金奖、"老坑洮砚牌"洮砚等荣誉，而且经专家组推荐,还被授予"国之宝——中国十大名砚"称号。

2014年5月,贾晓东参加了由工业和信息化部组织的"工艺美术行业从业者综合素质提升高级培训班(第一期)"。2014年10月27日至11月7日,又参加了中国文房四宝协会组织的,在清华大学美术学院举办的"中国文房四宝高级人才研修班",完成76学时的课程学习。这两次深造,对于贾晓东来讲很及时,也很适时。因为,敦煌系列砚的连续获奖,让他既高兴,又迷茫。而两次外出学习,似乎又一次明确了自己的创作思路。同年12月,中国轻工业联合会、中国文房四宝协会授予他"中国文房四宝制砚艺术大师"荣誉称号。

2015年10月,贾晓东被聘为甘肃省洮砚协会副会长。这一年,他在总结第一次经验教训的基础上,加以改进,第二次制作了文殊、普贤砚。还第二次制作了《水月观音砚》。其中,以榆林窟第2窟西夏"水月观音"为题材二次创作的对称《水月观音砚》,在2015年11月"第三十六届(肇庆)全国文房四宝艺术博览会"上深受肇庆制砚同行的好评。看完此砚后,大家都说"南端北洮"的确不是虚言。

2016年1月,贾晓东被聘为"甘肃省洮砚协会第一届鉴定委员会委员"。12月,中国工艺美术协会授予他"第一届中国工美行业艺术大师"荣誉称号。这一年,他又在前两次的基础上调整构图,完成了《文殊菩萨砚》的第三次制作,并在2017年4月的"第39届全国文房四宝艺术博览会"上荣获金奖(图4-22)。2017年3月,贾晓东被选举为甘肃省工艺美术协会第三届理事会常务理事。2017年10月26日,他的作品《沉思罗汉》被甘肃省博物馆收藏,编号为"甘博藏字第零贰肆号"。

贾晓东无疑是洮砚行业中的艺术全才。上述文字大量介绍了他在洮

图4-22 《文殊菩萨砚》

砚雕刻与雕塑方面所取的成就。事实上，贾晓东在书法篆刻方面也远远走在同行的前面。他的书法涉及篆书、行书和简书，尤其是对简帛书的书写颇有特色。前面提到他刚进何鄂雕塑院出色完成的第一个任务就是镇远县《王府纪念馆》浮雕。而在这件作品中，就需要制作竹简，并在竹简上用汉简书体抄写文字。他的篆刻章法合理，善于排布笔画密集、字数较多的印面；刀法灵活大胆，朱文线条犀利挺拔，白文线条质朴厚重；其边框处理也生动自然（图4-23）。当然，贾晓东还是摄影家。无论风景名胜，还是风土人情，在他的镜头里都会不同寻常。2014年4月19日，他的摄影作品《碧水东流》在"甘肃省第二届'天翼杯'手机摄影大赛"中获二等奖。说贾晓东是一位画家也未尝不可。因为，他笔下的画作，尤其是2003年在兰州慈爱实验艺术职业学校期间临摹的世界名画，写生的油画静物与风景，都不失专业水准（图4-24）。2012年8月，由他主持为张掖宾馆绘制的大型壁画《万国盛会》得到了甲方的好评。在这幅作品中，他仍然利用敦煌题材，把《帝王图》《出行图》以及相关建筑等配景都借用过来，为我们展示了一个规模宏大的万国盛会。根据粗略的统计，贾晓东还是洮砚行业中发表理论文章最多的人。如发表在1983年《甘肃工艺美术》第3期的《为有源头活水来——制作敦煌菩萨砚点滴

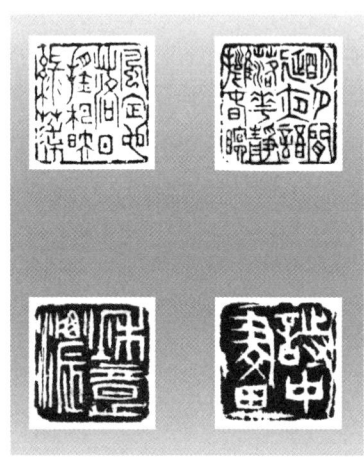

图4-23 贾晓东篆刻作品

图4-24 贾晓东2003年10月在范家坪写生作品

体会》（该文稍作修改后于2017年被《中国文房四宝》第2期转发），2016年3月《工艺与创新——工艺美术第4辑》中的《敦煌题材在洮砚上的创新与发展》，《中国文房四宝》2016年第1期的《浅谈敦煌元素在洮砚上的创新》，《神州》2017年第11期的《文化产业的革命·洮砚的品牌化发展》等文章都从不同的角度阐述了自己对洮砚的理解与思考。他说："敦煌的泥塑和壁画艺术，跟洮砚雕刻艺术是大不相同的。材料不同，表现手法也不同。前者用不同色彩的变化和装饰，使壁画的明暗、线条、透视感等，得以妥善处理，给人以完美的艺术形象感受。而后者无此条件，壁画和彩塑一般强调人物形象在细腻微妙中求生动，而石刻则强调形象在整体、饱满、浑厚、苍劲和简炼中求生动。当然，艺术领域中的各种形式并不是绝然无关的，它们总是有相通之处，有一些共同规律可寻的。"

贾晓东也是洮砚行业中的运动健将。因为，早在2000年以来，他就坚持骑行，并将之变为自己生活的一部分。2015年7月27日，他组织了一支11人的自行车队环行青海湖（图4-25）。他说："环湖是每一个骑行者的梦想，就像我为了刻好一方砚让它更加完美一样。"2017年9月2日，"骑闯天路"来到兰州。这是2017川藏资格赛的最后一站，全国各地的选手一齐云集在黄河两岸，为争取最后的胜利摩拳擦掌。身在兰州的贾晓东非常高兴，因为，这对他来讲是一次送上门来的机会。于是，他报名参加了。一提起比赛的情景，他总是有些激动地说："这次参加挑战'骑闯天路'的人员有八百多人，早上8：30在银河国际发车，经北环路到刘家峡，再到兰永路终点，最

图4-25　环行青海湖

后回到银河国际。我经过189公里的骑行,用时6小时50分,以第21名的成绩顺利完成。通过这次比赛证明我只要坚持做一件事就会达到自己心愿,就像我刻砚能坚持30多年一样……"

贾晓东说得没错,他的确是一个非常执着的人。只要他认准的事就可以反反复复、不厌其烦地做,直到做好为止。最为雄辩的例子就是他三番五次在砚石上雕凿文殊、普贤、水月观音等神祇形象,五次三番地总结前一次的得失,直至完美。可以这么说,正因为贾晓东的执着,他才能在三十多年的洮砚雕刻生涯中坚守着一个题材——敦煌。在今天"一带一路"的背景下,当人们思考敦煌与洮砚结合,让敦煌艺术以浮雕的形式走向世界,让更多的人感知敦煌、了解洮砚时,贾晓东已经在这条路上走得很远很远……

刘爱军

刘爱军（君）[①]，中华传统工艺特级大师，中国著名制砚艺术家，中国文房四宝制砚艺术大师，甘肃工艺美术大师，中国工艺美术协会会员，甘肃省工艺美术协会理事。

刘爱军祖籍河北省，父亲是一名军人，曾随部队转业到黑龙江开垦北大荒。1962年8月，刘爱军出生于黑龙江双鸭山。两年后，在国家支援大西北的号召下，父亲所在的兵团选调迁到甘肃省轻工业研究所。从此，刘爱军一家就住进了位于兰州市白银路第一新村，原名叫政治学校的一个大杂院里。在当时，这个院子表面上看与其他家属院并无两样，但事实上，里面住的可都是甘肃省文化艺术界的精英。比如省京剧团、省曲艺团、省陇剧团等各大艺术院团的演艺职工，还有一些来自北京、天津等地的文化名人以及旧社会的名伶艺人。他们是被下放到这里接受改造的。另外，这个院子的邻居正好是甘肃日报社和出版社。这个特殊的居住环境，为刘爱军日后走上从艺之路提供了良好的氛围。

[①] 本评传撰写中得到了刘爱军及家人的大力支持与配合。在此说明并表示感谢。

刘爱军

　　小时候的刘爱军聪明好学，爱动脑筋，平日里总是喜欢拿泥巴捏塑泥娃娃，凡是与手工艺有关的东西他一看就会。他有一个儿时的玩伴名字叫高山，酷爱绘画，曾有一幅表现擦玻璃的儿童画被发表，这让刘爱军羡慕不已，并暗下决心也要学习绘画。利用与甘肃日报社比邻的优越条件，他们经常能得到大量印刷报纸剩下的边角废料。刘爱军说，他和高山就是在这些边角料上痴迷地画，几年下来，他画了很多很多，如果摞起来，厚度也不少于两尺，当然都是儿童画。

　　刘爱军聪明伶俐，喜欢绘塑，自然备受院中文艺精英们的喜爱。一位孙中山同盟会会员，曾在国民党军队担任过旅长的叔叔，经常带他到家中玩。当刘爱军看到这位叔叔家陈设的古式家具与艺术品时，当场惊呆了。在他眼里，每一件摆设都是那么精美和富有魅力。叔叔看他如此喜欢，便把一件木雕的骏马送给了他。刘爱军如获至宝，爱不释手，废寝忘食地临摹，由此打下了雕刻的基础。院子里还有一位来自北京的叔叔，名叫刘少奎，诗书画集于一身，颇有影响力。刘爱军在八岁时就曾受教于他，但由于年龄较小，对中国画的认识毕竟处于懵懂阶段。

　　时间总是过得飞快，几年的小学生活转眼就结束了，刘爱军转入兰州八中，开始了初中的学习。那时，大家在一起谈论最多的还是绘画。看到别人都有不同程度的进步，而自己却仍然停留在儿童画阶段，刘爱军很是着急。还是那位送他木马的叔叔，告诉他要想学好画画，必须拜师学艺，并力荐刘爱军正式拜刘少奎为师学习绘画。刘少奎先生为人豪爽，但对学生要求非常严格。从此，刘爱军除了完成老师布置的任务外，还把《芥子园画谱》扎扎实实地过了一遍，打下了良好的国画基础。

　　1976年，刘爱军高中毕业之后，干了一年临时工。在此期间，他经常用各种材料，把平面的形象变为立体，艰辛的劳动，也造就了一颗吃苦之心。1979年七八月份，甘肃省工艺美术厂发布消息，拟招收一批从事雕刻与绘画的员工。这对很多人来讲是一次难得的机遇，一时间报考的人数有四五百人，刘爱军也是其中之一。当时考试内容有文化课、绘画基础与专业课，要求自带工具和材料。看着其他考生身背画夹，手拿调色盒与雕刻刀，刘爱军自惭形秽。因为，他手里拿着的，只有一把铁皮制成的修脚刀，还有母亲用坏的半截搓衣板。考场上，他忍着手被磨破的疼痛，硬是用这把修脚刀把自己设计的一朵马蹄莲在洗衣板上雕刻了出来。刘爱军的出色表现和难得的吃苦精神深深打动了在场的所有考官。第二天美术厂双榜公布录取人员名单，刘爱军榜榜有名。

  刘爱军顺利考入甘肃省工艺美术厂，他需要经过三年多见习期之后才能转正。但不论如何，他已经是众多考生中的幸运儿，他将在这里开启一段新的生活。在起初的上岗培训中，刘爱军第一次全面系统地了解了中国画、油画、木雕、玉雕、石雕等艺术门类，也就在这时，他也深深感到了自己的不足。有幸的是，他被分到三雕车间（即玉雕、木雕和石雕），得到了著名雕塑家何鄂、全国工艺美术大师罗代奎、工艺美术师、画家郝进贤、王堃等老师的指点，也受到了苗存喜、石长生、刘文林等洮砚雕刻艺人的启发。刘爱军眼中有活，手底下快，爱动脑筋，还肯吃苦，很快就赢得大家的认可。郝进贤先生不仅耐心给他讲解有关绘画与雕刻的知识，还把一些相关资料和个人研究成果交给刘爱军，希望他能对洮砚的研究、生产和发展做出应有的贡献。所以，刘爱军至今对郝先生心怀感念，认为他今天所取得的成绩是与郝先生密不可分的。苗存喜也是让刘爱军敬重的人。因为，他能把民间砚雕的精华和传统图案的寓意一并融合在新的创作思路当中，并完美地表现出来，也因此成为当时日本人在洮砚界认可的大师之一。

  一年过后，刘爱军通过自己的努力，被厂里转正了。整整比正常时间提前了两年，这是他和很多人都没想到的。他知道，这既是厂里对他的奖励，也是对他的期望；他也知道，从此他就可以按照自己的思路进行洮砚的创作，但也绝不能就此满足，停滞不前；他还知道，当时的民间洮砚虽然保留了原始的式样和土生土长的淳朴，但作为对外交流和洮砚的创新发展而言没有起到应有的作用。作为文房用具，洮砚必须要体现文化，要有诗词歌赋的介入。一来可以提升砚的文化品味，二来可以拉近当下时代与收藏家之间的距离。在这种认识下，从1980年起，刘爱军开始潜心学习中国古典文学，尤其在诗词歌赋上苦下功夫，巧妙地将诗词的意蕴与砚的主题和谐相融，逐渐确立了一砚、一诗、一主题的创作思路，并陆续创作了《古币砚》《东林秋色》《金陵十二钗》等精品力作，得到了社会各界的广泛赞誉，也受到了各地藏家的青睐。

1981年11月，刘爱军在甘肃省工艺美术厂的委派下，与贾晓东、李津等四人一同前往敦煌莫高窟参观学习，吃住都在莫高窟。这次难得的机会，让他有机会长时间滞留在洞窟，与敦煌壁画与彩塑近距离接触。刘爱军不仅从中领悟到了敦煌艺术的博大，体会了佛教文化的深邃，而且获得了丰富的知识与创作源泉。

随着对传统文化学习的深入，1985年，刘爱军又开始专心研究历代砚史，对端砚、歙砚、洮砚有了深一步了解和认知，逐渐熟悉了各种流派的制砚风格，也进一步认识到砚文化的博大精深。也就在这一时期，他赢得了一次外出学习的机会。至今难忘的有两件事，第一件事发生在上海。那就是他发现并购买了几本陈端友的砚谱。陈端友是海派砚雕开山之祖，享有近代琢砚艺术第一大师的称誉。刘爱军买到此砚谱后，潜心钻研，对他日后的创作理念产生了很大的影响。第二件事发生在西安。那是他为提高写实的造型能力而去西安美术学院学习素描。有一次，其他学生都去逛街了，就刘爱军一个人在教室里雕刻砚台。突然进来一人，大声问道："你是什么人，怎么从来没见过你这个学生。"刘爱军被来人的气势吓住了，怯怯地说自己是甘肃省工艺美术厂的员工，专门雕刻洮砚，想来学习素描，也有考学的梦想。起初，那位老师根本没把他放在眼里，可当他看到刘爱军的洮砚作品时便大加赞赏，并劝他专心洮砚，不要为学习素描而浪费青春。这些话让刘爱军感到很意外又很震惊。当天晚上，他彻夜难眠，仔细回想着白天那位老师的话，最后觉得颇有道理。是啊，毕竟专门学习素描与雕刻洮砚还是不一样的。于是，他决定收拾行李，重返砚雕坊。这两件事，不仅让他明确了自己的定位，也进一步确立了自己的创作方向。

1986年，刘爱军再一次设计制作的《中国古币砚》（图5-1），在传统平雕、浮雕之外，巧妙融入玉雕、木雕技巧，并匠心独具的将两三枚横穿在砚堂深处棉绳上的钱币设计雕刻成可以活动的构件，产生了良好的效果。此砚曾代表甘肃省参加全国工艺美术百花奖后被日本商人重金购去。1987—1989年，刘爱军又设计制作了一批高档精品洮砚，整体呈现了"应石象形、随形而饰、依形施艺、文赋砚情"的风格，体现了他集传统文化、艺术技巧、民俗寓意于一砚的创作构思。

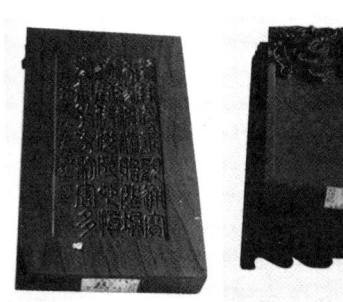

图5-1 刘爱军的《中国古币砚》

1990年，受甘肃省工艺美术厂派遣，刘爱军前往岷县扶贫，帮助培训洮砚雕刻人才。他的到来，对当时岷县的洮砚制作思路产生了很大的影响，也为岷县的经济文化发展做出了一定的贡献。但工艺美术厂却对他这一段时间的离岗以旷工论处。这件事让刘爱军非常伤心，遂办理停薪留职手续，适时离开了工艺美术厂。刘爱军开始安心续雕一尊别人早已委托他主持的巨型《千龙戏海砚》。他说："这可能是目前用老坑石雕刻的最大的洮砚。当时卢锁忠、张建才、汪忠玉都参与了这方巨砚的制作。著名书画家尹瘦石题字,此砚被外国友人收藏。"在这方巨砚中,他不仅表现了龙图案的发展演变,而且龙嘴中所衔的宝珠也都是活动的,可谓在他的主创下,集众人之力成就的巨型精品。就在此时,由著名音乐指挥家姚笛于1992年6月在兰州兴办的"姚氏艺术品有限公司"因师资匮乏而出现了危机,部分学员因无人指导而心生不满甚至动摇。于是,公司的负责人找到了刘爱军,邀请他为公司暂时承担教学任务。他原本想着短时间帮忙后继续雕刻自己的作品,所以就答应了下来。谁知,一星期的授课结束后,姚氏公司有76名学员联名上书,一致要求公司把刘爱军留下来。于是,刘爱军被聘为姚氏公司的总工艺师兼副总经理(图5-2)。从此,刘爱军又开始重新调整教学计划,裁减人员,加强整顿,让公司的窘境得以缓解并慢慢有了起色。慕名前来参观学习的人越来越多,公司的效益也越来越好,员工的收入也越来越高。但接下来发生的一件事却给姚氏公司带来了巨大的损失。那是1992年年底,姚氏公司

图5-2 在姚氏公司担任总工艺师的刘爱军

受邀把当时库存的传统龙砚连同刘爱军的《国粹砚》《敦煌菩萨砚》《中国古币砚》等一百余方作品一并送往日本大阪,参加"中国文房四宝精品砚展"。遗憾的是,百分之八十的甘肃民间龙砚在运往日本途中破碎,剩下的少数龙砚也因做工粗糙而没能得到举办方的认可。但是,就在这个展览上,刘爱军的几方洮砚却引起了轰动,赞誉如潮后全部以高价拍卖。这次展览,刘爱军不仅用自己的作品奠定了甘肃精品洮砚在日本市场的地位,确立了自己在日本砚界的声誉,被认为是苗存喜之后洮砚界第二位有创意的雕刻师,而且也挽回了姚氏公司

的损失，让公司明白了民间洮砚的改革方向以及发展精品创意砚的前景。

1994年，刘爱军的《红楼菊花大砚》（图5-3）被选为"中国第四届艺术节"的电视媒体宣传品。可以说，他对这方砚情有独钟，总是愿意提起。这不仅仅是因为他曾几次创作红楼菊花题材，不断尝试将对文学名著的理解融入砚中。而且在当时洮砚的盒盖技术上也有了很大的突破。他说，这方砚当时在姚氏公司做了一个实验，就是将砚底朝天悬空时，砚盖在30秒内没有掉落。这足以说明其盒盖水平的高超，而盒盖恰好是检验一个砚工水平高低的主要标准。更重要的是，《红楼菊花大砚》也是他在姚氏公司担任职务以来制作的最后一方作品。因为，刘爱军在认真参与完成"中国第四届艺术节"的活动之后，于1994年年底，主动辞职了。

图5-3 《红楼菊花大砚》

1997年，刘爱军受聘来到"甘肃约翰艺术品公司"，但时间很短他就离开了。也正是在这个时候，李国琴的"九州洮砚厂"在发展中遇到了困境。李国琴是刘爱军在姚氏公司时的学生。学生在洮砚路上受阻，老师岂能袖手旁观。所以，刘爱军又开始抽时间帮"九州洮砚厂"渡过难关。李国琴提及此事，总是很感激地说："在办厂初期，多亏刘老师鼎力相助，每天不辞辛苦，自带干粮奔走在金港城与九州开发区之间，帮我设计，出谋划策，但从没收取过报酬，他是我人生路上的恩人。"

1998年的一天，刘爱军的学生王永红领来一位名叫王平善的大连人。王平善看完他的洮砚作品后想买几方，但一再讨价还价。生性刚直的刘爱军感到这是对他和洮砚的不尊重。于是，便把此人轰出了家门。谁知一个月后，此人却写信给他，对他的个性与骨气表示赞赏，且愿意牵线让刘爱军去大连书画院举办个人砚展。最后，经大连书画院的人前来考察之后，决定为他免费办展。刘爱军很高兴，但等他把所有展品打包寄走之后，家中所有积蓄只剩八百元。这下又开始犯难了，怀揣八百元如何远去大连，如何担负一路的费用？可常言讲得却好，天无绝人之路。有一天，家中来了一位姓曹的老总，手拿着一把受损的紫砂壶，问刘爱军能否为他修复。刘爱军看后答应了下来，因为他从来不干没把握的事。来人将信将疑地把壶交给刘爱军。等到第二天，曹总拿着放大镜反复观看，硬是没有发现修复的痕迹，这才佩服刘爱军的技艺。于是，便提出要看看刘爱军的洮砚作品，当他看到其作品时更是爱不释手，一口气购买了好几方。这下好了，去大连的一切都解决了。刘爱军夫妇带着女儿，高高兴兴来到大连。抵达后才知道，这次"刘爱军洮砚艺术展"是作为大连国际服装节的一项活动来策划的。大连国际服装节自1988年始办以来，已经成为集经贸、文化、旅游活动为一体的规模盛大的服装节，与香港时装节互结为"姐妹节"。而1998年9月12—21日隆重举行的正是"第十届大连国际服装节"。刘爱军深知，他的展览，能与此次盛会相连是何等的殊荣。展览期间，一位学习国画的小朋友惊奇地说，没想到用刀子在石头上也能刻出绘画的效果，尤其是能把古人诗词也雕刻在洮砚上，真是令人佩服。于是，那位小朋友用自己的压岁钱买下了刘爱军一方洮砚，这让刘爱军深为感动。另外，当地媒体、报刊的连续报道，让地处东北的人们很好地了解了来自西北的洮砚。刘爱军也感慨地说："如果当时所有洮砚的人都不随波逐流，坚持走自己的创作之路，洮砚的今天应该更加美好。"

　　大连砚展的成功举办，让刘爱军更加坚定了自己的创作道路，他在国内外的关注度也不断上升。2000年，日本的书法刊物《墨》在

3·4月号（第143号）刊登了山本涛石、山本粹園题为《幻の「洮河绿石」初探訪の旅——宋·明代坑洞窟調查新発見》的文章，文中刊登了刘爱军的作品，还有他陪同作者考察洮砚产地的照片（图5—4）。同年11月，其作品在"第二届中国（国家级）工艺美术大师精品展"中获得金、铜、优五个奖项。刘爱军作品走出兰州，走出国门，为甘肃洮砚和中国名砚的发扬推广做出了一定的贡献。所以，很多人都认为，他应该在兰州组织培训传道授业或举办展览，以回报这片土地。

图5—4 山本涛石、山本粹園文中所登图片

刘爱军没有辜负大家的期望。2001年7月30日，他成立了"兰州刘爱军洮砚艺术品研究所"，除了从事洮砚、工艺品和艺术品的开发研制外广纳门徒，把自己所学和所思传授给前来学习的徒弟们。当下洮砚行业中优秀者如卢锁忠、汪忠玉、李江平、卢宏伟等都出自他的门下。2001年8月，"刘爱军洮砚艺术展"在兰州市博物馆顺利开幕，其作品《警世通言砚》被兰州市博物馆收藏。展览期间，前来参观的人很多，但有一个人却让他今生难忘。这个人叫益希卓玛，是一位藏族女作家，汉名王哲，1925年9月出生于甘南藏区卓尼扭子村，1948年肄业于上海复旦大学社会系，1949年后历任中央民委政策研究干部、编辑、记者，1963年返回故乡，从事文学创作。益希卓玛看展之后，非常感慨。便将刘爱军邀至家中，一同鉴赏她的藏品。让刘爱军吃惊的是，益希卓玛家中尽是洮砚，但很多藏品的价值与老人所付的收藏费极不相符。看到一个比较富有的老太太，因收藏洮砚而贫穷到吃方便面，刘爱军心里非常气愤。因为据他所知，益希卓玛不仅在很多场合

为洮砚说好话，而且在九甸峡工程中也曾对洮砚做了很多工作，所以他认为洮砚人应该感谢益希卓玛，怎忍心对她坑蒙拐骗，将粗制滥造的砚台高价出售与她，让这位老人落得如此地步。

　　研究所成立了，展览也办了，刘爱军觉得他满足了父老乡亲的要求，心里踏实了，干劲也更足了。2001年11月，他的作品在"第三届中国（国家级）工艺美术精品博览会"上获金、银、铜六个奖项。同月，以他为主角的纪录片《制砚艺术》在山东、福建、上海电视台广泛播出。2002年4月，他的作品在"第十一届中国文房四宝艺术博览会'名师名砚展'"中获金、银三个奖项。2002年5月，作品参加"中日友好30周年纪念、中日制砚大师名砚展"，并被录入《中日交流砚作集》中。这一年，甘肃省电视台"文化风景线"栏目还专门录制播出了《刘爱军制砚艺术》的专题纪录片。2003年，在《人民日报》举办的"中国当代杰出艺术家"评选中，他被评为"杰出艺术家"。同年10月，其作品《境界砚》被赠予日本创价学会名誉会长、国际创价学会会长池田大作先生。2004年的农历大年初三，中央电视台又播出介绍其作品的节目。

　　由于研究所地处偏僻，不便需求者参观，2005年4月5日，在相关部门的帮助与支持下，刘爱军又在兰州市城关区南昌路647号成立了"兰州国粹轩洮砚艺术馆"。主要经营产品洮砚、工艺品、字画、石艺雕刻等。他说研究所展示的是实力，艺术馆展示的是平台，它们都是高级别的洮砚对外交流窗口。也就在这一年，刘爱军被评为"甘肃省一级工艺美术大师"。2006年，他被甘肃省举荐参加"第五届中国工艺美术大师评选"活动，其作品获国家发改委颁发的"中国工艺美术优秀作品奖"。2006年至今他一直担任"甘肃省工艺美术百花奖"评委。

　　2008年，刘爱军参加在杭州举办的"第九届中国工艺美术大师作品及世界艺术精品博览会"，获制砚类最高奖银奖。同年11月14日，

图5-5 《大梦敦煌砚》

刘爱军在上海办展，上海电视台新闻栏目详细报道了他的《大梦敦煌砚》（图5-5）。除了《古钱币砚》《红楼菊花大砚》，刘爱军最引以为豪的就是这方砚。他说："《大梦敦煌砚》的灵感首先来自于砚石的自然形态，石头上的气旋纹、铜钉、枯黄色、残破等很适合表现敦煌绘画中斑驳、残缺的感觉。我觉得难得遇上如此好的石头，好的石头往往能给创作者带来很多灵感，并且好的艺术品的产生往往就在那一刹那的灵机一动。说什么一件作品设计好几年，那都是骗人的。当时当我看着这块石头，静气神思的时候，就仿佛看到无数的飞天同聚石上并立体地呈现在我的面前。"当问起为什么将这方砚定名为"大梦敦煌"时，他又说："我认为这方砚有思想，有内涵，因为中国的佛教文化在老百姓心目中根深蒂固，比如临时抱佛脚、拜佛、礼佛、修佛、悟禅等。但这里边要明白一个道理，那就是佛并不是每一个人都要光顾的，如果说每一个人祈佛都灵验的话，佛就不是佛了，这就是哲理。我认为，佛不一定把所有人都看清楚，所以，要真心地去礼佛。敬佛时，佛也不一定把你时时关照，所以，一定要随缘。这就需要我们对机缘有一个正确的领悟。所以，我在设计时有意用其它物象把佛的眼睛遮住，这就是我的主导创意。旁边的飞天、菩萨都是立体雕，造型、神情都力求与敦煌艺术所处的那个时代的审美相吻合。背景也综合了诸多敦煌元素，使得敦煌的主题较为突出。"这次节目播出后，上海很多人都和他有了交流，包括一些名流，没去过敦煌的人通过此砚了解了敦煌，去过敦煌的人都觉得刘爱军把敦煌的神韵表现得比较到位。机缘巧合的是，通过这方砚，他得以与多年前姚氏公司的董事长姚笛先生再次相会。就在《大梦敦煌砚》赢得上海人高度赞誉的同时，他的其他作品又在"第十届中国（国家级）工艺美术大师精品展"中获得特、金、银、铜等六个奖项。2009年11月，在"第十一届中国（国家级）工艺美术大师精品展"中，他又摘得金、银、铜五个奖项。

2000年以来，举办展览，成立研究所与艺术馆，媒体报道，不断获奖，刘爱军成了洮砚界当之无愧的领军人物。所以，2009年他被选中代表甘肃省参加由中国美术馆、中国轻工业联合会、中国工艺美术协会共同在中国美术馆举办的"中国首届中国工艺美术精品展"。全国促进传统文化发展工程授予他"中华传统工艺大师"荣誉称号。国家邮政总局为他免费在全国发行了《中国当代艺术名家系列·刘爱军中国邮政明信片》。2010年5月，中国邮政又给他发行了《中华文化名家艺术成就邮票卡·刘爱军先生洮砚艺术邮票卡珍藏册》。同时，他的"兰州国粹轩洮砚艺术馆"荣获甘肃省质量监督局2010年"3.15"重点宣传企业"重质量·讲诚信"奖牌。可以说，这一切都是出于对他作品的肯定，也是对洮砚的肯定、对甘肃工艺美术的肯定。

2010年9月16日，刘爱军应邀在广州"珍品馆"举办"刘爱军洮砚艺术展"。广州电视台、香港《大公报》等播出、刊登了这次展览的盛况。对于这次展览，刘爱军也是感慨良多。他说，就像大连个展的举办充满戏剧性一样，这次广州砚展也有一定的偶然性。起因还是要从他上海办展说起。上海展览期间，广州"珍品馆"的馆长前来参观，仔细欣赏了刘爱军的作品后，问有没有兴趣去广州办展。当时刘爱军以为人家不过随口一说而已，所以两人相互留了名片就匆匆告别了。可就在那年暑期，他接到了这位馆长的电话，说要来兰州考查他的作品。后来馆长一行6人果然来兰州，在进一步了解刘爱军的作品之后，双方确定了展览时间和相关事宜。这次共展出刘爱军大小砚作共八十余方，整个展览顺利、圆满，得到了很好的评价。刘爱军说最让他意外且感动的是一位画家前来看上一方砚台，但必须要经妻子同意后才能付款，结果他的妻子不但为丈夫买下来这方砚，而且还买了一方自己喜欢的砚砖。也就在2010年9月，刘爱军广州砚展期间，全国促进传统文化发展工程给他的"兰州刘爱军洮砚艺术品研究所"授予了"中华传统工艺优秀传承单位"称号。2010年10月，"第十二届中国（国家级）工艺美术大师精品展"优秀作品评选活动如期举办，他的作品又一次毫无悬念地荣获特、金、铜等五个奖项。

  2011年3月，刘爱军被全国促进传统文化发展工程工作委员会聘为全国传统工艺师职业技能认证文房四宝制作行业评审委员会评审委员，并授予他"中华传统工艺特级大师"荣誉称号。4月，被评为"高级传统工艺师"。11月，参加"第十三届中国（国家级）工艺美术大师精品展"优秀作品评选荣获金奖。2012年2月28日至3月28日，刘爱军受邀参加上海"中国名砚·大师珍品联展"。2012年4月6日—10日，应邀在浙江省慈溪市图书馆举办"匠·洮砚——刘爱军洮砚艺术大展"。2013年，受邀参加上海"中国名砚·大师珍品联展"。2013年9月，应邀为"第五届中国·江源长白山松花石文化博览会"嘉宾，并就"中国砚文化发展"的问题接受采访。2014年4月，被邀请为山东鲁砚协会成立嘉宾。2014年10月，赴清华大学"中国文房四宝高级艺术人才研修班"进修。2014年12月，在"第一届杭州中国国际传统工艺技术博览会名人名品展"担任评委。2015年1月，在"首届山东大成杯鲁砚砚雕艺术展"担任评委。2015年4月，刘爱军被授予"中国文房四宝制砚艺术大师"称号；其洮砚作品由保利国际拍卖有限公司在北京、香港、澳门负责拍卖。2016年，被聘为"山东省工艺美术协会砚雕艺术专业委员会"艺术顾问；受邀参加苏州老万年举办的"中国文房雅玩珍品展"；受邀为甘肃省非物质文化遗产传承人员培训班讲课；担任"中国文房四宝国家级质量标准"评审委员。2017年，担任甘肃省工艺美术协会副会长。

  可以说，在2000年以后的近十年时间里，刘爱军通过他的作品获得了来自多方面的认可与肯定。尤其是2014年以来，鉴于其作品在创作构思、艺术风格、表现手法等方面的独特性，上海艺术品公司开始对刘爱军个人作品进行专门的经营与推广。上海是我国经济、文化的前沿阵地，刘爱军的作品能在这座城市立足，这让他感到自豪，也感到前所未有的压力。因为在他心中，不管走到哪里，他代表的不仅是作为一个砚雕艺术家的个人形象，也代表着洮砚作为一类名砚的整体形象。有时候他甚至为洮砚的未来非常担忧，但他知道这种担忧根本无济于事，他唯一能做到的就是把自己的思考留给后人。所以，近几年里，他开始把自己多年来的经验和体会形成文字，发表出来，与同行分享。2012年7月，他在《21世纪中华传统文化》特刊中发表了题为《论"砚"静态中的动态美——与时代俱进的甘肃精品洮砚》的文章，结合自己的创作，较为深入地探讨了制砚过程中如何取得"静中求动""寓动于静"效果的方法和技巧。2017年，《神州》杂志第11期发表了他题为《浅谈甘肃精品洮砚与敦煌艺术》的文章。敦煌是人类艺术的宝库，凡学艺者都想从中汲取营养，刘爱军也不例外。但他有自己的思路，有自己的切入点，也有自己的呈现手段。他已经将敦煌题材作为未来的创作方向并构建着一个个宏伟的梦想，我们也相信他有能力让梦想变为现实（图5-6）。

说刘爱军是新中国成立以来，洮砚行业中创新型领军人物应该

图5-6 刘爱军创作的敦煌题材砚

不会有错。因为，他从一开始就是以知识分子与中国画学习者的身份介入洮砚的，也是以一个外来人的视角认识洮砚的。或许在大多数人看来，他没有生长在喇嘛崖下，也没有继承祖传的龙与凤，甚至是一个"外行"。但现在看来，恰恰是这些成就了今天的刘爱军。如果非要用语言来描述刘爱军洮砚艺术风格的话，应该有以下几点。其一，在洮砚界大多人都执着于传统，制作相同或相近的砚雕时，他却另辟蹊径，钻研古典文学与诗词，并尝试将之融入砚中，由此增添了洮砚的文化内涵，提升了洮砚的品味。其二，由于不囿于成规，善于将绘画、玉雕、木雕、文学意象等引入洮砚，他拓宽了洮砚的创作题材和表现技法。其三，在大多数人执着于市场，反复描摹、复制甜俗的洮砚制品时，刘爱军提高洮砚格调，以"一砚、一诗、一主题"的创作理念被市场所认可。其四，他表现手法多样，同一砚中，能很好地将线刻、浅浮雕、高浮雕等相互穿插融合。他也能将书法中的积点成线、顿挫、屋漏痕、锥画沙等用笔方法以及中国画中的雨点皴、马牙皴、豆瓣皴等皴擦方法都转化为用刀方法，使洮砚雕刻呈现出独特的视觉效果。其五，他认为"一气呵成，胸有成竹，用到洮砚雕刻中非常恰切。因为，一旦拿着刀子行走时犹豫不决，没有成竹在胸就很难达到效果"。他讲求用刀的肯定、果断，忌讳描，求刀味。所以，他是洮砚行业中难得的能够直接在石上奏刀，镌刻砚铭的人。

王宝云是刘爱军在上海的主要合作伙伴，多少年来，两人合作融洽，共同推进洮砚的发展，一起设想着洮砚的未来。为了弘扬洮砚，为了自己热爱的事业，年过半百的刘爱军愈发勤奋。他曾很自豪也颇为激动地说："我不嫌老，也不怕老。我是洮砚界出了名的夜猫子，每天夜里，当别人都在酣睡的时候，我一直在灯下工作。"所以，当别人羡慕刘爱军所取得的成绩的时候，当有人嫉妒刘爱军所取得的成绩的时候，他都淡然一笑。因为，成绩背后的冷暖和酸甜苦辣只有自己知道。他说："我一直坚定一点，那就是人都是要死的，我也是要死的，所以，我别无它求，只求给后世留下更多精美的洮砚遗产，只求自己的作品不朽，灵魂不朽。"

实际上，这句话，刘爱军是说给自己的，但却适合于很多人。

人常言"天妒英才"。正当刘爱军的艺术创作进入鼎盛期的时候，死亡之神却悄悄降临在他的身上。

2019年9月29日16点49分，57岁的刘爱军因病去世。对一个艺术家来讲，57岁正是创作的黄金期，但刘爱军就这样离我们而去了，这不仅是家人的痛，也是整个洮砚界的痛。但我们相信，他的作品会不朽，也祝愿他的灵魂不朽。

王玉明

王玉明[1]，1966年9月8日出生在洮砚世家，祖上是藏族，与拉扎村加麻沟的王家是亲房。爷爷王式彦出生在临潭县扁都乡下川村，是清末民国初著名的洮砚雕刻师。或许是因为洮砚备受冷落的缘故，洮砚艺人也很少被史书所关注。幸运的是在民国学人韩军一的《甘肃洮砚志》中，还记述了王式彦的名字。从中可以得知，清同治年间，洮州新城药王庙主持李大爷琢石制砚，富有巧思，被尊为制砚之宗匠。而王式彦便是继执其艺之人，他"既师心而能法古，亦标新而自述其能"。

　　父亲王庭训，只在扁都乡上到小学三年级，最终因为学校离家太远，交通不便而辍学。辍学回家的王庭训，有心跟随其父继承洮砚手艺，但当时的王式彦名气太大，经常被人请去做砚，并且每次出门至少需要一年半载。就这样，父子相见总是在匆匆之间，犹如路人。所以，王庭训从父亲那里的洮砚学习仅仅是一星半点，对于父亲与洮砚的那些故事更是知之甚少。加上当时人们对洮砚的前途并不看好，王式彦虽然声名在外，但在庄稼人看来，什么都不及务农受人尊重。

---

[1] 本评传撰写中得到了王玉明的大力支持与配合。在此说明并表示感谢。

久而久之，家人也无心关注王式彦及其洮砚之事。"文化大革命"期间，王庭训的刻砚工具几次被没收，从此他彻底放弃了洮砚的学习与制作。

　　作为王式彦的孙子，王玉明一直有一个心愿，那就是了解爷爷的制砚人生，续写王家的制砚家史。因为在父亲王庭训眼里，王式彦就是一个常年在外的洮砚符号。所以，面对王玉明对爷爷制砚历史的追问，他说不出什么。王玉明只好去找与爷爷同龄的长辈，希望有所收获。但老人都已离世，王氏洮砚几乎成为难解之谜。前些年，王玉明好不容易打听到一个父辈能讲述一点爷爷的故事，但还没等他们见面，老人也匆匆去世了。所以，王玉明只能靠自己小时候模糊的记忆以及奶奶哄他睡觉时的喃喃之语，还原爷爷与洮砚的故事。他说，小的时候，别人家的小孩都没有玩具，但爷爷却能给他们做木娃娃，让他成为拥有玩具的孩子而引来很多羡慕的目光。在他的记忆里，爷爷磨刀的磨石是用马从扁都驮来的红石头。这种红色石头也可以用来打磨砚石。也就是说，用石头磨石头，是当时砚工常用的做法。当地有一种像竹子一样一节一节生长的草，人称"刷箭草"，最高能长30公分，晒干后用来打磨铜器物，会达到油光锃亮的效果。爷爷也常用"刷箭草"来打磨雕刻过的砚台。爷爷刻砚的工具都是自制的，很简陋。爷爷的雕刻工艺非常好，不管雕什么都惟妙惟肖。那时候没有钻子，一切都靠手工铲凿。爷爷还画的一手好画，那时候方圆农村老人去世后都请爷爷去给画棺材。每年的腊月二十八九，爷爷直接在窗子上画窗花。爷爷的心灵手巧，让幼小的王玉明敬佩不已。

　　现在，王玉明每每想起爷爷，都觉得很遗憾，又很庆幸。遗憾的是，还没等他长大懂事，爷爷就因身体原因不再刻砚了。庆幸的是，王玉明手中保存了爷爷留下来的简陋的自制雕刻工具，还有一方出自他老人家之手的砚作。那方砚造型别致，砚首雕一卧鹿，砚盖刻一读书童子，形象生动自然，刀法简洁，堪称精品（图6-1）。

1973年，7岁的王玉明离开父母，前往岷县李藏沟上小学，寄宿在离学校较近的大姑姑家中。由于学校只有一、二、三年级，所以三年后，他升到杜家川小学，在那里完成了四、五年级的学习，其间又住在小弯村的小姑姑家里。

图6-1 王式彦作品

1978年，王玉明小学毕业，考到洮砚乡初级中学，从此过上了住校生活。每周回家，母亲都会事先为他备上擀好晒干的面条、柴火等，供其一周所需。每次离家返校时，父母也总会千叮咛、万嘱咐，晒干的面条一定要煮熟了再吃。两年后，王玉明再次转学，去藏巴哇上初三。从家到藏巴哇，要翻几座大山，其中就有青龙山砚瓦石咀。那时候，王玉明可能不曾想到，他的一生注定要与这些砚石成为朋友。藏巴哇中学旁边有家粮站，有一次，粮站从陇西拉来一车粮食和辣子，王玉明和几个同学利用中午课余时间为粮站帮忙卸车，以此换取几块零花钱。好心的司机见孩子们辛苦，就给了他们一些辣椒。对于常年吃糠咽菜的王玉明来说，辣椒无疑是难得的美味。于是，辣椒成了他一日三餐不可缺少的食物。可让他万万没想到的是，不出几天，他就得了中毒性痢疾，被送进一家很小的卫生院。但医生几天的努力终究没能让他的病情好转起来。老师见此情形，便让他回家休养，等看好病后再返回学校。谁知这一回去，就再也没有踏进学校大门。他辍学了。王玉明说，从那以后，他再也见不得辣子。因为，就是那些辣椒，不仅损伤了自己的肠胃，还断送了他的学习生涯。当然，话又说回来，王玉明虽然初中没有毕业，但在他们那一代砚工中，也算是学历较高之人了。

由于王玉明小时候曾零零星星做过一些木工活，所以，辍学后的他首先想到的是找一位木匠，拜他为师（图6-2）。后来，他找到了，但那木匠却说他的弟子太多，不再收徒。遭到拒绝的王玉明这才想到学习洮砚。但就凭他用铁钉子在石头上刻来划去，又如何能进入砚雕的门径呢？父亲看在眼里，急在心上，决定让他拜当时有名的李茂棣为师。

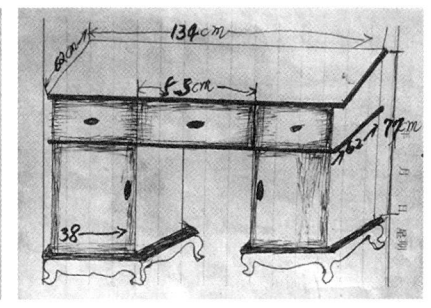

图6-2 王玉明做木工活的设计图

当王玉明第一次登门拜访时，李茂棣不在家。第二次，他见到了李茂棣，但他无人引荐，这位大名鼎鼎的李师傅能接受他吗？王玉明怀着忐忑不安的心情说明来意并自报家门，说自己是王式彦的孙子。谁知李茂棣非常高兴，爽快地答应了。这让王玉明始料未及，也激动不已。

1984年，王玉明正式拜李茂棣为师。由于两家相隔较远，师父家几个孩子年纪尚幼，王玉明便住在李家，每隔两个月回家一趟。从此，刻砚之余，他几乎包揽了师父家所有的家务活，自觉充当起那个家庭长子的角色。做饭，挑水，拾柴，样样在行。现在看来，这种师徒关系很特殊，也很真挚。王玉明经常说："古人讲，宁给一板布，不指一条路。指路的人，就是你的恩人。我师父是刀子嘴豆腐心，那时候就是让我们先学做人，再学手艺。"

在跟随李茂棣学艺的日子里，王玉明刻苦认真。起初，师父让他学习雕龙刻凤，因为龙凤本为理想之物，没有固定的标准，做成什么样都可以。王玉明经常在晚上别人都睡下之后，点上煤油灯，学着描画龙凤。师父还要求在整个制砚工序的框架下练习刀法和线条，检验的标准则是看一刀过去线条是否平直均匀。当时在李茂棣家里与王玉明同时学习的还有马绪珍、杜永辉等人。他记得，有一次回家，他拿着铁钉子、螺丝刀，还有爷爷留下来的简陋的刀子、锤子、钻子做了一方洮砚，拿到师父家，师父拿去从洮砚乡修路的工地上换来一麻袋粮食。这件事使王玉明大受鼓舞，刻砚的兴趣从此变得更加浓厚。

1986年，省军区培养军地两用人才，派来三位学员，与他们一起学习。每年春暖花开之时，李茂棣也会带着徒弟们爬山、踏青。冬天寒冷时，师徒们也会打猎、串门。还有，贤惠善良的师母也对他们非常关心（图6-3、图6-4）。这一切，都让这些来自四面八方的弟子们倍感亲切和温暖。1987年，军区3位学员学习期满返回兰州，王玉明也从李茂棣那里学成出师。

1989年，王玉明看到家中的房子年久失修，早已破败不堪，决心翻修一番。但当时老家偏僻，交通不便。修房需要2000块砖，他就从

图6-3 1987年，李师傅的5位徒弟在院子合影，左一是王玉明

图6-4 1987年春，李师傅带领4位徒弟去峡地崖。左一是王玉明

陇西用"55"拖拉机拉到拉扎村，然后自己背，用马和骡子驮。就那样，硬是一点点把砖头驮、背回家。有一次，刚翻过山，飞鸟惊吓了骡子，骡子一下冲进树林，所有的砖都被打碎了，这让王玉明非常痛心。家住大山深处，道路崎岖不说，更通不上电。长期的煤油灯使他对电灯有一种强烈的渴望。好不容易从兰州买了一个充电灯，但每次都要去有电的地方充电，并且最多只能坚持两三天。人常说，便宜没好货，没有质量保障的电灯没用多久就坏了。王玉明家又一次点上了煤油灯，过上了昏暗的生活。再说买卖日常生活用品、购置洮砚石，更是非常不易，都需背着干粮，一路步行到洮砚乡的集市上才能实现。可以说，贫困的生活一次又一次地逼迫着王玉明，让他不断思考着如何改变自己的命运。

"洮砚艺术商社"是西北师范大学膳食处和甘南州水电局合办的洮砚厂舍。该厂自成立以来，面向甘南广招学徒，为洮砚的发展培养了很多人才。1992年，王玉明来到西北师范大学"洮砚艺术商社"。其作品《龙》和《八仙祝寿砚》被送往中国香港的"中日艺术品联展会"展出，从此迎来了他洮砚人生中的又一次转折。西北师范大学是陇上的百年学府，这里人才汇集，学术气氛浓厚。王玉明知道这些，也亲身感受到了这些。所以，他非常珍惜这次机会。提起这段时光，王玉明忘不了三件事。

第一件事是当时洮砚商社从美术系请来大学生给他们教授绘画技法和设计理念（图6—5、图6—6）。其中一位名叫苏清华的老师踏实认真，对他影响至深。有一次，王玉明设计完成一方《天女散花砚》后，请苏老师指点。苏

图6—5　王玉明1993年的静物素描

老师全方位观看此砚后说："你刻的人物从一个角度看没什么问题，但从另一个角度看就出现了问题，尤其是人物的面部。"王玉明深知这一点，因为这正是他一直在探索并力图解决的难题。老师既然指出来了，那有没有解决的办法呢？正当王玉明想向老师讨教的时候，苏老师拿来一面镜子摆放在他的面前。当看到自己砚中人物的另一面被清晰的投射在镜中的时候，王玉明恍然大悟，

图6-6 在西北师大学习时的王玉明（左）

他思考很久的难题就这样被这位年轻的老师瞬间化解了。他从内心深处感激苏老师，也佩服苏老师。从那以后，他不仅从原来单面图的雕刻顺利步入了全面图的雕刻，在人物面部雕刻技法上有了很大的突破，而且从以前的单向思维转入多向思维。比如，之前只知道单纯雕刻，雕龙就是龙，刻凤就是凤，不去过多考虑画面背后的深刻内涵。而从那次以后，他知道了如何思考，如何借用，如何搞创作。也知道文化知识和历史传统对一个砚工的重要性。

第二件事是1994年参加"首届中国名砚博览会"。那是王玉明第一次到北京，是他第一次带着自己的洮砚作品去北京，也是他第一次亲眼目睹其他名砚的风采。当他看到一件件精美的端砚、歙砚时，内心十分激动。而对于其他参会的人来讲，这也是他们第一次大量近距离触摸洮砚。最让王玉明难忘的是，时任全国人大常委会委员长的乔石也来了，启功先生也来了。当乔石委员长站在他面前时，他紧张得心都快要跳出来了，本想上前握手，但紧张的情绪让他失去了勇气。让他没想到的是，当乔石一行看完洮砚时，给予了高度的评价。在场的专家一致认为，原来只听说洮砚，但不了解洮砚，更没有近距离接触过洮砚，甚至有人把洮砚误认为绿端，这次得见洮砚真正面目，方

知洮砚之精良。听到砚界专家们对洮砚的评价，王玉明有说不出的自豪和骄傲，同时他也意识到对外交流的紧迫性和重要性。王玉明的这次北京之行，让更多人改变了对洮砚的认知，他们开始了解洮砚，推广洮砚。一些砚台贩子也开始不断把洮砚推向北京的市场。但由此而来的问题是，贩卖砚台的人决定着洮砚的风格，客户看不到砚台，也见不到作者。有一次，贩子们把王玉明的作品买到北京，并告诉藏家王玉明已经80多岁了，如果不抓紧收藏他的作品，以后就买不到了。一次偶然的机会，当他去北京参加活动碰见那位藏家时，那人被眼前这位年轻小伙子惊呆了。就这样，在他的带领下，洮砚的一些人、一些作品才不断在外地露面，他自己也在别人的建议下买了一个照相机，把自己的作品拍摄下来用于对外交流。

第三件事是1996年，依据一块纹理独特的砚石，王玉明设计创作了一方20公分大小、名为"画龙点睛"的方形洮砚。砚上一条绿色巨龙若隐若现，穿梭在白云层中。盖上雕刻3人，一人画龙，一童子侍候笔墨，一人观看。该砚刻完后，王玉明回家了。其间，甘肃省一位领导去西北师范大学参观洮砚商社，一眼就看中了这方《画龙点睛砚》，觉得寓意很好，便叮嘱负责人，等王玉明回来刻上印章后，作为甘肃省赠送1997年香港回归的贺礼。凑巧的是，省里领导刚走没几天，这方洮砚又被学校一位领导看中，他不顾印章没刻完就抱走了。当省里领导派人来取这方洮砚时，商社的负责人左右为难，如坐针毡，急忙派人到卓尼找到王玉明，请他再做一方完全一样的洮砚。王玉明心里清楚，做两方完全一样的砚谈何容易，样式和图案还好说，关键是哪里能找到天然纹理完全吻合的两块砚石呢？可是，眼看着来人慌张的神情，他还是答应试试看。接下来的时间里，王玉明挨家挨户找和上次一样的洮砚石，但都无功而返。正当他非常沮丧时，一个采石工气喘吁吁地来找他，说："你要的砚石找到了。"王玉明几乎是一口气跑到那块石头跟前的，定睛一看，果然与那块极其相似，这不是上天助他还是什么？王玉明用四天时间复制了《画龙点睛砚》，总算完成了这个差事。

王玉明感激李茂棣，也感谢西北师范大学。他觉得，一个家庭学校和一个高等学府共同培养了他，塑造了他，让他学会了做人，也学会了做砚。

1998年，在"文房四宝产品展览会"上，其作品《嫦娥奔月》《月宫》《黄膘玉兰》《三仙下凡》等获得了同仁的一致好评。1999年，王玉明被聘请到临洮洮砚厂任总工艺师，作品《广寒宫》入选"第四届北京国际艺术节"，并刊登于《中国矿业报》。2000年，恢复生产的卓尼县洮砚厂请王玉明回去担任要职，贡献乡里。当时有朋友认为卓尼没有发展前途，劝他不要回去。但王玉明最后还是选择了回家。他当时的想法是，家乡培养了他，现在家里有需要，他就必须回去。等把洮砚厂扶持起来后，他再去追求自己的理想。洮砚厂办起来后，县长找到他，问他有什么要求。当时的洮砚厂属矿管局，领导说先把他的工作关系挂到矿管局。王玉明婉言谢绝了，但并没有离开，而是在厂里待了下来（图6-7）。也就在这一年，他的作品《西厢记》《天女散花》在"深圳中国工艺美术博览会"上展出，其高雅的构思和精湛的技艺吸引了一批中外知名人士，从此他的作品走出国门、进入国际市场。

图6-7 卓尼洮砚厂时的王玉明（前排左一）

2001年，广东举办了端砚艺术节，全国邀请了6位专家，甘肃省只有王玉明一人。2003年，作品《草原八骏马》被县委、县政府选为贺礼献给甘南藏族自治州五十大庆永久收藏。同年10月，鉴于他在洮砚发展中的成绩与贡献，当地政府授予他"卓尼县十大杰出青年"荣誉称号。

王玉明有一个叔叔，家在公路旁的小弯村，一生未婚。年迈的老人一直有一个心愿，那就是想让王玉明住进他家，照顾晚年。王玉明早就受够了老家交通不便带来的苦恼，心中也想住到公路边，一来可以照顾叔叔，二来出行方便，利于制砚。于是，2004年，他把户口转到叔叔名下。谁知他这一举动，让自己的亲生父母很是伤心，说自己辛苦养大的儿子伺候别人去了。但王玉明认为，他没有因此忽略父母，也没有因此减少孝敬父母。这一年4月，王玉明的作品《西厢记》在"第十五届全国文房四宝艺术博览会"上，被评为"中国文房四宝行业优质产品金奖"。

2005年，随着体制改革，卓尼洮砚厂难以生存被卖掉，王玉明下岗了。失去单位的王玉明一时难以适应，考虑再三，他在县城边上租了一间住房，成为真正意义上的自由雕刻家。他再也不受单位的牵绊，可以按照自己的意图做事了。这时，他想起了几年前在外交流时，外地的朋友曾建议他进行系列人物砚的创作。他也为此事思考多年，一直未能实现。现在，他终于可以将这一梦想了多年的题材付诸实践了，他要在巨型洮河石上完成中国传统文化的代表作《红楼梦》。就在这一年12月26日，甘肃省工艺美术协会授予他"甘肃省工艺美术一级大师"称号。王玉明备受鼓舞，也增加了他创作《红楼梦砚》的信心。为了设计此砚图纸，王玉明每次遇到去北京的机会，都要到琉璃厂翻画册找资料。但任何画册都是作者自己思想的表达，没有人会为他的构想进行创作。他只能到处留心，零星搜集，最后根据自己的设想组合、取舍，绘制出《红楼梦》系列作品的草图。

草图已经有了眉目，但适合雕刻的巨型砚石在哪里？他一有时间就往采石人家跑，几乎把石门峡口周围的十几个村子都跑遍了。功夫不负有心人，他终于在达窝村找到了四块巨石。王玉明如获至宝，赶快买了下来。但此等巨石，手工根本无法切割，他便雇佣一辆大车来运送。洮砚大桥是一条捷径，但因修路而无法通行。王玉明只好绕道而行，从达窝村到洮砚乡，经过岷县，再到卓尼。天色已晚，天降大雪。吃过晚饭，又把石头拉到夏河。直到第二天一早，才将四块巨石运到夏河的大理石厂切割。跟老板讲好规格和要求后，王玉明回家了。一周后，切割好的石料顺利抵达卓尼县城。

2006年初夏，王玉明放弃了日常的洮砚经营，在县城租了四间房屋，带着徒弟，开始在巨石上展开了一幅幅《红楼梦》的画面创作（图6—8）。一段时间后，前来观看的人越来越多，严重影响到工作的正常进行。无奈之下，他又找来三轮车将巨石运到老家韩家湾，并请来马万荣、卢锁忠、李月龙等人参与雕刻。这段时间大家心情都很愉快，白天忙完工作一起上山采蕨菜，回来拌着吃；晚上一起观看《红楼梦》电视剧，讲

图6—8 王玉明制作《红楼梦砚》

红楼梦故事。王玉明说他为大家搞后勤，每天早晨都是在叽叽喳喳的鸟鸣声中起床的。

2007年7月，这件全长486厘米的巨型洮砚主体雕刻全部完成，王玉明和他的团队沉浸在幸福的喜悦之中。他们观赏着，讨论着，摩挲着……看，这是"雨村赴任"，那是"宝黛初会"；这是"元春省亲"，那是"潇湘夺魁"。还有那"鸳鸯抗婚""晴雯抱屈""妙玉听琴""宝玉却尘"……每一幅画面的背后，不仅有一个红楼的故事，也有一个王玉明团队创作红楼砚的故事（图6—9）。看到高徒的巨制，师傅李茂棣无法抑制激动的心情，亲自帮忙为《红楼梦砚》制作了大型的根雕底座（图6—10）。相信每一位看了《红楼梦砚》的

图6—9　《红楼梦砚》

人，都会从中感受到贵族生活的恢弘与精致，体会到山峦和花溪的典雅，亭台和楼阁的安闲，以及大观园的非凡气度，并被王玉明等人的高超技艺和浪漫情怀所打动。

2007年8月，卓尼县举行了规模浩大的"第八届中国·九色甘南香巴拉旅游艺术节暨首届卓尼风情旅游艺术节洮砚工艺品展评活动"，王玉明便将巨砚拉了回来，展览过后，该砚被评为特等奖。2008年9月，兰州评百花奖时，因无法运送，只好拿照片参展，获"甘肃省第十届工艺美术百花奖产品创新"一等奖。

图6—10　李茂棣做的《红楼梦砚》底座

《红楼梦砚》是王玉明制砚生涯中的一件巨制，它给王玉明留下了一串串记忆，痛苦的、快乐的、辛酸的……也给他留下了诸多思考，人生的、艺术的、技巧的……王玉明说："不管大小，一方砚的诞生很不容易。因为，每一块石头，都是用生命换来的，好在砚雕师不存在生命危险。"王玉明还说："这方砚到现在上面的铭文还没有刻，原来想在上面刻上红楼梦的简介。但后来觉得，对于知道红楼的人来讲，不说明他也知道，不知道的人，说明了也不一定细看。所以，我原来找到一个临洮的书法家已经写好的简介横幅也放弃不用了。现在我又想应该请国内著名的书法家题写红楼梦诗赋并刻于其上，让它成为更加丰厚、更加立体的艺术佳作。"

自《红楼梦砚》面世之日起，就引起了社会各界的广泛关注，有客商多次问津，并愿出高价。但王玉明很矛盾，他不想就这样卖掉浓缩了他人生梦想的作品，而是希望能走进国家级博物馆，让更多的人了解洮砚，那里才是它该去的地方。

现在，此砚一直寄放在卓尼县文化馆里。每每说起《红楼梦砚》，王玉明总会真诚地说，这方砚是众人共同努力的结果，整个过程中，为他出力帮忙的人很多，比如马万荣、卢锁忠都是免费帮他的。

就在《红楼梦砚》的制作期间，2006年12月，经第五届中国工艺美术大师评审工作领导小组批准，授予王玉明"全国工艺美术优秀创作奖"。或许是缘于《红楼梦砚》制作中的思考，2007年11月28日，他撰写了一篇题为《亦真亦幻的洮砚仕女》的文章，发表在《甘肃日报》上。

2008年，洮砚正式成为国家级非物质文化遗产，王玉明被评为省级洮砚传承人。作品《四大美女砚》《听琴砚》分别获"第十届中国工艺美术大师精品博览会"创新艺术金奖、银奖。此年9月，《瑶池赴会砚》荣获"甘肃省工艺美术百花奖制作技艺二等奖"。12月王玉明到清华大学进修学习（图6-11）。

图6-11 2008年王玉明在清华大学的雕塑课堂上

2009年3月，作品《祥龙护宝》被国家财政部永久收藏。4月，鉴于他在弘扬发展我国文房四宝事业中所做的贡献，经首届中国文房四宝艺术大师评审委员会认定，授予王玉明"中国文房四宝制砚艺术大师"荣誉称号。5月25日，王玉明赴肇庆学院参加

"首届中华砚文化学术研讨会"并做主题报告（图6-12）。也就在这一年，王玉明组织成立了卓尼县洮砚协会，吸纳会员，规范个体作坊，使洮砚从无序生产经营变为统一管理。洮砚协会协同端砚协会、歙砚协会、红丝砚协会在广东举办"中国四大名砚"展览及评奖活动。王玉明组织带领洮砚协会会员参加中国文房四宝展览会、深圳文博会、上海工艺美术大师博览会。王玉明个人还出资编辑出版协会《会刊》两期（图6-13），宣传洮砚文化。从这些年的发展来看，洮砚协会的成立，对于洮砚的生产、销售、传播、推广、交流等都起到了很好的推动作用。应该说，洮砚协会的成立与发展，王玉明功不可没。但每次说起洮砚协会，王玉明也有满腹的苦衷和无奈，他说："为了协会的发展，每次组织开会和其他相关活动，他都要自掏腰包，垫付部分资金。每年还要在县上办一次非物质文化洮砚展。为了配合协会相关工作做好宣传材料，他学习电脑，但经常面对的是同行的质疑和不理解。"尽管如此，他还是认为，洮砚发展的重担就在他们这一代人肩上，否则他们会成为洮砚历史的罪人。

图6-12 王玉明在肇庆学院"首届中华砚文化学术研讨会"上做报告

图6-13 卓尼洮砚协会会刊

2010年9月13—19日，王玉明在清华大学美术学院培训中心举办的"清华大学工艺美术大师高级研修班"完成56课时课程学习，顺利结业（图6-14）。11月，作品《莺歌燕舞醉李白》在"第十一届西部国

图6-14 清华大学工艺美术大师高级研修班合影

图6-15 王玉明发表的文章

图6-16 王玉明的专著《洮砚的鉴别与欣赏》

际'三品'博览会"中获金奖。

2011年2月,经甘肃省工艺美术大师评审领导小组批准,授予王玉明"甘肃省工艺美术大师"荣誉称号。3月15日,他撰写的论文《洮砚也有石眼》《洮砚的特征及工艺流程》同时发表在《甘肃科技报》第16版(图6-15)。此年5月,作品《白蛇传砚》《西清砚谱》在中华砚文化发展联合会组织举办的出国(境)展览精品砚台遴选中,获得入围奖。中共甘南州委、甘南州人民政府授予他"甘南州优秀人才"荣誉称号。

2012年10月,甘肃省人民政府授予他"全省就业创业优秀个人"的荣誉。11月,作品《长生不老砚》获得"第十二届甘肃省工艺美术百花奖创作创新"一等奖。

2014年10月作品《灵猴掬月砚》获得"第十六届中国工艺美术大师博览会"金奖。最重要的是,这一年,王玉明多少年来刻砚实践形成的理论思考终于凝结成书,他的《洮砚的鉴别与欣赏》由甘肃人民美术出版社正式出版(图6-16)。全书分五章,对洮砚石材的采集、独到的雕刻工艺、民俗图案的应用、非物质文化遗产保护、收藏鉴别等方面进行了较为全面的梳理和描述。

王玉明现为中国书画家协会书画用品产业委员会顾问委员、评审委员会委员；甘肃省工艺美术协会常务理事；卓尼县喇嘛崖洮砚开发公司董事长；政协甘南州委员，政协卓尼县常委；《中国工艺美术全集·甘肃卷》编辑委员会委员。

当我们回看王玉明在洮砚路上的脚印，就会发现他游走在理论认知、艺术实践与组织管理之间，并能较好地处理三者的关系。客观来讲，王玉明的文化程度并不高。但他凭着自己的努力和领悟能力，不断提高自己的理论水平，并以自己的方式阐释着洮砚的问题。在我们和他的接触中，每次都能深深地感受到这一点。因为，对于洮砚相关的很多问题，王玉明都有着自己的思考。

关于洮砚的历史，他不仅对前人的研究成果非常熟悉，而且通过收藏力求为洮砚正名。例如，他的手上就有一件汉代的研磨器，经他找多位专家鉴定后，一致认为是洮河石（图6-17）。

提起洮砚的传承与创新，他说镂空是洮砚的代表性特征之一，最早的人工镂空是从上往下，侧面看有石柱支撑，断不了。而手摇钻和电钻的介入，使洮砚的镂空技术进一步提高，人们不但能做出非常繁复的花

图6-17　王玉明收藏的汉代研磨器

纹，而且能雕出高达三四层、四周悬空的洮砚作品。这种形式曾风靡一时，但此类洮砚不结实，存不住墨水，丧失了砚的基本功能，是创新的失败。2000年前后，人们意识到这一点，又开始重新捡起墨池占三分之二、雕花占三分之一的老规矩，逐渐回归到传统的制砚理念上来。他认为洮砚不能完全弄成观赏品。如果以牺牲实用功能为代价换取眼前的利益，则会将洮砚引上邪路。他还认为，不管怎么雕刻，作为砚一定要具

备自己的基本功能，雕刻图像不能过于追求写实，意境够了就行。

说到图案，王玉明说，如果洮砚石料上没有特征，则可以随便找一个图案进行雕刻。原来的图案大多都是一些传统的纹样。但现在不一样了，信息时代的网络可以解决一切。砚工可以在网上下载各种图案，也可以了解各类名砚。但对于初学者来讲，缺少鉴别优劣的眼光。所以，王玉明经常会把自己收集筛选过的资料复印给学徒，让他们边临摹边摸索。如果石料上已经有了某些图像的暗示，则必须要按特征进行设计，得按照脑子里面的东西，这就是"砚石的创意和自己的创意"。所以，洮砚的魅力就在于"砚石的创意和自己的创意"相合。也正因如此，砚工们把每一块好料的求得都看作一次难得的机缘。王玉明说他制砚30多年，最烦心的就是购置原料，经常跑上几十户人家选不上一块称心如意的石料，顾不上吃饭和睡觉。一旦遇见称心的石料，又激动地忘记了吃饭和睡觉。他把靠碰运气选石头的事戏称"砚遇"。

应该说，王玉明是洮砚界出版理论专著、发表多篇文章的第一人。就像他自己所说，他写书是"赶鸭子上架"，但我们都知道，文辞的华丽与否并不影响对事实的讲述。他用他的方式和语言记录了洮砚的点点滴滴，表达了他对洮砚的理解和认识，也开了砚工著述的先河。

在实践上，王玉明所取的成绩无疑是最有力的证明。看他的作品，首先会被他对砚石的巧妙利用所打动。王玉明说，早些年，很多打石料的人一见黄膘就破坏了，后来，他就给石工讲说，让把黄膘和有瑕疵的石料保留下来。石工们见很多砚石的瑕疵，被王玉明巧妙利用，化腐朽为神奇，也就有意把此类石料留给他（图6-18）。这也成就了王玉明的一批精品。

图6-18　王玉明利用黄膘创作的《西清砚谱砚》

王玉明

有一次，他把一个白色的石筋线利用成穿麻钱的绳子，取得了很好的效果。还有一次，他把一方瓜皮黄的石头反复雕刻几次都不满意，最后返工做了一方蘑菇砚，达到了意想不到的效果。1999年，洮砚乡采石工卡日给他拿来一大一小两块紫石，说是专门留给王玉明的。当他接过石头仔细看时，发现大的一块上分布着13个石眼，小的一块上有2个石眼，非常稀奇。王玉明苦思冥想，最后发现大砚石上的石眼好似星罗棋布，下方波纹就像银河。于是，他因材施艺，创作了《银河星月砚》，砚中寥寥几笔，既保持了石料本身舒展、安闲、静逸的独特之美，也解读了现代意念中传统祥云的变化之美，传递出空阔浩渺的创作意念。小石中的石眼被用作两盏灯，做成了《听琴砚》（图6-19）。同类精品还有《灵猴掬月砚》（图6-20）等。

图6-19 老坑紫石有眼 《听琴砚》背面

图6-20 《灵猴掬月砚》正面、背面

业内人都知道，王玉明是以擅长人物雕刻出名的。他说："人物像不像关键在骨骼，但年龄大小又关键在肌肉，表情关键在刀法上。多一刀少一刀完全不一样。有些东西是很难讲出来的。"我们从《西厢记砚》《白蛇传砚》《红楼梦砚》等可以看到他高浮雕技巧的高超（图6－21），很多人物比例准确，形象生动，恍若脱壁，他对全面图的把握，让人物面部在每个角度下都不失对称。这不得不说是他在洮砚人物雕刻中的过人之处。另外，王玉明刀下的仕女线条流畅轻柔，给人衣带飘举之感。这种举重若轻，让石头重量得以消解的能力，也是一般人不能企及的。还有，王玉明创作的花生砚、筛子砚等前人少见的洮砚造型（图6－22）以及隔着珠帘，若隐若现的人物形象，都为大家所赞赏。

图6－21　《红楼梦砚》中的高浮雕

王玉明说，以前，他们刻砚的确是为了生活，但现在刻砚却是为了传承洮砚文化。所以，他们已经不是为了谋生而雕刻市场需求的洮砚，而是为了创作来雕刻自己内心需求的洮砚。这些发自内心的话，让我们对洮砚的发展充满信心。因为，以他为代表的这一代洮砚人是目前洮砚界的中流砥柱，而他们能有这样的思想和眼光，不能不说是洮砚的幸运，是洮砚的希望，是洮砚的未来。

图6－22　王玉明《筛子砚》

卢锁忠

卢锁忠[1]，1968年农历2月2日出生在卓尼县洮砚乡坑扎村。据说本年出生之人五行纳音大驿土，为土猴之命，多才多艺，执着进取。卢锁忠或许不知道这些，但他对自己的生日记得格外清楚。因为，这一天是我国传统的"春耕节"，是传说中"龙抬头"的日子。

卢家祖上是方圆有名的望族，家中设有私塾，收藏颇丰，人才辈出，为名副其实的书香门第，卢锁忠家里至今还留存着祖传的万卷书桌。1950年，在全国农村阶级成分划分中，卢家被定性为地主。"文化大革命"期间，家庙被捣毁，祖宅被征用，爷爷们被批斗，家中老小被赶出家门……还有祠堂里的家谱、祖先画像，铜器、古籍、经卷被焚烧者不计其数。对一个曾经辉煌的家族来讲，这无疑是一次浩劫，从此，卢家彻底衰败并走向贫穷。每当大人们述及家史，卢锁忠总是满脸迷茫。因为，自他来在这个世上，眼中所见的只有贫困和潦倒，祖先的兴旺只是父辈们口中的一串串故事……

卢锁忠的母亲乔氏，贤惠善良，出生在古路坪村一个读书人家

---

[1] 本评传撰写中得到了卢锁忠和卢广成的大力支持与配合，同时，参考了后永强的《砚匠卢锁忠》。在此说明并表示感谢。

庭。堂舅乔国荣，之前是一名老师，后来跟李茂棣学艺，擅长龙凤、葡萄、八仙、花草等平面砚，刀法极佳，是古路坪最早制砚的，也是制得最好的。据说喇嘛崖有一种硬度极高的砚石，无人能刻，只有乔国荣腕力扛鼎，可穿此石。后来人们索性将这类砚石唤作"乔国荣石"。九外爷乔邦固，是一位有学问的老中医，闲时常向其子乔国荣学习制砚。他心灵手巧，悟性极高，能从高往低做立体、半立体砚台。比如雕鹿，则从鹿角入刀，后到鹿头，再到鹿身、鹿脚，层层下剥，布局极其准确。乔邦固不仅有此绝技，向子求艺，更是传为美谈。

儿时的卢锁忠，经常随母亲去九外爷家。当他看见九外爷、堂舅把石头做成各种形状，并刻上很多好看的花草、走兽时，内心不光是好奇，更是激动和崇拜。堂舅告诉他那就是"砚瓦"，石料来自喇嘛崖和青龙山的砚瓦石咀。或许，从那一刻起，卢锁忠就注定要与洮砚相伴一生了。

由于家庭困难，14岁的卢锁忠没上完小学就辍学回家了。

他开始在岷县、卓尼、漳县交界的白石崖、淌水沟、盘岭山一带放牧。这段日子，虽说艰辛，但也给他留下了诸多美好的回忆。有一个名叫"天赐"的地方，山顶有一潭10亩左右的湖。高山出平湖，可谓一景。每逢酷暑，那里就是放牛娃的天堂。因为，牦牛可以在湖里敞开肚子喝水，他们可以在湖里尽情戏水。"天赐"的西北，遗存一座娘娘庙，遇到天阴下雨，他们又会跑去那里避雨。

因为家里孩子多，生活困难，食不果腹、衣不蔽体便是一种常态。所以，卢锁忠必然忘不掉放牧时的饥寒交迫以及为解决温饱所做的努力。每年春天，他都会自制土弓捉地鼠，也会去采一种开着双铃铛黄花和白花，名叫"柏木"的药材，并拿它到柏林公社供销社换取食盐、煤油、鞋、袜等生活用品。放牧时所遇成片分布在草山的灌木林，也是他的维生之地。因为，林子里有很多野味，什么鹌鹑啦、野鸡啦、兔子啦，都是他一想起来就流口水的美味。为了更大的收获，卢锁忠反复琢磨，用牦牛尾巴编制成捕猎的网兜，这让他每天都能捕获两三只猎物。每到冬天，卢锁忠身上依然是单衣、单鞋。于是，他曾把别人扔掉的牛毛长筒袜捡来，缝缝补补，抵御风寒。

15岁那年夏天，卢锁忠转移牧场，来到白杨河一带，这里草山更加丰茂。也就在这个时候，他开始观察牛羊的行为、研究牛羊的习性。因为，一年的放牧生活让他逐渐认识到，牲畜不只是吃饱了就能活下去，要养好它们，就必须很好地了解它们、认识它们、研究它们，放牛娃要学会与牛羊沟通、对话。有一次，他放养的牦牛接二连三死去，为了向公社提供牛的死亡凭证，他不得不接连解剖尸体，并把剥下来的牛皮交给公社。也就在解剖的过程中，卢锁忠开始寻找牦牛死亡的原因。后来他发现牦牛死亡是因为胃硬化，胃硬化是因为胃里淤积过多的干草和盐碱土无法被消化，而导致干草和盐碱土无法消化的原因，又是因为这些牛平时都比较弱小，吃草时没有竞争，能够吃饱，但因水源短缺，喝水时往往因抢不到水而喝得太少。为了解决这一问题，卢锁忠在泉水流经的地方做了很多梯田状的蓄水池，保证了每个牛的饮水，也避免了牛的死亡。直到现在，卢锁忠一旦说起放牧时总结的经验，总是滔滔不绝，不论是牛羊的疾病，还是孕产；也不管是牛羊的保健，还是习性，都没有他不知道的。听他讲述放牧的故事，你会感到他根本不是一个放牛娃，而是一个动物专家，一个经验丰富的兽医。这，恰恰说明他的细心、善于观察和勤于思考。

年关到来，卢锁忠按照老房子的样式，用竹子给自家的窝棚做了个边长一米的正方形花窗。边缘图案是梅花，窗心是喜鹊踏梅。看过的人，无不叫好，他自己也非常满意。从那开始，他又喜欢上了做手工活，陆陆续续做了二胡、笛子、鸟笼等很多东西。

1984年，卢锁忠16岁，这已经是他放牧的第三个年头，他把牧场从白杨河转到青龙山一带。他突然想起堂舅曾告诉他砚瓦石来自喇嘛崖和青龙山砚瓦石咀。于是,他找到砚瓦石咀,并采到碗口大的石材5块,用背篓装了,往家走去。一路之上,石头越背越重,他瘦弱的身体最终难以支撑,只好割爱,边走边扔。等到家后,就剩两块。他找到一个善画窗花的阿姨,请她在石头上画了梅花。又趁父亲不在家,把家里废旧的马掌改造成两个长短不齐的刻刀。梅花砚终于刻好了,还卖了30元钱,这是他万万没有想到的。卢锁忠很激动、很兴奋、也很忐忑。因为,他初次刻砚就获得了经济上的回报,他也由此更加喜欢制砚,但又不知一向反对他刻砚的父亲又会做何反应?

让他没想到的是,从那以后,父亲不再阻拦他,只是说:"雕石头比种庄稼苦,庄稼地是软的,石头是硬的。"聪明的卢锁忠领会了其中的意思,他开始频繁往九外爷家跑,不辞辛苦,每天奔走在放牛与学习刻砚的路上。乔邦固看着小外孙整天既要放牛,又要学砚,心疼了,也感动了。于是,答应他停止放牧,前来跟他学习雕刻洮砚。

1985年,17岁的卢锁忠带着半卷牛毛毡,前往古路坪村,正式跟随九外爷和堂舅,走上了洮砚雕刻的学习之路(图7-1)。堂舅乔国荣使刀如笔,力可穿石,卢锁忠从他那里继承了刀法。九外爷乔邦固藏书多,看书也多。无论文人高士、才子佳人,还是文臣武将都能讲出背后的故事,并将之移入砚中。这也是九外爷让卢锁忠最为佩服的地方,尽管有时不求甚解,但依然心向往之。现在回想起来,他总会说是九外爷帮他打开了一扇透过洮砚寻求传统文化的窗户。在此期间,卢锁忠还反复勾摹,把九外爷所藏的一套《芥子园画谱》全部"装进了"自己的脑袋之中,为他

图7-1 跟九外爷学艺时的卢锁忠

日后的洮砚创作打下了很好的绘画基础。

3年时光，一晃而过。20岁的卢锁忠从九外爷和堂舅那里出了师。临走前，师傅告诉他"每方砚石都是一条命"。后来，卢锁忠曾亲眼看见在喇嘛崖第三个采石洞里，一位名叫加布的采石工被活活砸死。另一个给他卖过石头的老人因被坠石砸伤内脏而早早离世。还有一位20出头的采石女子背着砚石从悬崖上坠落而亡……眼前的一幕幕惨剧，让卢锁忠脑海中不断回响起九外爷、堂舅的那句话。他深深体会到每一块砚石的来之不易，所以，他惜石如命，从不轻易浪费，哪怕是一丁点。

1992年，香港一家企业在兰州开办洮砚公司，以一斤1元的高价大量收购喇嘛崖宋坑和水泉湾明坑的"窝子石"（当时市场价是一斤7毛钱）。在全省范围内招聘大学生做学徒。聘请刘爱军担任公司的总设计师，负责设计和绘图。同时，刚刚24岁，结婚不久的卢锁忠也受聘前往，为大学生进行了为期一年的刀法传授。

1993年上半年，25岁的卢锁忠跟随叔叔，前去西安大雁塔、小雁塔、钟鼓楼等地销售洮砚。这次西安之行，除少量出售获得现金外，大多不能变现，只好托人代销。但由于缺乏警惕，没有向代销商索要凭证和联系方式，等再次去时，已经人去店空了。无奈的叔侄只好返回，途经陇西，在火车站休息了一天。就在这天，他们闲逛时路过一家油坊。看着先进的榨油机在一阵隆隆的响声中把油作物变成清油，卢锁忠想起了老家的水磨油坊工序多、耗时长、不卫生、产量低等一系列弊端。就在那一刻，他萌生了置办榨油机的念头。当他回到家里跟父母讲起榨油机的神奇，以及他有意购买的想法时，遭到了父母的一致反对。面对家人的阻拦，卢锁忠没说什么，但心里却有着自己的主意。执着的他背着父母去信用社贷了款，雇一台拖拉机直奔陇西去了。几天后，卢锁忠拉着一台榨油机和一台粉碎机回家了。榨油机安装好了，但是反复摸索，还是不得要领。于是，又去陇西的菜籽河学习榨油技术。那是周边乡镇的第一台榨油机，起初，所有人都在观望。当卢锁忠拿自家的油籽榨出清澈的油料时，村民们的顾虑消除了。他们纷纷前来，从此，人们每天看到的，都是卢锁忠在油坊忙碌的身影。

时间久了，卢锁忠慢慢对榨油之事心生厌烦，想停下来，但又下不了决心。1995年的一天，在操作机器时发生意外，左手大拇指被夹断了。这给他身体上带来了很大的痛苦，同时，也让他理所当然地把油坊交给弟弟，从此离开了榨油机。这一年，他27岁，感觉一切都是上天注定的。

在后来的日子里，卢锁忠有一次到洮砚乡去赶集，回来的路上顺便参观了李茂棣带徒弟的洮砚工厂。当他看到别人刻砚时，不禁回想起自己的学砚经历。觉得还是做砚更适合自己，虽然挣不了大钱，但却能给他带来快乐。于是，卢锁忠又开始重操旧业，办厂授徒。又一次偶然的机会，朋友张克俊叫他去九州洮砚厂。此时已有十几个徒弟的卢锁忠并不想去，但当他听说刘爱军老师、李国琴老师、张会朝老师都将在九州洮砚厂工作时，他动摇了。因为，这三位老师各有所长，业内评价很高，若能与他们朝夕相处，则不愁技艺不进。于是，他遣散学徒，辞别家人，前往九州去了。

这已经是他和刘爱军第二次长时间相处了，但他们并没有深入交流过。在卢锁忠看来，刘爱军的作品没有什么高妙之处，无法与时下流行的镂空龙砚相提并论。可是，一次偶然的机会，彻底颠覆了他的看法。事情是这样的，刘爱军在金港城买了新房，邀请同事帮他搬家，卢锁忠这才得以目睹刘老师的精品。他说，刘老师家中的许多作品简洁大气、立意高远、韵味无穷，让他大开眼界。这次搬家，不仅让卢锁忠重新认知了刘爱军，更让他明白砚雕艺术并非龙凤、松竹那么简单。从那一刻起，他暗下决心，这辈子无论如何也要当一回刘爱军的学生，哪怕学成后作品卖不了钱也要学！

卢锁忠辞职回家了，他怀着忐忑的心情给刘爱军写了一封长信，表达他的愿望。刘爱军的回信寥寥数语，说："只要你卢锁忠来，我敞开大门！"收到回信，他怀着无比兴奋的心情、揣着洮砚艺术的梦想，直奔刘爱军自己创立的艺术研究所。在刘爱军那里，他学会了思考，开始真正表达自己，砚石从此被解放，被尊重，被一次次赋予生命，也让他对九外爷、堂舅的那句话有了更深的理解和认识。

跟刘爱军学习期间，卢锁忠和师弟李想令就住在一间小厂房里，每月只有150元的生活补助，每天8小时上课时间，每周四下午是素描和工笔课，周日休息（图7-2）。当时有很多学徒因工资少而中途离开了，卢锁忠也曾默默埋怨刘老师的"抠门"。但现在想想多亏了那

图7-2 卢锁忠的绘画作品

样，因为，他因几乎无休止的工作而打下了扎实的基础，也因无休止的工作而远离了外界的烦扰。有一次，卢锁忠从一位采石的老乡口中得知，老坑石的坑洞里出现了黄沙淤泥，估计没有石头可开采了。这一消息深深刺痛了卢锁忠，因为，他非常清楚，对于一名刻砚人，没

有好石料意味着什么。就算砸锅卖铁，他也要贮存一些上好的石料。自那以后，他逢人就打听谁家还有老坑石。当他听说丁尕村老采石工云都九家还有老坑石时，再也按捺不住激动的心情，马不停蹄地前往查看。石头块头不大，但非常漂亮。卢锁忠又一次走进了信用社，贷款把云都九家的老坑石全部买了下来。父亲对他的做法很不理解，骂他有钱不买牛羊，反而储存顽石。凭他怎样解释都不能得到老人家的宽恕，为此父子关系一度陷入僵局。

时间过得很快，卢锁忠在刘爱军那里学习期满，该出师了。但他并没有离开老师，而是申请再延长一年，并且把妻子和儿女也接到兰州。儿子刚好到了入学的年龄，卢锁忠就在兰州找到一家学校，送儿子入学。家人的团聚，免去了牵挂之苦，但也让他不得不更加卖命地工作。与此同时，他正在为创作一方以北京奥运会为主题的巨型洮砚做准备。

2003年，35岁的卢锁忠学成出师，辞别了刘爱军，带着妻子儿女来到临洮。他要在这里开始新的生活。

刚到临洮的卢锁忠，诸事不顺，砚台无人问津，孩子频发意外，夫妻时常吵架，就这样返回老家，又不甘心。一天，一位外号"石仙"的算命先生告诉他，明年6月以后他会时来运转。卢锁忠半信半疑，并没有将此话放在心上，一家人全靠房东的接济勉强度日。2004年，卢锁忠虽然没有资金，但还是多方考察，想拥有自己的洮砚店铺。最后，他与一家字画店的老板王小霞协商，二人合租该铺面，互相分担，共同赢利。王小霞占用墙上空间挂画，卢锁忠利用地面空间摆放砚台。这家店就是现在位于临洮县原文化馆门口（现在的城隍庙）的"艺砚阁"。这次合作，让卢锁忠的生意逐渐好转，他突然想到那位算命先生的话，难道真是命中注定吗？

2005年4月的一天，结拉村采石的张平海打电话给卢锁忠，说他在喇嘛崖下面的洮河里发现了一块巨型砚石。由于卢锁忠曾把打算创作巨型奥运砚的想法告诉了所有的采石工，所以，他们一旦采到巨石，都会第一时间告诉他。卢锁忠赶忙乘坐班车前往，买下了这块砚石。并动用了大量的装卸工具，将这块巨大的砚石运抵临洮。从此，开始了奥运礼品砚的设计与制作之路。这一年9月，他的洮砚作品《夜读》荣获"甘肃省第八届工艺美术百花奖制作技艺"二等奖；《乐者长寿》荣获"甘肃省第八届工艺美术百花奖创新设计"三等奖。这都给了他莫大的鼓舞。

2006年，九甸峡水利枢纽及引洮供水一期工程全面开工，眼看喇嘛崖要被淹没了，卢锁忠又一次陷入对砚石资源的思考当中。于是，他和纳儿村的老采石工都知商量，能否在喇嘛崖探寻新的矿洞。都知说他在喇嘛崖中部发现了好石层，但悬崖峭壁没法开采，就算采了也无法运输。只要有石头，其他问题难不倒爱动脑筋的卢锁忠。最后，他约同王玉明等3人一起联合贷款，利用滑轮与缆车原理向河对岸运输石料的办法，成功开采了大批砚石，为同行们探索了新的矿点。现在市场上流通的很多老坑石都是他们当时开采的，大家管它叫"新老坑石"。这一年他不仅收获了砚材，还收获了很多奖项。比如当年4月，洮砚作品《幸福》《丰收》《琴高乘鲤》荣获"第四届中国文房四宝名师名砚精品大赛"金奖。9月，《琵琶行》《夸父逐日》《刘伶醉酒》分别荣获"甘肃省第九届工艺美术百花奖创新设计"一、二、三等奖；《犀牛望月》荣获"甘肃省第九届工艺美术百花奖制作技艺"二等奖。

对于卢锁忠来讲，2008年是让他难忘的一年。首先是这年5月30日，由他主创设计，卢宏笑、薛忠明、张神童、卢高骏四人协同，历时3年零2个月的《巨龙迎奥运砚》雕刻完成，荣获甘肃省第十届工艺美术百花奖产品创新设计二等奖，了却了他向奥运献礼的心愿（图7-3）。此砚总重3吨多，长2.34米，宽1.64米，厚0.39米，砚盖直径0.94米，砚池直径为0.84米。砚体酷似中国地图，砚盖上端刻

卢锁忠

"喜迎奥运"四字，庄重肃穆。砚身通过运动员造型、祥云火炬、奥运会会旗、中国国旗、奥运会会徽、和平鸽、鸟巢、牡丹等，或巧妙组成文字，或寄托美好的祝愿，或象征吉祥的寓意。周围巨龙形态各异、栩栩如生、昂首青天、腾云驾雾，与砚体匹配浑然一体，使整个巨砚显得更为奇巧完美、绚丽壮观。其次是参加了11月在杭州举行的世界手工艺大会暨中国工艺美术大师精品博览会（图7-4）。在这次博览会上，他的洮砚作

图7-3 《巨龙迎奥运砚》

图7-4 卢锁忠在世界手工艺大会会场

品《满江红》《琵琶行》《日月争辉》《夸父逐日》等荣获大奖。中间休憩之时，还得到第十届全国人大常委会副委员长李铁映的接见。当卢锁忠一个接一个参观博物馆时，他想到洮砚至今还没有自己的博物馆，于是就萌生了组建博物馆的念头。回来以后，就去找相关部门领导商谈，最终无果。后来，他横下心来，决定自己修建。经朋友推荐，在五爱买到了一块地皮。他每天晚上都要查阅资料，开始着手设计启动自己的艺术馆。

2010年上半年，他被甘肃省文化厅选拔参加上海世博会甘肃活动周洮砚非遗传习展演。卢锁忠为世博会精心准备了一百方洮砚。展出期间，成龙作为甘肃省馆的大使和与会的传承人握手交谈，卢锁忠也没想到，一家报纸用他们的镜头为他留下了那个美好的瞬间

图7-5 卢锁忠与成龙在一起

图7-6 卢锁忠与马万荣主编的《中国洮河砚》

（图7-5）。在那一刻，他感到洮砚终于走出了甘肃，走出了中国，走向了世界。他也因此被誉为"推动洮砚发展进入高档次的特殊人才""洮砚发展史上的优秀人才"。2010年4月，中华传统工艺师推广管理办公室、全国促进传统文化发展工程工作委员会授予他"中华传统工艺大师"称号。2010年8月，洮砚作品《佛心祥云》荣获"甘肃省第十一届工艺美术百花奖创新设计"一等奖。

2011年2月，甘肃省工业和信息化委员会授予他"甘肃省工艺美术大师"称号。2011年5月，他和马万荣主编的《中国洮河砚》一书，由甘肃文化出版社正式出版（图7-6）。2012年11月，洮砚作品《新装》《达摩》分别荣获"第十四届中国工艺美术大师精品博览会"工艺美术银奖、优秀奖；《水调歌头》荣获"甘肃省第十二届工艺美术百花奖创新设计"一等奖。2013年8月，甘肃省职称改革工作办公室授予他"农牧民中级技师"称号。

2014年9月，洮砚作品《精卫填海》荣获"甘肃省第十三届工艺美术百花奖创新设计"一等奖；12月，在"第一届中国国际传统工艺技术研讨会暨博览会"上，洮砚作品《慧眼识乾坤》荣获金奖，《佛心祥云》荣获银奖。在别人眼里，这些大奖无不让人心生羡慕。但对卢锁忠来讲，2014年最让他高兴的并不是这些，而是儿子卢广成顺利考入了中央美术学院。那可是全中国最高的美术学府，多少艺术青年做梦都想步入的艺术殿堂。卢锁忠此刻只觉得儿子如此争气，没辜负他多年的心血，他从心底里高兴。但他或许还不知道，儿子决心报考美院也与他本人以及洮砚有着密切的关系。因为，生在砚家的广成从小就翻看爸爸的各种砚台书籍，看爸爸画画，但他并不真正了解砚有多少种类，各类砚之间有何差别。初中时，广成对砚的认识有了很大的提高，当他看到端砚、歙砚的生存现状和工艺之后，突然觉得洮砚太落后了，而且这种落后是全方位的。就从那时起，十几岁的广成就在思考他能为洮砚做点什么。基于这些思考，他努力学习，最终如愿以偿，考入中央美术学院并选择了动画专业。对于一个来自偏远地区的学生来讲，动画对他来说，非常陌生。但和父亲一样执着的广成还是通过努力很快进入了那个陌生的领地。现在想来，他觉得自己幸亏学了动画，从而了解了很多新颖的艺术形式。当下，广成马上要从美院毕业，他决定要将自己所学用于洮砚，卢锁忠同意并支持他。每次放假回来，父子都要到喇嘛崖走上一走，看上一看（图7-7）。

图7-7 卢锁忠与儿子卢广成在喇嘛崖前

2015年，自幼学习古筝的女儿又以优异的成绩考入西北师范大学音乐学院。这让卢锁忠又一次高兴地合不拢嘴，两个孩子都学习了艺术，并且都考上了知名的大学，作为父亲，他的内心只有激动和自豪。女儿也忘不了小时候常年在外的父亲，每次过年回来，都要给她买各种好吃的。更忘不了阳光明媚时，父亲总会给她和哥哥吹笛子，笛子是自制

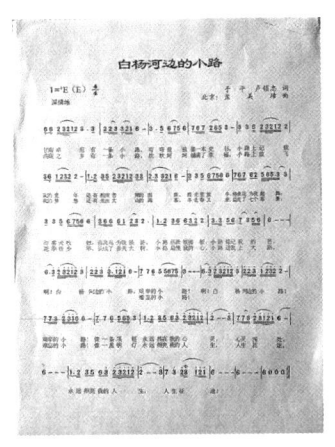

图7-8 卢锁忠与于平作词的《白杨河边的小路》

的，曲子也是自学的。她还忘不了父亲为歌颂卓尼、歌颂洮砚与人合作的一系列歌曲。她喜欢那首《白杨河边的小路》（图7-8），喜欢《洮砚乡之歌》，也喜欢《梦中的洮砚》。每当她想起这些，父亲的歌词就在耳边回响。"甘南卓尼有一条小路，弯弯曲曲像一本史书；洮砚之乡有一条小路，坎坎坷坷铺满了幸福。小路上记载着我的童年，还有酸甜苦辣的泪珠；小路上放飞我的梦想，还有走出大山的渴慕……"

儿子考美术学院与他的影响有关，女儿考音乐学院也与他的影响有关。这不能不说卢锁忠是一个艺术的全才，也是一个追逐艺术的成功者，因为儿子和女儿会带着他艺术的基因，越走越远。

从2008年开始一直到2016年10月，卢锁忠的艺术馆因为资金原因断断续续修建了8年。建成后，博物馆共3层，总面积有1200多平方米。外观和馆内设计古香古色，又不乏现代感。这是卢锁忠自己设计的又一件大作品。馆内各式各样的砚，有古有今，当然，陈列最多的还是他自己的作品（图7-9）。

有人说："卢锁忠在乔国荣那里得到了传统刀法，在乔邦固那里

图7-9 卢锁忠的私人博物馆外观和内景

学会了文化的表达，在李茂棣那里明白了厚德载物，在刘爱军那里受到了哲学的熏陶。在这些大匠手中，他像一块砚石一样被精细打磨了整整18年。"这是对卢锁忠师承关系、知识结构及其修养组成的准确描述。

正因如此，卢锁忠的洮砚作品体现着朴素、大气的特点，也有着较高的格调，没有甜俗之气。看到他的作品，我们不得不承认，他是洮砚界善于思考，敢于打破成规，勇于探索的雕刻家。若仔细分析他的作品，则可分四类：第一类是传统砚，这一类作品与其他人没什么区别，无论从图案、式样，还是雕工，都与世俗审美相吻合，也可以说是他赖以生存的一类作品；第二类是大型系列作品砚，比如他以五十六个民族为题材创作的《五十六民族砚》（图7-10），一砚一民族，除了砚面人物造型准确，动态生动自然外，还将每个民族的中英文简介与族徽一并刻于其上。看这批砚，就等于观看一幅民族的画卷，综览刻在石头上的民族史，心中不免被震动；第三类是仿生砚，卢锁忠是一位凡事都想办法的人，比如，人们对仿生砚并不陌生，但在卢锁忠的手中，他会从材料到技法全盘改进，所做仿生砚让你感觉不到石头的存在，只见他所表现的对象，并且是活生生的对象，这是很了不起的（图7-11）；第四类是创意砚，这是他作品中最为精华的部分，也是他艺术追求和创造力的集中体现。比如，他做的《慧眼

图7-10 《五十六民族砚》

图7-11 仿生《长生不老砚》

识乾坤砚》（图7-12），乍一看似乎不太起眼，但仔细品读，就会为他独具的匠心所打动。再如他的《新装砚》系列（图7-13），取材古

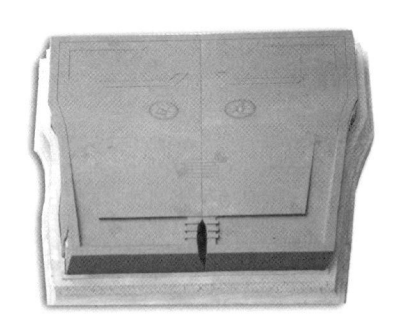

图7-12 《慧眼识乾坤砚》　　　图7-13 《新装砚》

装，造型简朴，线刻与浅雕结合，很好地传递了古代服饰的神韵。还比如他有很多"双扇门式"的作品，即砚盖往往是两扇，像门一样可以开合，这样的设计，往往会拓展砚的设计思路，收到意想不到的效果，其典型代表就是他用水泉湾鹦哥绿石创作的《猫头鹰砚》（图7-14）。总之，卢锁忠是一个懂艺术的洮砚雕刻家，看他的砚，就能明显感受到他对格调的追求、对刀味的体会、对取舍的关注、对虚实的把握、对创意的理解以及对砚文化的思索。

在中央美术学院学习的儿子很快就要回到父亲身边了，他们父子将会共同探讨洮砚，携手发展洮砚事业，

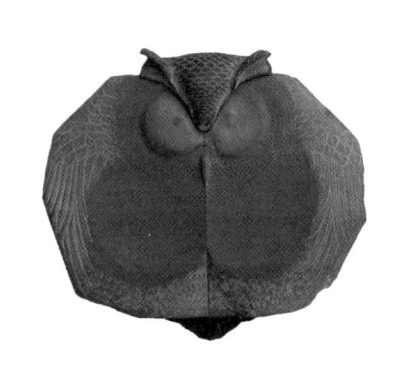

图7-14 《猫头鹰砚》

他们不在乎世人眼光，不为别的，就为洮砚，就为卢氏父子理解和希望成为那个样子的洮砚……

汪忠玉

汪忠玉[①]，男，汉族，1968年7月16日出生于甘肃省岷县维新乡武旗村台子社。祖上曾是当地望族，人才辈出，传为美谈。据汪氏族谱记载（图8-1）及族人讲述，皇清始祖汪正廷，髫年从戎，因会吴有功，效勇疆场而为百夫长，望重家邦，后卸甲归田，教子义方。曾任平凉府隆德县儒学正的汪毓秀，"不喜华器，布衣蔬食"，"上继父志，下振家声，以书田为性命，以觉后为要图，教诲不倦"，居官三载，布泽一方。后辞官归隐，并留下祖训，后辈子孙只得考取功名，不得出任做官。汪毓秀之子汪海霖，"卓有古风，性情雅正，和而不同，作述皆贤"。与堂兄弟汪作霖、汪涣霖一起考为贡生，声名藉甚一时，有"三凤齐名"之美称。汪海霖长子汪鹏

图8-1 汪氏族谱

---

① 本评传撰写中得到了汪忠玉的大力支持与配合。在此说明并表示感谢。

举自幼"奋志励学,趋庭习礼,文武同修,孝德双全",一生不失学人之节,抚侄有邓攸之风。汪鹏举之侄汪永清于宣统二年(1910)获得"恩贡执照"(图8-2),成为汪氏家族中的最后一代贡生。

在汪氏族谱中,取得功名者还有很多,他们谨遵家训,设帐授徒,薪传不坠,洮岷名士,出其门,入贡籍,食廪饩者70余人。正

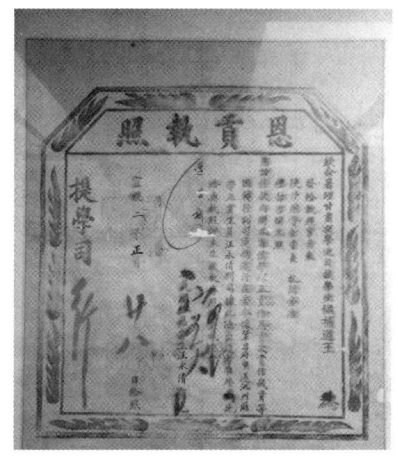

图8-2 汪永清的恩贡执照

因汪氏一族桂兰盈庭,桃李满门,书香传家,惠及乡里。故而门士感激,立碣赞誉,尊称"汪家学"。

然而,天有不测风云,同治五年,陕甘两省发生大规模回民暴动与叛乱。在这场浩劫中,汪家村堡被攻陷,汪映澈、汪洞澈兄弟殉难,家族由此逐渐衰落。

新中国成立后,汪忠玉的爷爷在武旗大队当了30多年的大队书记,现在96岁。父亲在台子队当了5年的会计,10年的队长,到1979年土地下放后一直耕田至今。

在汪忠玉儿时的记忆中,方圆数里的老百姓,凡骑马经过汪家村庄者,必下马步行。这无疑是受"文官下轿,武官下马"之说的影响,也说明汪家祖先在当地的威望。

汪氏家族虽然今非昔比,但至今犹存的祖宅、祠堂、牌楼、族谱无不为后人诉说着汪家曾经的辉煌,而祖传的优良家风更是深深地影响着每一位汪氏后人。有位长辈曾用"积善之家有余庆"来评价汪门。汪忠玉深感其中之理,并把此语作为自己的人生信条,以此标识其作为一名汪门后人的行为准则。

从小生活在老宅的汪忠玉,接触最多的是那些雕刻在木门和木窗

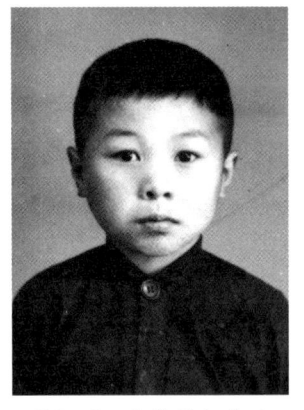

图8-3 小学的汪忠玉

上的各种画面与图案，还有那些放在抽屉里的古书。这让他在上学前就对雕刻与传统文化产生了极大的兴趣。1975年，7岁的汪忠玉进入武旗小学，开始了他的读书之路（图8-3）。三年级时，又跟随舅舅转学到堡子小学，因学习成绩优异而长期担任班长。有一次，汪忠玉在自家祖宅的地基上发现一块洮砚石，想到平日里大人们以此石制砚的情景，心中充满好奇，于是，偷偷敲下一小块，学着大人的样子做起砚台来。但手头没有工具，如何是好？他便用一根小钉子，在石上凿出一个小坑。这是他自己动手制作的第一方洮砚，也是为自己使用而做的第一方洮砚。

1981年，汪忠玉考入维新乡初级中学（图8-4）。虽然语文成绩并不理想，但数理化却一直是他的强项。现在回想起来，他后来专攻线条、比例要求精准的素砚，或许与这一时期打下的理科基础不无关系。1984年，汪忠玉进入全县最高学府岷县一中就读高中（图8-5）。学习成绩优异的他，一直向往着通过高考改变自己的人生，续写祖上治学

图8-4 初中的汪忠玉（后排右一）　　图8-5 高中时的汪忠玉（左）

育人的历史。然而，在1987年的高考中，他因0.5分之差落榜而未能如愿。在那个生活困难的年代，汪忠玉能读完高中，已经是全家人承担巨大经济压力全力支持的结果，实属不易。一切努力都在此一搏，一旦失败，再不会有复读的可能。汪忠玉心里明白这一点，所以，他怀着对自己努力无果的遗憾和坦然，带着对家人的感激与愧疚回到那片最为熟悉的土地。

虽然与大学校园失之交臂，但汪忠玉并不想因此自甘沉落。为了自己的理想和目标，也为了不给家里增加负担，他只好另求生路。

1987年，汪忠玉跟随姨夫卢海忠学习洮砚制作，从此走上了洮砚雕刻之路。家住卓尼县洮砚乡拉扎加嘛沟村的卢海忠是制砚名家包述吉的徒弟，擅长花鸟和龙凤雕刻，为人严谨认真，传授技艺毫无私心。自汪忠玉拜他为师的那天起，卢海忠就从如何选料，如何出坯开始，一丝不苟地传授着洮砚雕刻的每一个环节。勤奋好学的汪忠玉也没有辜负这位亲上加亲的师傅，他严格按照姨夫的要求认真完成每一道工序，由此打下了扎实的基本功，并很好地掌握了雕刻花鸟的技巧。在汪忠玉的记忆中，卢师傅有一种与他人不同的授徒理念，比如，每当石料用完后，卢师傅都会领着徒弟们到喇嘛崖、水泉湾、青林山开采石料，辨别石质优劣，捡别人不用的石头。他总是说："别人不用的石料我们可以用，我们可以别出心裁地做成小砚台。"每当学徒请他帮忙雕刻时，他又会说："你们要自己独立雕刻，这样才知道自己有哪些不足和欠缺，才能够更快地独立成长起来。在我这里，你不会我可以教你，甚至帮助你雕刻，但这样并不能让你的砚雕技术得到快速的长进。只有自己想办法、动脑筋，才能进步得更快，也是真正的进步。"或许是因为师傅的这些话说得太多了，汪忠玉虽然听在耳里，但并未记在心上。可接下来发生的一件事却让他深深体会到师傅反复唠叨"想办法、动脑筋"的重要性。事情的经过是这样的，那时制砚没有电钻，也没有手摇钻，雕刻工具也非常缺乏。汪忠玉在舅爷老铁匠那里加工了一套洮砚雕刻工具，其中部分铲刀需要安装木柄才能使用。他没有多想，直接拿毛巾把刀刃包住后，用力与木柄相接。谁知毛巾很快被割破，锋利的刀刃瞬间顺着右手的食指和中指，深深地扎进了他的手掌心。当时农村没有医疗条件，人们也没有看病的意识，遇到突发事件，只能按照土办法来解决。看着血流不止，手足无措的母亲只好用绳子扎住他的胳膊。最后，用完家里仅有的一包消炎粉，才算将血止住。汪忠玉像骨折病人那样，用一条布带将受伤的手臂挂在脖子上，晚上也只好坐着"睡觉"。就是这次受伤，给他留下了后遗症，直到现在右手的食指还是不太灵活，也无法和中指并拢。也是这次受伤，让他对姨夫的话有了深刻的感悟。的确，凡事皆需动脑，否则就必须付出相应的代价。

就这样，汪忠玉在卢海忠家的洮砚技艺学习仅3个月便不得不暂时停了下来。等伤口痊愈后，汪忠玉重新操刀刻砚半年。但总感到学业未完，中道而止，以致刀不能随手，手不能随心。于是，他决定把姨夫卢海忠请到家里，继续接受他的教诲。时光如梭，转眼又过半年，师傅见汪忠玉的基础已固，龙凤、花鸟雕刻也达到一定水平，便离开了汪家（图8-6、图8-7）。

图8-6　《双龙双凤砚》1989年制

图8-7　《龙砚》1990年制

1991年4月，岷县政府创办了"洮砚雕刻培训班"，聘请制砚名家刘爱军担任指导老师。由于文化程度较高，加之洮砚雕刻水平出众，汪忠玉被推选为堡子乡十人小组长。但这毕竟是较高层次的培训，即便是已经有较好基础的他，刚开始仍然不得要领。记得有一次，刘爱军老师让汪忠

汪忠玉

玉磨出一方6寸的长方形砚坯，任凭他怎么操作，都难以达到标准。最后，在刘老师的严格要求与耐心指导下，他用去整整3天时间才磨出所需的砚坯（图8-8）。

如果说，卢海忠的教导，使汪忠玉走出高考失利的阴影，一步步走近洮砚，成为一名有志于洮砚雕刻的民间艺术青年的话。这次县级培训，则让他成为一位人物花草，鸟兽虫鱼，亭台楼阁；浅刻、浮雕全面掌握的洮砚雕刻师。

图8-8 汪忠玉（后中）在岷县洮砚培训时与刘爱军（前中）合影

1991年7月，"洮砚雕刻培训班"结束，岷县政府在培训班的基础上创办了"洮砚厂"，并决定在本期培训班中选拔优秀学员留厂录用。因在培训班里的优异表现，汪忠玉被优先选留了下来。能在县洮砚厂工作，是汪忠玉之前没想到的。从那一刻起，他隐约意识到他的人生可能会发生变化，他走出山村的愿望也应该会有些许希望。

在县洮砚厂的日子里，汪忠玉更加勤奋，更加努力。闲暇之余，他常常去书店读书，去画廊看画。一次偶然的机会，汪忠玉认识了誉满岷州的刘光裕。刘老师1940年出生于岷县，一生从事文学艺术创作，不仅是远近有名的诗人、画家和文化学者，还是中国手指画研究会理事、中华诗词学会会员。在当时汪忠玉的心目中，刘光裕是一个带有很多光环的名字，能与他相识也算是一种幸运。可在后来的交往中，他发现刘老师淳朴、善良，与自己之前想象中的"大名人"相去甚远。由于刘光裕老师喜好洮砚，所以，汪忠玉便成了他家的常客。现如今，提起刘光裕老师的家，汪忠玉仍能清晰地回忆起摆放在客厅的那张旧皮沙发，还有那个不明材料的茶几。当然，给他印象最为深刻的还是满墙的字画，以及刘老师书房写字台上的那方洮砚。刘老师经常说"千金易得，一砚难求"，所以，他对这方砚爱护有加，同时，家中还藏有上等石料，等待着合适的雕琢之人。有一天，刘光裕老师从床底搬出一块上好的老坑石，付厚酬请汪忠玉以"荷塘蛙声"为题雕刻一方洮砚。刘老师之请，汪忠玉自然不能拒绝，但面对一块上等的好料，他如何做才能不辱使命？在接下来的两个多月里，汪忠玉吃不好睡不稳，不知从何下手。因为，他心里明白，书本上的荷花他见过很多，但却从没近距离观赏研究过现实中的荷花。而对于一个连真荷花都没见过的人来讲，要把荷花雕刻得栩栩如生绝非易事。想到此，汪忠玉怀着忐忑的心向刘光裕老师如实诉说了自己的难处。谁知刘老师不但没有不悦的意思，反而为他的坦诚与负责所感动。于是，刘老师带着汪忠玉去野外观看各种花草树木的长势、经络，还有各种动物的生活习性。然后对他说："大自然很奇特，花鸟鱼虫看似各不相同，可是他们中间却有很大的联系。比如植物，随风飘动的姿态就像跳舞一样。它们的根、茎、叶、花都是在同生共死，叶子都有纹路，茎都有枝干，花都有含苞欲放、开花、败落、结果的过程。与人一样，相貌不同，却都是人。"这些话让汪忠玉茅塞顿开。一个月后，当他把一方《荷塘蛙声砚》交给刘光裕时，老人爱不释手，为自己珍藏多年的绿石遇到良工而欣慰。而汪忠玉也为自己得到刘老师的信任与提点而庆幸。

受刘光裕老师的影响，月收入一百元的汪忠玉省吃俭用，花去整整一年的积蓄购得一部凤凰牌照相机（图8-9）。这在当时人们看来是不可思议的，但汪忠玉坚定地认为世间万物没有永恒，但它们都是

图8-9 汪忠玉的凤凰牌照相机

美的代言者。作为一名雕刻师，如果不能把它们的美存留在脑海里，怎能进步？与此同时，汪忠玉也知道自己并没有过目不忘的能力，也不可能把自然之美全部储存在脑中。所以，他只好借助相机，了解、认识、研究大自然中能移于砚中的形象。久而久之，他手中的刻刀便能轻松游走在自然物象与砚中意象之间，自如地表达出自己的心绪。2015年12月，惊闻刘光裕老师离世，汪忠玉陷入深深的痛苦之中，并把他们之间的友谊永远珍藏在心底。

20世纪90年代初，随着洮砚市场的开拓，洮砚石料大量被开采。洮砚界有眼光的人都意识到及时储存砚石的紧迫性，汪忠玉也不例外。1993年，他离开县洮砚厂，回到家中，一边雕刻、销售洮砚，一边带徒传授制砚方法，一边收购石料。但凡谁家有上好的石料，必定亲自前去购买。就这样，几年下来，汪忠玉买回砚料无数，其中上好石料被他藏于家中的地穴之内。

1991年前后，刘爱军在组建《千龙戏海砚》的制作团队时，想到了汪忠玉，并给他分配了雕刻砚盖的任务，直径约六七十厘米。多人同制一砚，既要各显所长，更要风格统一。对于汪忠玉来讲，这是一个新的课题，也是对他的一次考验。因为与刘爱军老师生动准确、活灵活现的雕刻技巧相比，他的手艺仍然存在呆板、僵硬、缺乏生机等问题，何况，由他雕刻的砚盖是一方砚的焦点。想到这些，他感到一种前所未有的压力。于是，他与刘老师反复沟通、虚心请教，并在闲暇之余学习木雕，增进对雕刻的认识和理解。

百龙砚盖的雕刻终于完成了，看着一百条龙各具姿态、安排合理、自然生动，汪忠玉松了一口气。他感到这次参与制砚，对他又是一个很大的提升，他虽然没有辜负刘老师的期望，但在刘爱军身上，还有很多东西需要他来学习。

2001年，汪忠玉前往兰州，正式进入"刘爱军洮砚艺术品研究所"研习洮砚。这次的兰州之行，不仅加深了他和师父刘爱军的感情，而且跟其他师兄弟如卢锁忠、李想令、何华林、卢宏伟等的交往也日渐深厚了起来。在研究所的日子里，刘老师对他们要求非常严格。比如，汪忠玉等人已经具备一定的雕刻技巧，但刘老师还是让他们从基本功开始学起。不论是细节处理的不当，还是整体设计的欠佳；无论是造型的不准确，还是线条的不妥，刘老师都会让他们毁掉之后重新再来。在这种情况下，一方之前很快就能完工出售的小砚，现在却需要修改五六次，耗时一个多月才能完工。更要命的是，一方马上就要完成的砚，也往往因一个小小的瑕疵而被推倒重来。这种前功尽弃带来的打击与沮丧最为难受。汪忠玉当时对老师的做法很不理解。有一天，刘老师拿来一方在老坑石上雕有二龙戏珠的成品砚，教他如何重新设计，如何修改。按照刘老师的设计和指导，汪忠玉完美的将一方二龙戏珠砚改成菊花砚。栩栩如生的菊花与原来的二龙戏珠截然不同，根本看不出是那方砚修改过来的。汪忠玉这才感觉到刘老师平时严格要求的良苦用心，也明白了一件作品不仅是用来赚钱的，更是体现自己艺术水平和洮砚故事的。除了严格的雕刻基本功训练外，每周日的下午都是素描课，他们从临摹开始，一步步进入到石膏像的写生。在老师的指导下，明白了光线、线条、体积、空间等绘画问题。另外，刘老师在聊天中给他们传授的知识也有很多很多。这段学习使汪忠玉在人物、花鸟、山水雕刻和图案设计等方面打下了坚实的基础。现如今离开师父刘爱军已有十几个年头了，但师父当年的教诲却一直存在汪忠玉的脑海中。他经常说："如果说前几年雕刻的洮砚是用的巧技，那么在恩师身边学习了两年之后就是巧技加功力了。"所以，提起刘爱军，汪忠玉的心里总是尊敬的、虔诚的。

2002年7月1日夜晚，一场突如其来的大雨不偏不倚，漫过了汪忠玉的家，致使他多年积攒的一切如洮砚作品、设计图纸、珍贵照片、图书资料等全部被冲毁，就连他埋于地下的洮砚石也所剩无几。对于刚刚34岁的汪忠玉来说，这无异于一场噩梦，但自然灾害并不以人的意志为转移，谁又能抗拒呢？何况大雨只从他家漫过，他又能如何？那时的汪忠玉真是叫天天不应，叫地地不灵。

2005年，他举家搬到岷县县城，先在赵成德的洮砚厂雕刻洮砚半年。之后便创办了"翠云轩洮砚工作室"。在很短的时间里，汪忠玉就以自己独特的创意与扎实的雕刻技巧进入人们的视野，很多岷县藏家都喜爱他的作品，每收藏一方砚，必让他刻上"汪忠玉制"四个大字。作品被不断收藏，一方面给予汪忠玉经济上的回报与精神上的鼓励，另一方面也让他感到与时俱进、不断创新的重要性。于是，他开始大量翻阅古籍、砚谱及相关资料，通过与古今圣贤对话提高自己。就在这一年，洮砚作品《嫦娥奔月》《芭蕉仕女》分别荣获"甘肃第八届工艺美术百花奖"优秀奖、制作技艺二等奖。他自己也被甘肃省工艺美术协会授予"甘肃工艺美术三级大师称号"。

2006年，他排除一切干扰，潜心制砚三个月，创作了他的代表作《女娲补天砚》，用于参加"第四届中国文房四宝名师名砚精品大赛"。此砚依据砚石天然形状及纹理特征，巧妙利用黄膘与绿波，很好地表现了女娲补天时动人心魄的情景，也完美结合了当今社会保护环境，爱护家园的主旨。砚中女娲形象丰满敦实，雕刻手法细腻朴实，寓拙于巧，是一方让汪忠玉引以为傲的作品（图8-10）。同年，作品《林黛玉砚》荣获"甘肃省第九届工艺美术百花奖"制作技艺三等奖；作品《喜梅砚》和《孔子游学砚》荣获"甘肃省第九届工艺美术百花奖"创新设计三等奖；作品《女娲补天砚》《楚汉争霸砚》《宝琴踏雪立梅砚》分别荣获中国文房

图8-10 《女娲补天砚》

四宝协会举办的"第四届中国文房四宝名师名砚精品大赛"金奖、银奖。在这次文房四宝名师名砚精品大赛上，汪忠玉不仅亲眼目睹了大量端砚、歙砚精品，还有幸得到端砚大师刘寅良和歙砚大师胡中泰的指点。这让他对制砚的理解和认识更进一步，并在之后的两年里，潜心研究学习端砚、歙砚的雕刻技法，力求与洮砚融会贯通，集众家之所长，为己所用。

临洮是一块适合洮砚发展的沃土，很多卓尼、岷县的洮砚雕刻师都在这里购置楼房，安家落户。在他们看来，临洮有着较好的洮砚市场，更重要的是，同行之间可以相互切磋技艺，共谋洮砚发展之事。2009年，汪忠玉也在临洮购置房产，开始了在制砚名家汇集之地的新生活。环境的改变将汪忠玉推向一个更大的舞台，他开始加倍努力，重新思考洮砚的继承与发展问题。在他看来，要真正继承洮砚，就必须研究洮砚；要研究洮砚，就必须研究洮砚的发展历史；要研究洮砚的发展历史，就必须研究洮砚的造型发展历史。在这一认识下，从2010年起，他开始在实践之余，从理论上认真研究传统砚。由于古代洮砚实物较少，汪忠玉便扩大了研究范围，在广泛涉猎传统砚文化的基础上认知洮砚。他首先从新石器时代出现的研磨器等考古实物资料入手，参考相关研究成果，对每个时期砚台的种类与器型进行对照分析，久而久之，他的脑海中逐渐勾勒出了砚台造型发展的轮廓，并感到洮砚造型的发展与整个砚文化的发展是同步的。可以说，每一个结论的得出、每一个新知识的获得，都会让汪忠玉兴奋不已，也正是这一点促使他对砚的理论研究乐此不疲。就这样，他对砚的认知不断走向深入，在多方面有着比别人更多的知识和理解。比如，在传统经典砚式方面，他认为，"不同时期的砚式，大都展示着特定的时代风格。先秦古砚多就地取材，纯正自然；汉砚或方或圆，简谱浑厚；两晋南北朝出现凤字砚；唐代盛行箕形砚，典雅豪放；由于宋代统治者对书画的嗜好，所以宋砚的款式几乎达到中国古砚的巅峰,抄手砚、蝉形砚、太史砚等风靡于世;元、明、清的兰亭砚、蓬莱砚、古琴砚、古钟砚有集前代之大成之势,富丽繁荣"。再比如,在砚形与砚式方面,他认为"中国古砚最基本的形态,无非长方形、正方形、圆形、椭圆形、八棱形、随形等数种,而在这些形态上添入长、宽、高不同比例及砚堂、砚池,再加之一些创变,遂成各具特色的诸种砚式"。还比如,在砚的功能方面,他认为"砚是磨墨写字的文房用具,而不是象牙雕、玉雕等纯粹的观赏品。所以,要以它的实用性价值为主导,集观赏、把玩、收藏、实用为一体,不要失去本来面目"。就这样,在长期与古人神会的过程中,汪忠玉改变了原来雕龙刻凤的繁复创作模式,逐渐向简洁素雅的仿古素砚靠拢。从选料、造型、开膛到雕刻、打磨,每一道工序他都精益求精,因材施艺,绝不轻易浪费一块原料。用他的话讲就是"要对得起每块砚石,因为它是不可再生资源"。

随着理论研究的深入,他的创作也取得了骄人的成绩。2010年,作品《李白诗意砚》《女娲补天砚》分别荣获"甘肃省第十一届工艺美术百花奖"创作创新二等奖、三等奖,他本人也被全国促进传统文化发展工程工作委员会授予"中华传统工艺大师"称号;2011年,被甘肃省工业和信息化委员会授予"甘肃省工艺美术大师"荣誉称号,同年又被"亚太地区手工艺大师""中国工艺美术大师"黎铿先生纳入门下(图8-11)。2012年,作品《仿古龙纹砚》在"第十四届中国(国家级)工艺美术大师精品博览会"中荣获中国工艺美术创新艺术金奖(图8-12)。

图8-11 汪忠玉和黎铿

图8-12 《仿古龙纹砚》

图8-13 《将相和砚》

正当汪忠玉的洮砚制作与研究渐入佳境的时候，2013年7月22日上午7时45分，甘肃定西发生6.6级地震，距离震中只有17千米的岷县是重灾区。这对刚刚在临洮安稳下来的汪忠玉来说，是继上次水灾之后的又一次噩耗。震灾过后，坚强的父老乡亲们在整理残垣断壁的同时，维持着平凡的生活，汪忠玉也强忍着悲痛，继续在临洮雕刻洮砚。2014年，作品《将相和砚》（图8-13）、《六艺组合砚》在"第一届中国国际传统工艺技术研讨会暨博览会"中荣获金奖、银奖。2015年，在政府的关怀和支持下，岷县、漳县震灾后重建移民异地安置工作开始实施。汪忠玉又跟随乡亲们从岷县老家迁移至白银市靖远县北湾镇富坪村（图8-14、图8-15）。因自然灾害被迫远离故土，是每一位受害者不愿看到的。所以，在移民到靖远的一年里，汪忠玉久久不能从远离故土的悲伤中走出来。好在靖远县政府得知他是甘肃省工艺美术大师后，对他格外关切，特在靖远县乌兰镇浙江商贸城电子商务产业园给了

图8-14 汪忠玉岷县老家（地震前）

图8-15 汪忠玉靖远县北湾镇富坪村新家

他一间工作室。政府的关心，让他感到了温暖。为了抚慰内心的悲痛，他只好把全部心思放在洮砚的研究与制作上。

现在的汪忠玉，经常奔走于临洮与靖远之间，通过自己的行动，让更多的人了解洮砚，自觉践行着洮砚传承、发展的使命。每当提及洮砚的未来，他总是非常兴奋地说洮砚是其一生热爱之物，不仅在年少时养活一家老小，而且让自己名利双收，所以，在洮砚的传承中他理应鞠躬尽瘁。

汪忠玉是洮砚界的文化人，出于对洮砚的热爱与责任，他在长期的研究与实践中养成了一种习惯，那就是每制一砚，必有一记。也就说，凡是自认为水平上乘的、构思精巧的、内涵深刻的砚作，都要为之写一则成砚记，以此记录一方砚生成过程中的所思所想。2012年7月，《21世纪中华传统文化》杂志第3期曾发表汪忠玉的《翠云轩砚事锁札》（图8—16），选取他对三方砚生成的记述。

图8—16 汪忠玉发表的《翠云轩砚事锁札》

其中《"砚中砚"成砚记》谈到洮河双砚制式兴起原因，蝙蝠云纹的寓意，如何避免"砚中砚"在砚盒中的摇晃与磕碰等问题。文章认为：

> 传统经典砚式，各个时代因受其时代的审美影响，造型丰富，或简洁大方，或淳朴厚重，大多追求其方正实用，造型也有一定的规律可寻，无不令人叹为观止。然而如何在继承传统的基础上有所创新，并且不失其实用和审美功能，则成了现代制砚人无法绕开的课题。

在《"太白诗意砚"成砚记》中，汪忠玉说：

圣人云四十不惑，在砚坛摸爬滚打这么多年，已过40的我，近年来却越来越容易在沉思中迷惘，路该如何走，砚究竟是什么……也越来越多的关注传统经典砚式，无论汉朝的石渠砚，唐代的箕形砚，辟雍砚，宋朝的蝉形砚，太史砚，抄手砚，明清的兰亭砚，蓬莱砚，古琴古钟砚，凤字砚，观之均令我神往。进而不能自已地沉浸在与古人神会的状态中，也使我不得不改变固有的创作模式。古砚的简洁凝练让我深有感触，"舍"是很难的，却也是幸福的。在与古人的对话中，自己也少了几许浮躁，几许不安，多了些沉静与淡泊。

在他的笔记中，还有这样一段话：

我曾想，从普遍意义言之，研究学习传统砚是"独乐无穷"，而制成一方素砚公之于众，则是"众乐无穷"之为。更有进者，若能在传统砚的制作过程中揭示古砚所蕴含的艺术、文学、美学、哲学等在内的历史文化蕴蓄，岂非是远超乎"众乐无穷"之上的弘扬民族文化的学术贡献？吾制砚初衷亦莫外乎此。然用心虽诚，无奈见解、学识、雕功有限，难尽善尽美也！

汪忠玉以雕刻古砚著称，他也记不清在他的刀下究竟雕刻过多少方古砚，也没有统计过在他的笔下究竟书写过多少则成砚记。但在他的心里，永远珍藏着三句话：第一句话是"与古人对话、神会，净化自我"，多少年来，他一直奉行这一点，在古砚研究中沉淀自己，以求宁静；第二句话是"小砚贵在精工细作，方可耐玩"，观汪忠玉的素砚，其小而精的特点非常明显，其中透露的含蓄、内敛之美也甚

汪忠玉

是精妙；第三句话是"三分刻，七分磨"，这是他制作素砚的基本准则，在他看来，磨，一方面是增加作者与砚的沟通，另一方面则是加强砚的人文气息（图8－17、图8－18）。

图8－17 簸箕砚　　　　图8－18 抄手砚

活在当下，而又与古为徒的汪忠玉，喜欢在午后的阳光下，泡上一杯浓茶，享受一人一砚的生活（图8－19）。他慢慢地，一刀刀地雕刻；静静地，一点点地打磨。看着一方方古砚在自己手中诞生，想着古人，竟不知是古人在雕刻后人，还是后人在雕刻古人；也难以区分是自己在打磨石头，还是石头在打磨自己。每当此刻，他只能说他喜欢洮砚，喜欢雕刻洮砚的感觉，喜欢打磨洮砚的生活……

图8－19 汪忠玉制砚

洪绪龙

洪绪龙[①]，藏族，1968年出生在临潭县陈旗乡唐旗村（图9－1）。那里青山绿水，景色优美，尤其是每年桃花盛开的季节，总能把这个小村落装点得更加迷人，更加静谧。在洪绪龙的心目中，唐旗村就是世外桃源，再也没有比它更美的地方。父亲洪耀辉，是一名军人，因剿匪有功，复员后被任命为县级干部。有一年，洮河上游大坝突然决堤，突如其来的洪水将家中的房屋全部冲垮。从此，父亲决定辞去公职，拜师学艺。心灵手巧的他，很快就成为方圆有名的大能人，但凡村里画棺材、画庙宇、画戏台、画箱子、画柜子都离不开他。尤其是每年正月唱大戏，他都是当之无愧的总导演、好演员，就连那些戏衣、戏帽，都需要在他的主持下才能完成。在那个文化娱乐

图9－1　2008年九甸峡移民工程拆迁中的唐旗村全景

---

① 本评传撰写中得到了洪绪龙的大力支持与配合。在此说明并表示感谢。

生活极其贫乏的年代，多才多艺的洪耀辉不仅是唐旗村的名人，也是周边各村人们眼中的名人。所以，他的足迹遍布临潭与卓尼，凡是去过的地方，都会有他的熟人。有一年正月，洪耀辉应邀为洮砚乡峡地村排戏，就在那时，他认识了当时同样有名的李茂棣，并建立了深厚的友谊。受李茂棣的影响，洪耀辉也在闲暇时拿朋友相送的砚石进行雕刻。父亲的影响，在洪绪龙幼小的心灵埋下了一颗艺术的种子。每当父亲作画时，洪绪龙总是守在跟前，目不转睛，非常专注。见儿子对画画如此喜爱，以此为业的父亲自然不会置之不理，他开始引导洪绪龙，让他拿着画笔进行尝试。

1976年，8岁的洪绪龙进入唐旗村小学读书，以语文和美术成绩最为优秀。每当周末和寒暑假，他都要跟着父亲走乡串户，给人彩绘建筑和家具。当然，那时他还小，父亲只能让他帮忙干一些填涂颜色的小活，即便如此，洪绪龙心里别提有多高兴了。每年所得的压岁钱，洪绪龙都拿来买了连环画，几年下来，光连环画本就装了满满一箱子。在他的记忆中，岳家将、杨家将、三国演义、隋唐演义等武将画本他应有尽有。而这些连环画也正是他乐此不疲的绘画临本。由于洪绪龙体现出较高的绘画天赋，从10岁那年起，父亲便有意辅导他。对那时的洪绪龙而言，最为幸福的事莫过于画画。应该说，凡是可以用来画画的地方都有他留下的笔迹，凡是可以贴画的墙面都有他的作品。

18岁那年，奶奶过世，姐姐嫁人，两个弟弟读书，父亲长期在外，家里突然没有了人手。父亲决定让正在高中就读的洪绪龙辍学回家，学习一门手艺。因为，在当时的卓尼农村，流传一句"荒年饿不死手艺人"的话，各种手艺人都会养家糊口、受人尊重。作为家里的长子，洪绪龙只好听从父亲的安排。兴趣所致，他选择了洮砚雕刻。由于李茂棣与父亲关系非常要好，两人经常在一起探讨美术、雕刻上的问题。而每当此时，用心的洪绪龙总是凑在跟前，听个究竟。久而久之，他学到不少与洮砚相关的知识，如遇到父亲不能解答的问题，他还会时不时跑到李茂棣家里请教。就这样，一年下来，洪绪龙在雕刻人物、龙凤、山水等方面都有了不小的进步。19岁那年，他第一次亲眼目睹了李茂棣老师制作洮砚的全过程。看着一块不规则的石料在老师手中变戏法似地成为一件精美的艺术品，洪绪龙心中充满的不仅仅是好奇和佩服，更是学好洮砚雕刻的决心。他无法抑制内心的激动，接二连三，又问了李老师一大堆问题。爱才的李茂棣见洪绪龙如此好学，便对他说："洮砚是我国的非物质文化，四大名砚之一，几千年传承下来的一门学问、一项技术，所以我们每一辈人都有着传承下去的责任和义务。"这句话深深触动了这位热血少年，在那一刻，他甚至认为自己仿佛就是为传承洮砚而生的，而李茂棣则是上天恩赐于他的指导老师，他立志将来一定要做一名合格的洮砚传承人。

1988年，20岁的洪绪龙正式拜李茂棣为师，把所有的心思都放在学习美术和洮砚制作上。在此期间，洪绪龙不仅在李老师的耐心讲解下辨识砚材、获得更多的新知，而且不断琢磨新的雕刻方法，凡是经过他手的每一方砚台，他都会精心制作，力求完美。在短短半年多时间里，就取得了很大的进步。有一次，临洮一位姓潘的老板看中并买走了他的一方佛像龙砚，这无疑是对他洮砚雕刻水平的一种肯定，他也因此倍受鼓舞。洪绪龙想起他跟李茂棣学习的日子，更多的是对师傅的感激以及对那段时光的怀念。他说，他虽然正式拜师时间不长，但与李老师的交往时间也不算短，他没有辜负老师的期望。

1990年，22岁的洪绪龙招收了第一位徒弟，名叫呼达，是卡古村人，家离砚石产地不足十里，祖辈都以采石为生。当时的洪绪龙已经在洮砚界崭露头角，手中刻过数不清的洮河石，但却没有真正体会开采砚石的艰辛。呼达的到来，给了他一个采石的契机。那是他第一次来到水泉湾（图9-2）。表面平静的大流沙暗藏凶险，一不小心就会滑倒。快到半山腰时又要向右边的悬崖拐去，悬崖上的路是用铁锤钢钎敲出来的脚窝，需手脚并用往上攀爬。攀爬时，切莫回头，以免恐高眩晕，失足丧命。那时的水泉湾石料都是外层料，还没有形成洞口，采出的石料石质细腻，色泽有点发白。若开采石料较多，采石者一般会从崖边砍伐树梢，把采好的石料裹挟其中，捆绑严实后从悬崖上滚落到山下的路上。如果采的石料少，则用编织的铁框往下背。背石头是一件特别危险的事，每人负重不能超过50斤，而且要

图9-2 水泉湾采石点

两手爬崖，一步一个脚印倒退着原路返回。当洪绪龙身背30斤石料，双腿不停颤抖，心惊胆战地行走在悬崖上时，他真正体会到每一块砚石的来之不易，也从内心深处敬佩每一位为他们开采原材料的人，他们采石、运石、背石的智慧和顽强的精神让他终生难忘。

这次采石的经历，使洪绪龙更加深刻地认识到洮砚石材的珍贵与难得，也让他又一次想起了师傅的那句话——"传承洮砚是我们每个人的责任和义务"。于是，他便筹资在村里办起了洮砚加工厂，广招学徒，传授技艺。周边村落的年轻人纷纷而来，一开始就有石门村10人，唐旗村15人报名学习。在接下来的岁月里，洪绪龙先后培训学徒80余人，其中近50人已成为出色的洮砚艺人。自认为最得意的门徒有何华林、洪绪虎、洪罗强、唐如同、卢月庭、何会安、王宏等人。尤其是何华林现在已经是甘肃省美术工艺大师、高级工艺师。洪绪龙秉承师傅教诲，通过自己的行动让越来越多的人了解洮砚，喜欢洮砚，传承洮砚，从而为洮砚这一非物质文化遗产做出自己应有的贡献。

1993年，洪绪龙前往西北师范大学"洮砚艺术商社"学习深造，

与他一起参加学习的还有王玉明、张克红、向燕青、马义平、李芳平、杜树芳、张志文、刘保成等人。"洮砚艺术商社"为他们安排了美术老师指导绘画、设计砚稿，这给了他多方面的启发和帮助。闲暇时，洪绪龙也会去当时规模较大的"姚氏艺术品有限公司"会见朋友，参观学习。让他难忘的是，当时的姚氏公司整体雕刻水平很高，尤其是人物、仕女砚独具特色，洪绪龙说他后来仕女砚的进步也与姚氏公司参观的启发有一定关系。

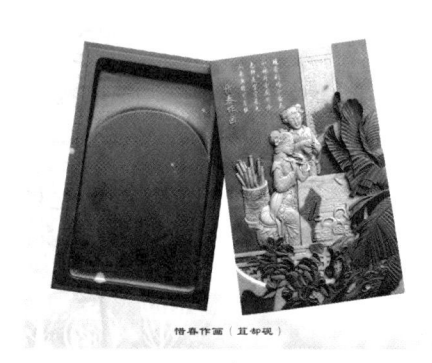

图9-3 洪绪龙的贺兰砚作品《惜春作画》

西北师范大学的学习，不仅开阔了洪绪龙的视野，而且使其砚雕技术大为精进，从此，他在砚界的知名度也不断提高。1999—2004年，曾被宁夏贺兰砚厂聘请担任技术指导，主要负责贺兰砚雕刻和彩石的设计利用（图9-3）。2005—2008年又受河南三门峡虢州砚厂之邀，前往负责虢州砚的制作和技艺传授。

正当洪绪龙的砚雕事业蒸蒸日上的时候，一场规模浩大的移民工程轰轰烈烈地展开了。为了九甸峡水利枢纽引洮工程，洪绪龙和他的乡亲们都必须举家搬迁到千里之外的瓜州县。相关资料表明，九甸峡水利枢纽库区移民是甘肃历史上最大规模的非自愿移民，涉及人数多、地域广。祖祖辈辈生活在这片土地的人们，谁也不忍远离故土。对于洪绪龙来说，他面临的不光是离开家乡，更重要的是远去酒泉，就意味着远离了洮砚，或许他的生存之道将会发生很大的变化。每想起此事，他的心里总是五味杂陈。有人说在这次移民工程中，九甸峡库区的人们"舍小家为大家，梦的尽头，写着一个个无尽的奉献"。的确如此，尽管有诸多不舍，但最终他们还是搬迁了。洪绪龙清晰记得搬迁的当晚,所有的亲戚朋友都来跟他们道别。虽然每个人都强装坚强,但谁也无法控制眼中的泪花。亲人们一边帮助收拾东西,一边嘱咐去了外地凡事都要小心,说着说着,便是一阵痛哭。大家好像有说不完的话,但又不知道从何说起,话到嘴边又憋了回去,整个晚上都沉浸在巨大的悲伤当中。他说人生最大的痛苦莫过于亲友离别,从此天各一方,下次相见不知何月何年。

搬到瓜州的每一个人,都尽力地平抚着自己的心情,适应着新的环境,洪绪龙也不例外。他们开始砌墙,打地坪,买家具,重建家园(图9—4)。按每人3亩地的标准,洪家一共分得15亩地。这里的所有土地都是铲车推平的一望无际的沙漠,需要水灌溉和施肥改良,适合种植棉花,枸杞和玉米,在很多方面跟老家完全不同。2009年,广至乡国翔洮砚开发公司聘请洪绪龙担任厂长,招收学徒,在瓜州感受着家乡的"温暖"(图9—5)。但经过一年的实践,洪绪龙感到那里气

图9—4 新搬迁的瓜州县广至藏族乡洪绪龙家

图9—5 广至乡国翔洮砚开发公司旧址

候炎热,风沙大,以农业发展为主,大部分人并不了解洮砚。这对于一个以洮砚为生、追求雕刻艺术的人来说,是非常苦恼的。于是,经过一番深思熟虑之后,他携同亲人于2010年返回家乡,在卓尼县城定居了下来。

屈指算来,洪绪龙定居卓尼也已整整7个年头了,在这7年里,他潜心刻砚,以艺会友。有3个人与他感情甚笃,最值一提。一位是诗

人李德全，一位是商人牛玉合，另一位是画家郝平（图9-6）。李德全先生原是一名高中语文教师，以诗赋著称，曾出版个人文学作品《生命如歌》与《岁月如诗》。他又是一位心系故土，为洮砚鼓吹呐喊的有识之士，曾在甘南州文联《格桑花》杂志上撰文宣传洮砚传人，出版专著《话说洮砚》。洪绪龙从心底里尊敬李德全。这不仅是因为他们都爱喝酒，更重要的是每次酒酣之时，他们总会畅谈人生、诗词歌赋、洮砚艺术。他认为李德全对洮砚文化不仅有研究，而且有继承和担当。牛玉合是洪绪龙在卓尼认识的第一个好友，他经营着自己的洮砚公司和店铺。在洪绪龙看来，牛玉合热爱洮砚，痴迷于洮砚，对洮砚文化有着深刻的理解，对洮砚的鉴定和雕刻有着很高的要求，不仅是洮砚的经营者，也是洮砚的收藏者。当然，牛玉合也是洪绪龙作品的欣赏者、经营者和收藏者。两人相聚频繁，但凡有关洮砚的制作、技艺、审美、市场、价值等都是他们谈论的话题。他们一致认为，目前砚台的使用价值虽然不高，但千百年来，砚文化所包含的人文情怀、思想内涵、工匠精神、审美取向和历史印痕，都是砚文化不断向前发展的有力支撑。2017年6月，洪绪龙和牛玉合参加了甘肃省"丝路记忆"非物质文化遗产在敦煌的宣传展示活动，让更多人对洮砚有了新的认识和深入的了解（图9-7）。郝平，是卓尼县的一位高中美术老师。在洪绪龙眼中，他的每一幅画都极其好看，是一名非常优秀的画家，经常在洮砚设计方面给他很大的帮助。人生得几位知己足矣，洪绪龙也非常享受与三位朋友饮酒作诗，谈笑风生，寻求创作灵感的日子。

图9-6 洪绪龙（左一）与郝平（左二）、李德全（左三）、牛玉合（左四）

2010年6月，鉴于他在制砚工艺领域的突出成就，全国促进传统文化发展工程委员会授予他"中华传统工艺大师"称号。2011年2月，甘肃省工业和信息化委员会授予他"甘肃省工艺美术大师"称号。2011年5—10月，

图9-7 "丝路记忆"非物质文化遗产宣传展示活动合影（后排从左向右第五为洪绪龙，第七为牛玉合）

由中国工艺美术协会、中国工艺美术研究院主办的"2011年砚雕艺术高级研修班"在苏州工艺美术学院开班。来自全国的工艺美术大师，包括中国工艺美术协会领导50多人报到参加，洪绪龙就在其中。本次学习的安排是先在宁夏银川报到后，进行为期3天的参观考察（图9-8），最后再去苏州学习。在这次考察中，洪绪龙参观了银川市贺兰砚博物馆、展览馆。展馆规模很大，青一色的古建筑里分布着各式各样的文房四宝专卖店、古玩字画专卖店，以及砚雕大师的工作室。还有专卖字画的步行街与专卖贺兰砚、旅

图9-8 洪绪龙在宁夏考察贺兰山岩画

游业产品的市场。眼前的这一切无不让洪绪龙心酸，他想到家乡的洮砚，作为四大名砚之一，没有得到应有的关注和支持，没能形成一定的规模，也没有搭建起良好的发展平台，心中不免萌生一股怨气和无耐。在苏州学习期间，开设的课程主要有工笔画、雕塑、雕刻理论等，除了听老师讲解之外，学员之间的相互交流也成为他们切磋技艺、互通有无、共同进步的主要途径。

洪绪龙于南北求学，于东西安家，年近半百的他经历了许多磨练，几十年与砚为伴，给他带来了难以言说的心酸，也为他赢得了一个又一个鲜亮的光环。

2010年，作品《惜春作画》获"甘肃省第十一届工艺美术百花奖制作技艺"一等奖；《太公钓鱼》获"甘肃省工艺百花奖制作技艺"三等奖；《莺歌燕舞》获"卓尼洮砚展览评比制作技艺"一等奖；《佳人闲弈》获"第十一届四川西部国际'三品'博览会"金奖。2011年，《玉环戏鹦》《李纨教子》获"中国（兰州）艺术品收藏博览会"金奖，前者被《甘南日报》文化版第348期选为刊头题图；《广寒仙踪》被宁夏贺兰砚博物馆收藏。2012年，应邀担任卓尼鼎元文化艺术品开发有限公司厂长及艺术总监；作品《春江花月夜》《貂蝉拜月》获"第十二届甘肃省工艺美术百花奖制作技艺"二等奖。2013年，在"第十四届西部国际'三品'博览会"上，作品《易安低吟》《画龙点睛》荣获金奖，《鹊桥相会》荣获银奖；12月9日，中文国际频道《走遍中国》栏目《访洮砚之乡》电视纪录片对他进行专访并介绍。2014年，被甘肃省文化厅评为副高级洮砚制作艺术师职称。2015年，成立了个人洮砚工作室，并再次收徒进行洮砚的制作和销售（图9-9、图9-10）。2016年在西北民族大学参加文化部"中国非物质文化遗产传承人群研修培训计划"培训班，顺利结业并获得"2016

图9-9 洪绪龙在工作室

图9-10 洪绪龙在指导学徒

年中国非物质文化遗产传承人群培训班优秀学员"的荣誉证书。2017年,担任卓尼县第二届洮砚开发协会理事、副会长;作品《琵琶行》获"第十四届甘肃工艺美术百花奖"创作创新二等奖;《祥龙观音》获"第十四届甘肃省工艺美术百花奖制作技艺"一等奖。

跟洪绪龙的接触中,我们明显感到,他是一个性格耿直的人,在他那里,没有拐弯抹角,只有爱憎分明以及对洮砚的痴爱。他之所以能够取得今天的成绩,首先离不开父亲洪耀辉作为手艺人给他营造的家庭艺术环境,也离不开李茂棣老师对他的耐心指导,更离不开南来北往的同行、专家、朋友对他的提点和启发。如果以貌取人,人们肯定不会把洪绪龙和细腻的仕女雕刻联系在一起。但事实上,洪绪龙是洮砚界为数不多的人物雕刻大师之一,其刀下的人物形象,尤其是古代仕女形象,一颦一笑,尽显喜怒哀乐,一毫一发,均见细致入微。除了对雕刻技巧的不断追求之外,洪绪龙一直没有忘记从理论上进行思索,从而归纳、总结出一套自己的雕刻理论。因为,在他的理解中,要想把砚刻好,只有高超的刀工是不行的,还需要精通理论,要有扎实的绘画基础,丰富的想象力,以及平静的心态。他经常说:"刻一方砚,先要静下心来慢慢思考每一个环节,然后去雕刻。不论花多长时间和多少精力,都不要先拿金钱来衡量,因为一件好的艺术作品是无价的。"在这种理念下,洪绪龙经常从实践中提炼出有价值的理论,再把这些理论应用在具体实践之中。

例如,他认为深浮雕是砚雕艺术的全部,只要掌握了深浮雕的技巧,其它技法就会迎刃而解。对此,他经常会打一个通俗的比方,说线雕好比上幼儿园,浅浮雕好比上小学,而高浮雕就是上大学(图9-11)。关于砚

图9-11 高浮雕《天女散花砚》局部

的功能与规格，他认为千奇百怪的制砚，离不开准确的定位，所以，不管怎么变化，一不能丧失砚的实用功能，二不可不顾砚的传统比例。

再比如，对于不同年龄、不同性别的人，洪绪龙都有一套成熟的雕刻理论体系。他说："雕刻老人关键在于骨骼，眼角皱纹，胡须，胖瘦，皮肤松弛，以此来体现老人的表情和特点。仕女的雕刻则要根据脸型来分配比例。例如方形脸的特点鼻直口方，而瓜子脸则需要柳叶眉、丹凤眼、小鼻梁、樱桃嘴，以此展现少女年轻漂亮的脸部特点。要想体现仕女活泼、开朗、可爱的性格，则需雕刻一双大眼睛，双眼皮，鼻梁稍短，嘴唇大小比例和鼻子的宽度刚好。若是表现宗教神祇，则脸部雕刻要丰满，眼睛微小，半睁半眯，鼻梁较长，嘴型跟鼻头的宽度恰好，嘴角微翘，体现出神佛慈眉善目的神情。至于儿童雕刻，一般都是圆形脸，眼睛、鼻子、嘴相对集中。"正因他在人物雕刻中善于思考，所以，其作品也深受大家喜欢。他还记得在2010年，甘肃省工艺美术百花奖的一次活动中，他的高浮雕作品《玉环戏鹦》受到了中国工艺美术大师阎仲雄老师的表扬，说他的仕女雕刻很精细，脸部、服饰、背景都近乎完美（图9-12）。

图9-12 洪绪龙作品《玉环戏鹦》

洮砚雕刻不仅要表现真实，还要追逐理想，寄托寓意。洪绪龙也非常清楚在山水中，山代表靠山，水代表财路，所取之意正是"有靠山""有财运"。人物砚的讲究则是自然环境和人文环境、历史文化等精神方面的关系。花鸟的讲究便是喜上眉梢、连生贵子等寓意吉祥的画面。

提起传统的龙砚，洪绪龙也有自己的见解和认识。他说在家乡唱大戏时要穿龙袍、龙马褂，戴龙帽，还有群众逢会烧香点灯的皇庙、戏台上都刻画着二龙戏珠、龙凤朝阳、龙腾云、龙串花,等等。可以说,龙的形象流传几千年,无处不在。所以,洮砚将龙作为表现对象也是非常自然的事。不过,不管雕龙还是刻凤,都要生动、自然,力求活灵活现。

如何依石构思是每一个洮砚雕刻师面临的主要问题,也是考量一个砚雕师水平高低的尺子。洪绪龙也不例外,多少年来,他一直在石料与作品之间苦苦探索着。而给他印象最深,也最为得意的一系列作品,正是源于一批之前不被人们关注的瓜皮黄石料的启示。在他眼里,瓜皮黄有黄白色和金黄色两种颜色,其石质的软硬、细腻程度,跟鸭头绿好料不分上下。所以,他巧妙利用黄白二色以及间杂少许墨点的天然石料,设计而成的《画龙点睛》(图9—13)、《祥龙观音》(图9—14)、《易安低吟》、《笔走云龙》、《龙凤朝阳》等一系列作品,一经流入市场,立刻引起高度关注,并赢得内地洮砚收藏家的青睐。

图9—13 瓜皮黄作品《画龙点睛》　　图9—14 瓜皮黄作品《祥龙观音》

洪绪龙说,他头脑中现在有两个主要观点。其一,从古至今,洮砚养育着家乡一代代采石人、一辈辈刻砚者,是很多当地人的命根子。所以,洮砚不只是国家的瑰宝,也是甘肃的品牌,更是卓尼县和洮砚乡很多人的命。由此,他常常自费参加全国各地举办的各种艺术博览会,其目的就是把家乡的非物质文化遗产发扬光大,希望洮砚走向世界。其

二，他坚信砚界流传已久的那句俗话——"作品即人品"。他认为，一个砚者的工匠精神和自身价值，就是创作经典的作品，视艺术为生命，不断与外界交流学习，取百家之长，补自己所短。因为，砚雕艺术犹如大海，而追求艺术的人永远有学不完的东西。

在当下，洪绪龙的认识难能可贵，我们也真心希望他能够坚守自己的信念，牢记师傅李茂棣的话，把洮砚传承的接力棒一步一个脚印地传递下去。

马绪珍

马绪珍[1]，艺名石音，男，汉族，1970年5月5日出生于洮砚乡峡地自然村的一个农民家庭。母亲马金梅从小就在这里长大，由于家中只有姐妹两人，再无男丁，等姐姐出嫁后，家人便四处张罗，为她招亲。家住临潭县陈旗乡一个小村庄的陈海哥，自幼贫穷，眼看到了娶亲的年龄，却没人愿意下嫁与他，跟着受苦。于是，在媒人的撮合下，陈海哥来到了峡地村，入赘马家，与马金梅成亲，并随女姓，改名"马海哥"，后来生下两男一女，马绪珍排行老二，上有大哥，下有小妹。

在以前的农村，过门的女婿永远都是外乡人，招赘的家庭也总是因为势单力薄而受人歧视。马绪珍家就是这样，在他的记忆中，亲房邻居经常欺负他们，而家中大小也只有忍气吞声，默默承受。有一次，父亲用架子车给农业社拉木头时出车祸受了重伤，对这个家庭来讲，这无异于雪上加霜。坚强的母亲不畏辛苦，忙里忙外，勉强支撑着这个五口之家。由于家中缺少劳力，大哥只读到三年级就辍学在家帮助母亲操持家务，妹妹压根儿就没有上学。

---

[1] 本评传撰写中得到了马绪珍的大力支持与配合。在此说明并表示感谢。

马绪珍

在全家人的照料下，父亲的伤势逐渐好转，但失去了干重活的能力。农业社见此，便安排他在村里当饲养员。这份工作比较轻松，但收入微薄，难以维持生计。所以，马海哥便操起他锻磨盘的手艺，偷偷到别的村子为人干活，以此换点柴米油盐。人们都习惯性地称呼他"石匠"。幼小的马绪珍经常会跟随父亲，走乡串户，给人锻造磨盘。久而久之，耳濡目染，不仅学会了锻磨盘的技术，还喜欢上了手艺活，也爱上了画画。

1975年6月，刚刚5岁的马绪珍突然得了一场重病，父母在外忙农活，由哥哥在家照顾他和妹妹。等父母回来看到昏迷不醒的马绪珍后，顿时被吓呆了。好在及时送到洮砚乡卫生院，在大夫的治疗下才醒了过来。同年9月，又到了新生入学的时候，父母最后决定把马绪珍送进峡地村学接受教育。学校就在村子中心，学校附近就是养牛场，养牛场就是父亲当饲养员的地方。这一切对于年幼的马绪珍而言都有着说不出的优越感，每当下课，他都可以去父亲那里吃东西，每当放学或周末，他又会去牛场骑马。父亲把他放在马背上，一手牵着马，一手扶着他，他感到无比幸福，也渐渐地从邻居们平时欺凌的阴影中走了出来，与同学们一起嬉戏打闹，非常快乐。有一天中午，马绪珍和几个小伙伴用石头在离家不远的小河里垒起一堵围墙，截留河水，筑成简易的"游泳池"。不料失足掉进了水坑，泳没游成，反而大大喝了几口脏水，一霎时吓坏了在场的小伙伴。此事很快被老师知道了，马绪珍被痛骂一顿。后来被母亲知道了，他又被痛打一顿。从此，他再也不敢玩水了。

1977年，7岁的马绪珍在峡地村学读完二年级后，便到古路沟八年制学校上三年级，自此，之前那种优越便利的上学生活结束了。他每天早上都需要六点钟起床，步行4公里才能到达学校。同村没有一起上学的同伴，他一个人行走在山间小道上总是害怕得紧，尤其是冬天的早上，既黑又冷，实在难熬。妈妈心疼儿子，每天早上都陪着他，直到与邻村同学相会处方肯回家。由于学校离家较远，马绪珍中午是不回家的，每天早上都要带够一天的口粮。就这样，母子二人坚持了一年后，峡地村又有升到三年级的同学与他为伴，母亲才不再去送他。

与其他同学相比，马绪珍的数学与美术成绩一直比较优异，但无论他怎么努力，语文成绩却始终不太理想。更让他苦恼的是，到了初中，科目增多，令他很难适应，尤其是英语课上，他总是被老师非打即骂，很是煎熬。但时间总是过得飞快，转眼间，中考的日子到了，马绪珍没有考上高中，就此辍学回家，他的读书生涯划上了句号。这一年，他13岁。

他开始每天跟随哥哥与同村的其他人到五六十里路之外的山林里砍伐木头，现在看来，这其实是一种集体偷盗行为。因为，他们每次都是清晨进村，傍晚出村，夜间砍树；他们每次都很害怕被林场工作人员抓住后没收工具，处以罚款。马绪珍至今还清晰记得他第一次参与砍树的情景，由于缺乏经验，好不容易砍倒一棵树，却被另一棵树卡住，怎么也落不到地上。一个13岁的孩子，又急又怕，便哭了起来。哥哥闻声赶来，凭借丰富的经验，很快就帮他解决了。马绪珍也清晰地记得他最后一次砍树的情景，那是一个冬天的晚上，大约9点钟，他们七八个人在一个名叫"大崖豁"的地方被人赃并获。林场工作人员不仅令他们把砍下的木头运到5公里以外的青岭崖豁，而且没收了所有的斧子和垫背。

几个月提心吊胆的日子，让刚刚走出校门的马绪珍感到无所适从，这下可好，砍树工具被没收了，他再也不用黑天半夜地去砍树了。可是，在当时大多数人都以砍树为生的现状下，他不砍树，又能干什么呢？正当他迷茫无措的时候，同村的一位叔叔到他家来串门，见马绪珍在家无事，便有意收他为徒，学习洮砚雕刻。而这位叔叔，正是现在国家级非物质文化遗产——砚台制作技艺·洮砚制作技艺传承人李茂棣。听说要雕刻洮砚，马绪珍一脸茫然，因为，当时的他根

马绪珍

本不知道洮砚为何物，甚至连洮砚石也不曾见过，加上他向来就很怕李茂棣。于是便推脱说怕学不会，也学不好。但李茂棣却说刻砚台会让他过上好日子。马绪珍或许不太明白这一点，但他的父母心里却非常清楚李茂棣话中的意思。因为，当时的李茂棣不仅是村里的能人，也是村里的富人，家中之所以生活宽裕就是因为他是洮砚雕刻名家。平日里，即便有此想法，也不敢轻易开口，而今李茂棣亲自提起，怎能放过大好的机会。于是，父母一致同意让马绪珍拜李茂棣为师。

就这样，1985年春节过后，马绪珍正式拜李茂棣为师，开始了他的洮砚人生。初到李师傅家，就看到王玉明、杜永辉、李宝宝等正在师父的指导下雕刻洮砚，马绪珍感到很新奇，又担心自己学不好。然而，李茂棣的鼓励，以及师兄们的热情帮助打消了他学不好的念头。马绪珍说："师父先是介绍我跟师兄们认识，然后单独为我讲解了洮砚石料是什么样子，怎么做，最后给我找了一块石头，画好了坯型，就让我开始做了。"当他第一次拿起雕刻刀时，感到手中拿着的不是一把小刀，而是千斤重担。因为他无从下手，他总觉得不是他在握刀，而是刀在使他。尤其是用肩膀顶住刀柄铲砚坯时，刀柄在肩上不断打滑，好不容易顶稳了，铲不了几下又没有了气力。到了第二天，肩膀疼痛难忍，苦不堪言。马绪珍几次打算放弃，但每每想到师父的苦心、父母的期望以及师兄的帮助时，又忍着疼坚持了下来。

随着手艺的长进，师父对他们要求越来越严，马绪珍回忆说："师父对我们很严厉，我们平时都不敢大声说话，即使在中午吃饭的时候，都不敢放下手里的活。但师父却骂我们该休息时不休息，是假装认真。"李师傅就是这样，为人直率，刀子嘴，豆腐心。有一次，马绪珍不小心刻坏了一点，没想到被师父看见后，狠狠批评不说，还直接把刻到半成品的砚台给摔碎了。从那以后，他白天跟随师父和王玉明等学习雕刻，晚上点着煤油灯学习勾画龙凤花草，再也不敢有半点马虎。李师傅见马绪珍虚心认真，便手把手教他怎么用刀，如何雕刻线条……

就这样，一年时间很快过去了，马绪珍的洮砚雕刻技艺也有了很大的进步。1986年，甘肃省军区为了培养军地两用人才，派来3位军人跟随李茂棣学习洮砚制作。三人的到来，壮大了李师傅的徒弟队伍，也增加了李家的负担。因为，所有徒弟的吃住、刻砚都在师父家里。贤惠善良的师母为了他们的一日三餐与日常生活忙得不可开交。马绪珍他们看在眼里，感激在心里。除了尽可能多帮师父师母干点家务活之外，唯一能报答他们的就是好好学习，将来不辱没师父的名声。直到现在，马绪珍与师父一直保持着深厚的感情（图10-1、图10-2）。

图10-1　1987年春马绪珍（前一）与李师傅及师兄们

图10-2　马绪珍与师父李茂棣

1987年，军区3位学员学习期满返回兰州，马绪珍也辞别师父，回到家中，收徒授艺，并在同年腊月初八娶妻进门，过上了幸福的生活。

1988年，马绪珍带领马会林、马更喜、李开有、张尕宝、卢财庭等9个学徒，在家办起了小型洮砚厂。白天，他指导徒弟们制砚，晚上，他教徒弟们画画、设计，生活充实而有序。每当石料用完之后，他都会亲自骑着自行车到喇嘛崖或采石人家挑选购买，并用自行车托运回来。马绪珍说那时候虽然很艰辛，但正是在山间小道穿梭行走、寻觅砚石的过程中找到了人生的乐趣。而且一方砚在当时也能卖到几十、几百，甚至上千元。可观的收入，让他对生活充满信心与希望。

1993年，23岁的马绪珍感到生活已经稳定，自己也该继续充电、提升技艺了。于是，他来到当时兰州市规模较大的"姚氏艺术品有限公司"，希望得到名师的指点。第一次来到兰州，他感到进入了另一个世界，有车有楼，人头攒动，一时眼花缭乱，难以言说。进入"姚氏公司"的头一天，相关负责同志为他安排了住处，第二天领取工具、石料，开始干活。当时公司担任指导的老师是刘爱军（图10-3）。在刘老师的指导下，马绪珍白天做砚，晚上学习画画、设计砚稿（图10-4）。每到星期天，他便和同事们出去转转，买一些画画的书籍。有兴致时，还从雁滩走着去东方红广场、西关十字、五泉山动物园等地游玩。就这样，在兰州度过了两年时光。

图10-3　马绪珍与刘爱军老师

图10-4　马绪珍临摹的骑龙观世音菩萨图

1995年，马绪珍离开"姚氏艺术品有限公司"，又进入西北师范大学"洮砚艺术商社"。他和所有来这里学习的同行一样，一是想感受大学的氛围，二是想系统地接受美术教育。"洮砚艺术商社"果然没有让他失望。在这里，他不仅学到了大量的美术知识，接受了系统的造型训练，还聆听到了前沿的绘画理念。正当马绪珍的求知欲望一次次被激发出来的时候，家中传来父亲重病的消息。他只好回家，为父医病。半年后，父亲因病情恶化而离世。从此，马绪珍扛起了家庭的重担，一边种地一边刻砚，在很长时间里，再也没有外出学习过。

  1999年是个丰收年，对于马绪珍来讲，他虽然靠雕刻洮砚补贴家用，但种地仍然是全家赖以生存的根本。所以，庄稼丰收对他有着举足轻重的意义。他与所有乡亲们一样沉浸在收成的喜悦当中。可谁能想到，正是这次大丰收，却给他带来了一场灾难。那是十月的一天，他和妻子把收获的大豆装上三轮车，前往一千多公里以外的陇西换取小麦。由于路途遥远，一天一夜才到达目的地。一路奔波虽然辛苦，但看着一颗颗饱满的麦粒，两人心里还是有说不出的高兴。谁知在返程途经漳县三叉路口时，因天黑路险，导致三轮车侧翻。车上的小麦把夫妻二人死死压住，任凭车上水箱里滚烫的水浇灌在他们身上。住在路旁的好心人闻声赶来，与路过的司机们共同把他们救起，并由随后赶到的同村人送至家中。由于皮肤被大面积烫伤，加之没有及时处理，夫妻二人双双住进了医院。姐夫每天陪他输液，哥哥嫂嫂给他喂饭擦药。皮肤溃烂给他带来了极大的痛苦，每擦一次药，他都要痛哭一次，难忍的疼痛让他动起了轻生的念头。但看着家人为他操劳憔悴的样子，他又鼓足了活下来的勇气。半年之后，马绪珍的伤势基本好转，但失去了干重活的能力。每当提及此事，他总是心有余悸，也深感福祸难料，并认为那是他的一次重生。既然死里逃生，就再没有不好好活下去的理由。于是，在朋友张克俊的邀请下，马绪珍又与张克俊、向燕青3人一同办起了洮砚厂，并担任管理工作。3年后，洮砚厂解散，马绪珍再次回到家中。

  2003年，马绪珍在峡地村的公路边修了几间房，招收了几个学徒，又一次刻起了洮砚。由于他家土地较多，加之天不下雨，马绪珍在一年时间里，几乎有三四个月都耗在田间地头，收成甚微不说，还耽搁了很多刻砚的时间。

马绪珍

2006年，九甸峡水利工程开始，眼看喇嘛崖就要被水淹没了。马绪珍知道，砚石一旦被淹没，他的洮砚生意和洮砚生涯也就结束了。所以，他拿出所有积蓄屯了几十吨石料。也就是这一年，他开始有一个想法，那就是再不能总是雕刻人人都能为之的龙砚或者题材非常普及的传统砚。他要寻找一种既能够表达自己思想，又能在面貌上独树一帜的洮砚样式。在这一设想下，马绪珍翻阅了大量的资料，认真归纳总结，认真思考。最后，他决定把"书"作为创作的主要题材。因为，书是人类进步的阶梯，代表着知识和文化。自此，马绪珍就像一位著作者、书籍封面设计师和出版家，将一本本"图书"呈现在世人面前。他较早"出版"面世的洮石"书籍"是以"二十四孝"为内容的《二十四孝书砚》（图10-5）。众所周知，"二十四孝"全名《全相二十四孝

图10-5 马绪珍的《二十四孝书砚》正反面

诗选集》，是由历代24个孝子从不同角度、不同环境、不同遭遇行孝的故事集。由于后来的印本大都配以图画，故又称"二十四孝图"，为中国古代宣扬儒家思想及孝道的通俗读物。马绪珍之所以把"二十四孝"刻于石上，是因为他发现随着社会的进步，人们的生活水平提高了，但道德文明却下降了。他虽然不能改变这种现象，但可以尽一位砚工之力，将这部孝贤之书雕刻在砚上，让后人效仿。马绪珍的《二十四孝书砚》很快受到了人们的喜爱，大家不仅喜欢其精巧的构思和立意、欣赏砚中表现的贤孝故事，而且喜欢那种简洁逼真的视觉呈现与手抚古卷的

触觉感受。2008年9月，他加入了甘肃省工艺美术协会，作品《二十四孝书砚》也在甘肃省工艺美术协会举办的"甘肃省第十届工艺美术百花奖"中荣获产品创新三等奖。与此同时，马绪珍还创作了一系列以《书魂》为名的洮砚作品。其中一方《书魂砚》用水泉湾石料制成线装书的造型，装订线被刻划得非常细腻。"书"上用篆书刻上洮河砚谱，中间设计一口钟，代表着钟民天下。整个作品色泽鲜亮，形象逼真，实属难得之佳作（图10-6）。另一方《书魂砚》亦选用上等的水泉湾石料，模仿古代简书，雕出造型酷似简册的感觉（图10-7）。他甚至将虫蛀

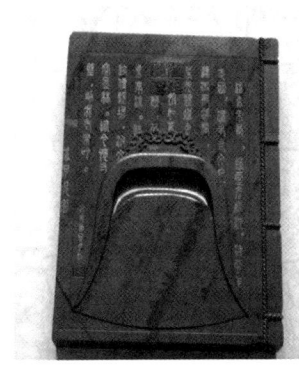

图10-6 《书魂砚》　　　　图10-7 《书魂砚》

竹简的蛀痕都雕刻得惟妙惟肖。在展开的简上用漂亮的行书刻着三首唐诗：第一首是皇甫曾的《山下泉》："漾漾带山光，澄澄倒林影。那知石上喧，却忆山中静"；第二首是王轩的《题西施石》："岭上千峰秀，江边细草春。今逢浣纱石，不见浣纱人"；第三首是王昌龄的《西宫秋怨》："落花不及美人妆，水殿风来珠翠香。却恨含情掩秋扇，空悬珠宝待君王。"整个砚台构思独特、布局合理、素雅美观。这方砚在2008年9月甘肃省工艺美术协会举办的"甘肃省第十届工艺美术百花奖"中荣获制作技艺三等奖。得到业内的认可，对马绪珍是一种极大的鼓励，不仅坚定了他以"书砚"为主攻对象的决心，而且又一次激发了他继续深造学习的欲望。

2009年5月，中国工艺美术协会在北京社会主义学院举办"中国工艺

马绪珍

美术高级研修班"。马绪珍积极报名参加，并通过努力学习，顺利修完了48学时的全部课程。2009年5月18日，中国工艺美术协会为他颁发了结业证书（图10-8）。2009年7月7日，他顺利领取了中国工艺美术协会会员证书，以自己出色的砚雕手艺获得了高层次的认证（图10-9）。在北京学习的时间虽然非常短暂，但马绪珍收获很大，因为研修班给他们请来上课的都是相关领域颇有建树的专家学者。通过这次学习，他感到自己之前的知识碎片被有机地串接了起来，更重要的是，

图10-8 "中国工艺美术高级研修班"结业证书

图10-9 中国工艺美术协会会员证书

众学者的讲座，让他越来越清晰地认识到自己钻研书砚的价值和意义。

从北京回来后，马绪珍开始着手创作他《书砚》系列的又一类重要作品——《毛泽东选集砚》。因为，在他的心里，毛主席是我们伟大的开国领袖，《毛泽东选集》是毛泽东思想的集中展现，是对20世纪中国影响最大的书籍之一（图10-10、图10-11）。所以，每做一

图10-10 《毛泽东选集砚》

图10-11 《毛泽东选集砚》

方《毛泽东选集砚》，他都心怀崇敬，从选料、设计、制作，到打磨等环节都非常虔诚；从样式、图案、书名，到装帧都力求逼真。尤其是对毛泽东头像的雕刻更是惟妙惟肖，充分表现了毛主席的神采。砚的背面一般会雕刻毛泽东诗词。观者看马绪珍的《毛泽东选集砚》，就如同阅读纸本的《毛泽东选集》。2009年9月26日，他的一方《毛泽东选集砚》在中共卓尼县宣传部和卓尼县文化体育局举办的"庆祝建国六十周年卓尼县第二届书法、美术、摄影、刺绣、木雕及洮砚工艺品展评活动"中，获得洮砚类一等奖。这个奖项虽然是一个县级的荣誉，但马绪珍还是很珍惜它。因为，这一年，他正好39岁，明年他就正式步入不惑之年。所以，在他看来，这次获奖是家乡领导和人民给予他的肯定与支持，也是他多年来认真书写的一份答卷。他要以此为契机，为40岁赢得一个更好的开端。

马绪珍在洮砚雕刻道路上不断进取，就在他40岁的当年5月，全国促进传统文化发展工程工作委员会鉴于他在我国传统工艺领域取得的突出成就，授予他"中华传统工艺名师"称号。同月，中华传统工艺师推广管理办公室也给他颁发了"中华传统工艺名师"任职资格证书（图10-12）。9月26日，他的作品《四大伟人砚》在卓尼县文化体育局与卓尼县洮砚协会举办的"卓尼县洮砚展览"评比中荣获创新设计二等奖。这方砚选用水泉湾细波纹"鸭头绿"石料精雕而成，正面雕刻了国旗下的四大伟人头像，背面雕刻了毛主席题词："庆祝抗日战争胜利，中华民族解放万岁。"整个作品石料一色，启盖是砚、合盖似书、构思巧妙、设计独特，是一方以伟人头像为主的洮砚佳作。11月，马绪珍的另一方《毛泽东选集砚》在由四

图10-12 "中华传统工艺名师"任职资格证书

川省文学艺术界联合会、四川省人民对外友好协会、四川中华民族促进会主办的"第十一届西部国际'三品'博览会"中荣获银奖。可以说，2010年是马绪珍事业上丰收的一年，也是他通过努力献给自己40岁的礼物的一年。

在接下来的几年里，他的成果不断，荣誉不断。2011年2月，马绪珍被甘肃省工业和信息化委员会评选为"甘肃省工艺美术行业优秀技艺工作者"（图10-13）。2011年7月1日，他在洮砚乡古路坪村正式加入中国共产党。2012年11月，他的作品《文房四宝》在甘肃省工业和信息化委员会、甘肃省轻工业联合会举办的"第十二届甘肃省工业美术百花奖大赛"中荣获创作创新优秀奖，并被编入《甘肃省工艺美术作品选》。2013年8月8日，由甘南州农民职称评委会评定、甘肃省职称改革工作办公室通过、甘肃省人事厅批准，颁发给马绪珍甘肃省农村实用人才牧民技师中级职称证书。2013年11月，他的作品《旭日东升》《文房四宝》《枫桥夜泊》在成都举办的"第十四届西部国际'三品'博览会"上取得了两金一银的好成绩。2014年9月25日，作品《孙子兵法砚》在卓尼县文化体育广播影视局举办的"卓尼县第四届国家级非物质文化遗产洮砚制作技艺成果展"中荣获一等奖。2015年2月4日，甘肃省洮砚开发公司和岷县金鼎洮砚文化产业有限公司因马绪珍为中国洮砚文化产业发展做出优异成绩、获得贡献奖而颁发荣誉证书，以示尊重。2015年7月，作品《二十四孝书砚》在由中国轻工业信息中心与2015年中国工艺美术精品组委会举办的"2015年中国工艺美术精品博览会'国艺杯'"中荣获优秀奖。2016年1月，经甘肃省工艺美术大师评审领导小组批准，授

图10-13 "甘肃省工艺美术行业优秀技艺工作者"证书

予马绪珍"甘肃省工艺美术大师"荣誉称号（图10-14）。这一年，他还当选为甘肃省卓尼洮砚开发协会常务理事，被评为卓尼县非物质文化遗产传承人。

图10-14 "甘肃省工艺美术大师"荣誉称号

客观来说，从2010年到2015年，马绪珍的确得到了很多荣誉和称号，但他并没有就此满足、固步自封，而是一有机会就继续学习。2016年7月19日至8月20日，他参加了在西北民族大学举办的"中国非物质文化遗产传承人群研修研习培训计划"培训班，完成相关课程学习。西北民族大学继续教育与职业教育学院为他颁发了结业证书与优秀学员荣誉证书（图10-15）。2017年7月，西北民族大学"中国非物质文化遗产传承人群研修研习培训计划"培训班又一次开班，他又一次参加。他说，"如果民大每年都办这个培训班，我每年都会来参加"，因为，他能感受到每次参加学习都有新的收获。

图10-15 马绪珍在西北民族大学培训班

马绪珍通过勤奋好学，为他换取了富足的生活，也为他赢得了人们的认可与尊重。从外表看，马绪珍总是满脸善意，一副弱弱的样子，说起话来也慢声慢气。但不管走到哪里，人们都觉得他很特别，因为，在洮砚界，他是为数不多的以"书"为主创对象的雕刻家之一。艺术贵在创造，有些创造是具有共性的创造，可以成为后世的范本，学习者可以不断从中挖掘出自己理解中的新意。而有些创造却不同，它是个性极强的创造，同样具有经典性，但别人不可模仿、更不可复制，这种创造往往对于初创的人是有意义的，但对于跟随者来讲又是少有意义的。我们看马绪珍的作品，就隐隐地感到他属于洮砚界有个性的创造。开诚布公地讲，书砚的制作难度并不比龙凤人物难多少，甚至在某些技巧上低于其他的洮砚样式。但就是这样一个看似简单的"书"的构思一旦被人"占为己有"，第二个做"书"的人就很难超越而自出新意。也正从这一点上来讲，马绪珍在洮砚的雕刻路上，是一点一滴思考着走过来的，也就是说，他选择"书"来加以表现是一个聪明的做法。因为，书的样子是相对单一的，但书的内容是千变万化、丰富多彩的。对于洮河绿石来讲，一块造型酷似书本的砚，刻上什么书名就会承载什么内容及其背后的思想文化内涵。所以，马绪珍就像变戏法似的，把样子完全一样的石头稍加雕琢后，便会成为适应不同年龄、不同层次、不同身份的人的读物。比如除了前面提到的《二十四孝书砚》《毛泽东选集砚》《四大伟人砚》外，他还有《为人民服务砚》《论语砚》《洮河砚谱砚》等。正因为文字内容是标识书砚的主要因素，所以，马绪珍的创作中又有一个与众不同的特点，那就是砚铭书法的雕刻。众所周知，砚铭是古代文人砚中不可缺少的部分，也是体现一方砚收藏、传承、馈赠等文化内涵及作者思想情感的主要载体。随着近现代以来文人砚、实用砚的退出，以及观赏砚、商品砚的登台，砚铭书法与雕刻也大大减少。而在马绪珍的作品里，不拘多少，一定要出现文字。当然，他不是书法家，这当是他的一大缺憾，也应该是今后雕刻中设法弥补的主要内容。但从他每方砚中选取的书体、文字内容等来看，马绪珍对书法有一定的体会与理解，比如，在一方《论语砚》中，"论语"二字用行书，正文用宋体字，墨锭上的小字则用楷隶相间的字体（图10-16）。再比如他的《书魂砚》则刻上钟，周边配以篆书，并用金色勾填字口。这些处理不仅让字体与书的名称、内容相吻合，而且在视觉上也素雅美观。

  2018年，48岁的马绪珍马上就要进入知天命之年。回想起之前的岁月，他觉得自己是个苦命的人。小时候遭人欺凌，25岁丧父，29岁

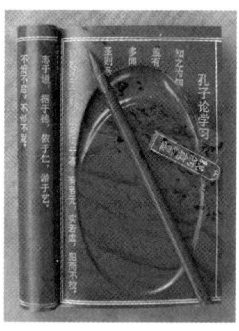

图10-16　《论语砚》正反面

因车祸遭受切肤之痛。不料2015年又一次出了车祸，2017年哥哥病逝。每次和他交谈，他总是不善表达自己的所思所想，也为自己近三年因种种不幸未能操刀而遗憾，但从他的眼神里能看出他内心深处对洮砚的热爱（图10-17）。对于制作书砚，他只能说出他最为朴素的想法。但以我们的眼光看来，他此生几十年与"石头书"所结的不解之缘正可用4位伟人关于书的4句格言来总结。

凯勒说："一本书像一艘船，带领我们从狭隘的地方，驶向生活的无限广阔的海洋。"马绪珍从小出生在农民家庭，就是一方方石头书，将他从狭隘的地方带到一片广阔的海洋。

图10-17　马绪珍工作照

歌德说："读一本好书，就是和许多高尚的人谈话。"马绪珍手中做过很多本书，他虽然不是大学者，但每做一本书，他都要和许多高尚的人谈话。也慢慢让他变得儒雅，内敛。

皮丁说："世界上有许多好书，但这些书仅仅对那些会读它们的人才是好的。"马绪珍做了很多书，但究竟有多少书被能读懂它的人买去，连他自己也说不清，他只好在理想中希望自己的书都能找到知己。

韩愈说："书山有路勤为径，学海无涯苦作舟。"作为中国人，这是每一位学子都尊奉的信条，马绪珍也正是在这一信念下以书为径，苦中作乐，在砚中体验着属于他自己的人生。

李国琴

李国琴[①]，女，1970年农历一月二十八日出生于河北保定曲阳县党城乡北辛庄村一个普通的农民家庭，姐妹五人中，她排行最小。父亲李占山出生于1930年，自幼家境贫寒，目不识丁，但在别人眼里堪称奇人。因为，他有着极强的想象力和动手能力。早在1980年，他就凭自己的想象做出可折叠的多功能家具，在那个年代，这无疑是新奇的作品、了不起的创造。儿时的李国琴，每次看到父亲做家具都喜欢凑到跟前悉心观看，有时候小手痒痒，很想亲自体验，可父亲总是说，一个女孩子，学什么木工？李占山还具有超强的计算能力。百位数的加减乘除随口就能说出答案，即便是千位以上的算题，他也会借助几个小石子在地上扔来扔去，快而准确地算出结果来。对于一个没上过一天学，不会写数字，不会打算盘的人而言，不能不说是一种奇迹。

　　1954年4月，我国第一座自行设计、施工、建造的自动化水电站——官厅水电站开工建设。施工单位派人到北辛庄村来招工，这对当时已经24岁的李占山来讲，是一次摆脱贫困的好机会。他前去报名，成为水电四局的一名员工。从此以后，李占山与同事们沿着黄河

[①] 本评传撰写中得到了李国琴的大力支持与配合。在此说明并表示感谢。

一路修建水电站。把一串串劳动的身影与一滴滴青春的汗水留在了三门峡、刘家峡和龙羊峡的库区里。

李占山的工作性质是流动的，所以，自从他被招为工人的那一刻起，妻女们便跟随他四处"落户"，居无定所。1964年，李占山来到甘肃省永靖县修建刘家峡水电站。1972年，年仅两岁

图11-1　李国琴（前左一）刘家峡时与父母姐姐合影

的李国琴跟随父母、姐姐移居刘家峡（图11-1）。1976年，龙羊峡水电站开始建设，李占山又被调去龙羊峡，眼看李国琴已经到了入学的年龄，刘家峡的教育条件又如此落后，望女成才的父母便决定由母亲带着她和姐姐回老家读书。直到1979年11月龙羊峡水电站实现工程截流之后，已近知天命之年的李占山才退休返回自己的家乡。

1977年，7岁的李国琴进入曲阳北辛庄村小学读书。从小活泼好动的她有如男孩子一般顽皮，无论上树抓鸟摘果，还是下河摸鱼捞虾，都不在话下。记得二年级那年夏天，因教室重建，老师无奈把课堂转移到不远处的小树林里。等老师转身在黑板上写字时，李国琴便悄悄爬上树梢，找一个舒适的枝干，睡起觉来。老师看见了，既担心，又生气；既好笑，又无奈。有时候，李国琴也很安静。比如，她会盯着蚂蚁的洞穴，痴痴看上半天。蚂蚁忙碌的身影，相互打招呼的动作，协作搬家的姿态，都让她感到自然的神奇和魅力。她想象着每一个蚂蚁的内心活动，似乎听懂了它们的谈话，明白了它们的眼神。现在回想起来，李国琴总是觉得小时候的行为虽然很幼稚，但也正是类似于观察蚂蚁窝这样的小事，无形中锻炼了自己的想象力和观察力。

小学三年级时，在兰州上班的姐姐送给她一个崭新的文具盒，上

面画着"孙悟空三打白骨精"的故事。李国琴喜欢画中亮丽的色彩，精美的线条，以及细腻的笔致。她开始对着文具盒，反复临摹，直至把画中的每一个细节都记在脑子里。她感觉到了绘画的美，体会到了画画的愉悦。渐渐地，她喜欢上了绘画。可当时的北辛庄村小学并没有开设美术课，更没有可以教绘画的老师。每次看戏、看电影，她都会努力把美好的画面记下来，回家后，再凭记忆画出来。就这样，年仅9岁的李国琴就有了3本厚厚的"作品集"。这不仅提高了她的默写能力，也有助于她对画面的整体组织和驾驭。除了画画，她还喜欢做布偶、捏泥人。可以说，凡是与绘画和手工有关的东西无不让她痴迷。20世纪70年代的农村，一个多才多艺的小女孩，无疑会被乡亲们视为神童并给予高度关注。东家的媳妇要做布老虎，西家的阿姨想做小玩偶，都会请她帮忙画上需要的图案，甚至谁家老人去世了，要做纸活，也得请她帮着画。那时的李国琴，已经是村子里妇孺皆知的"手艺明星"了。

1982年，12岁的李国琴小学毕业，考入当地的重点学校灵山中学。由于语文成绩较好，老师想选她作语文课代表，并推荐她加入中国共产主义青年团。对这些在别人看来求之不得的事，李国琴并无兴趣，她拒绝了。老师由此罚她停课，回家反省一个月。但在接下来的考试中，李国琴却考出了90多分的好成绩，这让老师很意外，也很惊讶，从此改变了对她的看法。

中学是有美术课的，但经常被其他课挤占，即便是上课，也是敷衍了事，非常简单。李国琴唯一可以施展绘画才能的地方就是教室内外的黑板报。

1985年，15岁的李国琴升入高中一年级学习。由于中间休学一年，原本三年的高中，她读了四年。1989年，李国琴19岁，她参加了当年的高考，但因三分之差与大学失之交臂。全家人都劝她复读一年，争取考上理想的大学，但她并没有遵从家人的意愿，而是偷偷报名参加河北曲阳雕刻学校的专业考试。因为，生于"雕刻之乡"的李国琴早对曲阳雕刻学校有所耳闻，尽管那时候的她还不完全了解这是一所始建于1958年，由国家教委直接投资兴办的全国唯一以石雕为骨干专业的中等职业学校。但仅就"雕刻学校"这个名字，就足以说明在这所学校的学习必定会与绘画和工艺有关。而这对李国琴来说，就是实现自己愿望的理想之地。

当年曲阳雕刻学校的第一门考试就是线描，要求考生自由发挥，不限题材。这是一道自由空间较大的考题，李国琴将自己最拿手的人物用线描呈现在卷面上。由于表现出色，监考的女老师忍不住问她跟谁学习，学了几年。当得知李国琴完全属于自学后，老师备感意外并对她赞赏有加，甚至还告诉她后边的考试可以不用参加了。

1989年秋天，李国琴如愿踏进了曲阳雕刻学校的校门（图11-2），在这里，她学习了绘画、石雕、泥塑、设计、民间工艺等课程。她因喜欢开设的各门课程而努力学习，除各科成绩优秀外，还经常在全校的工笔、素描、泥塑等专门比赛中多次获奖（图11-3）。还有，她的班主任田玉珍，正是当时给她监考的女老师，也是著名工笔画家王叔晖的亲传弟子。李国琴与田老师关系最为要好，在田老师为她们上工笔人物课时，经常向她们讲述她跟王叔晖老师学习的故事，而李国琴也从这些故事中感受田老师的师生关系以及她严谨认真的做事态度。这一切都对她

图11-2　河北曲阳雕刻学校　　图11-3　李国琴在雕刻学校的获奖证书

产生了很大的影响。

1992年夏，李国琴在雕刻学校毕业之际，由于成绩优异，学校有意让她留校，也有老师与她谈及此事，但当时的李国琴并不完全了解其中的得失，只是想继续找到学习和实践工艺美术的机会，实现自己的工艺梦想。所以，也就没有太在意有关留校任教之事。

1992年秋，李国琴到兰州的姐姐家玩。有一天，她上街去买鞋，因试穿需要向老板要了一张《兰州晚报》踩在地上。当她低头看鞋上脚后的效果时，无意间看到报纸上的一则招聘启事。内容是香港姚氏艺术品有限公司面向社会招聘具有工艺美术基础的员工。李国琴心中一动，请求老板把那张报纸送给她。回家后，她和姐姐认真研究了招聘内容并决定前去应聘。晚饭后，姐妹二人一同来到招聘现场。可工作人员说已经下班，等第二天再来。碰巧当时总经理在场，他说："你两手空空，没有任何应聘材料，拿什么来证明自己的实力呢？"李国琴发现办公桌上有普通的铅笔和信纸，便就地取材，给光头的老总画了一张头像。老总看后非常高兴，当即批准李国琴免试，于第二天直接来上班，帮助他们做招聘的工作。

就这样，她进了"姚氏艺术品有限公司"（图11-4）。该公司是我国著名音乐指挥家姚笛先生，为弘扬民族文化，于1992年6月在兰州兴办的一家香港独资企业。也是姚氏（集团）有限公司的下属机构。公司的经营范围有珠宝玉器、黄金宝石、工艺品、旅游纪念品等。其中工艺品主要包括具有中国西北文化特色的洮砚、铜丝盘画、葫芦、字画等。而在所有工艺品中，洮河绿石砚又是公司的主营业务，年产量在两千方以上。

图11-4 姚氏公司简介

由于李国琴是雕刻学校的毕业生，所以，在一段招聘工作完成之后，她被安排到洮砚雕刻车间（图11-5）。这是她第一次接触洮砚，而负责给她传授技艺的就是当时洮砚领域颇有名气的刘爱军和张苏华。二位老师尽心授艺，李国琴努力学习。虽然原来她毕业于雕刻学校，

图11-5 李国琴在姚氏公司刻砚

但主要以圆雕为主，而洮砚则是以浮雕为主，二者之间的转换并不能在朝夕完成。为了尽快适应，每天下班，李国琴都要跑到横跨于黄河的大桥上，看那些有飞天图案的铁艺栏杆，手摸心记，一蹲就是一两个小时。她的好学、执着和已有的雕刻基础，加上老师的用心辅导，使她的洮砚设计雕刻技术有了很大的进步，所刻的第一方洮砚就和刘爱军老师的作品一起被带到日本高价出售了。

李国琴做梦也不曾想到，一个出生在河北的女孩，此生注定要与甘肃结缘；一个雕刻学校毕业的女孩，鬼使神差非要与洮河绿石相伴。

姚氏公司在四川乐山有分公司，从兰州的厂里供货。由于发去的洮砚不适应当地的市场需求，有时会派人前去修缮。李国琴就曾和其他同事一起被派往乐山维修洮砚（图11-6）。公司正对面就是著名的乐山大佛，每天清晨推开窗户，雄伟而庄严的乐山大佛就会映入眼帘，滔滔的江水，还有江面上的一叶叶小舟和一排排鸬鹚，都让李国琴心情愉悦。在不断修改洮砚的过程中，其雕刻技术也与日俱进。她好学而踏实的态度赢得了领导的赞赏，姚笛董事长曾不止一次在全公司大会上对李国

图11-6 李国琴在四川乐山分公司

琴进行表彰，号召全体学员向她学习。

1993年，宁夏银川贺兰砚厂聘请李国琴担任指导老师，她便请假前往，在贺兰砚厂带学徒，传授人物雕刻技艺。贺兰砚石色彩多样，在设计上更须动一番心思，因石而异。在这一点上，贺兰石似乎比洮河石更加有趣，也更能锻炼人的洞察力和应变能力。

贺兰砚厂的聘期结束后，李国琴返回姚氏公司，继续原来的工作。1995年，长女出生，初为人母的她离开姚氏公司，于1996年在建材市场开起了自己的店铺，经营洮砚、承接各种室内外环境雕塑（图11－7）。在此期间，藏族作家益希卓玛有心与张克俊、李国琴、张会朝合作办厂，弘扬洮砚文化，推广洮砚技艺。但最终因原计划的政府支持资金受阻以及其他原因而未能如愿。这使益希卓玛非常沮丧，再也无心继续张罗此事。但李国琴三人却不想半途而废，她们决定沿着益希卓玛的思路继续推进，争取把洮砚厂办起来。经过商议，最后由李国琴、张会朝出资，张克俊招收学徒，于1997年在兰州市城关区九州开发区租房正式办起了九州洮砚厂（图11－8）。她们在九州开发区五号楼二单元一

图11－7　李国琴在建材市场修石雕　　图11－8　九州洮砚厂的学员们

楼办工，生产车间就安排在九州中路路边的铺面里。从此，李国琴把大量时间和精力投入在洮砚厂，为厂里的大小事操劳了多年。

厂子办起来了，学员也招来了，购买石料便成了当务之急。但刚刚成立的厂舍，办理租赁手续非常繁复，杂事很多，一切都等待走向

正轨。无奈之下，李国琴只好委托洮砚乡的朋友帮助购买石料。谁知投入一万多元买来的竟然全是巴都石。巴都村属于柏林乡，离洮砚石产地喇嘛崖足有几十公里，此地所产石头颜色黑暗，严格来讲，根本不能算作洮砚石。没想到好不容易建起的洮砚厂，在迈开的第一步就栽了跟头。李国琴非常痛心，但她没有因此退缩，为了工厂日后的发展，为了能把洮砚推广到全国乃至世界各地，李国琴毫不犹豫地丢弃了那些来自巴都，总重十余吨的劣石，决定亲自去洮砚乡考察原料。

1997年秋，她第一次踏上前往洮砚乡的长途汽车。那时候从兰州到洮砚乡交通非常不便，一过临洮基本全是土路。正好赶上下雨，原本狭窄的道路泥泞不堪，陡峭的盘山路塌方随处可见。对于在平原上长大的李国琴来说，眼前的一切，让她提心吊胆，浑身冒汗。一路之上，她紧紧抓住扶手，一刻也不敢松开。就这样一路颠簸，从早上五点到晚上八点才到了洮砚乡。那时的洮砚乡没有餐馆旅社，她只能吃住在张克俊家里。张克俊有空时，就开着拖拉机带李国琴挨个到采石人家选石材，张克俊没空时，她只好一个人步行几十公里接触石工、查看石料。此次洮砚乡之行，李国琴收获了较为理想的砚石，但因拖拉机在石块路上的颠簸而落下了腰椎疼痛的毛病，也因路上冷风细雨的抽打而使脸上脱了一层皮。她从没经受过如此之苦，她从内心深处敬佩那些为洮砚开采石料的人，也开始理解并原谅了上次卖给她劣质石料的人。

李国琴在雕刻学校受过系统的专业学习，在姚氏公司又获得对洮砚的深刻认识。所以，在她的理解中，办厂授徒不是带领学员来赚钱，而是让学员从观念上接受系统的美术知识和训练，从而超越只会雕龙刻凤的匠人。她把提升洮砚档次作为办厂的宗旨，白天在车间指导学徒，和他们一起干活；晚上教他们画画，设计图纸；周末带他们爬山，观察动植物。

可以说，李国琴这一时期的授徒体现着两大特点：其一，她很注重从美术理论出发给学员传授知识，使其从学理上理解雕刻的相关问题。比如，学员马万荣做人物、仕女习惯先从脚开始，一点一点往上做，最后做头部。李国琴就告诉他解决问题的几个要点：（1）要整体推进，先把大型找准确，等人物的结构动态没有问题了再刻画细部；（2）人物的脸部表情是最微妙、最关键的，也是最后才能细致刻画的；（3）仕女是唯美的、脱俗的、飘逸的，千万不能做成干体力活的农妇；（4）雕刻每一个人物，都要符合其身份地位，还要尽可能还原人物的个性与心理。这些话，都让马万荣受益匪浅，他说："我曾做过一方《嫦娥奔月砚》，李国琴老师让我反复修改过将近二十遍。"其二，她很注重从客观物象出发，让学员通过观察、写生来提高对雕刻形象及技巧的理解和认识。比如，为了让学员张斌刻好一片叶子，李国琴不惜买来叶子的标本或拍摄各种叶子的照片来讲解。她提醒张斌，第一，叶子是有生命的，雕刻出来一定要鲜活，有感染力，不能呆板；第二，叶形、叶筋、叶脉都是千变万化的，初生的嫩叶和老叶更是千差万别，世界上没有完全相同的两片叶子。为了让学员理解仕女衣带的翻转，她把自己的围巾挂在墙上让大家观察体会。她还曾买过竹笋、白菜、螃蟹、鱼虾、花生等，把它们作为素材，一点一点为学员讲解，让他们画出来，刻出来。那时候，李国琴就对学员说："我可能不是教给你们东西最多的老师，但绝对是毫无保留，尽心尽力，教给你们最有用的东西的老师。"

学员们在李国琴的指导下，一个个长进很快，但他们哪里知道李老师的苦衷。20名学员每人每月150元的工资、每天的伙食，加上买石料、租厂房、宿舍等费用，是一笔不小的开支。但洮砚厂的收入根本无法负担这些，全靠东拼西凑勉强支撑。为了节省开支，李国琴甚至连买菜都得亲力亲为。说起九州洮砚厂当时的困境，李国琴总是忘不了刘爱军老师，她说，在办厂初期，多亏刘老师鼎力相助，每天不辞辛苦，自带干粮奔走在金港城与九州开发区之间，帮她设计，出谋划策，但从没收取过报酬。所以，在李国琴心里，刘爱军与她亦师亦友亦兄，是她人生之路上的恩人。

1997年下半年，兰州市最大的主题游乐公园——西部欢乐园修建日月广场十二星座雕塑群，邀请著名油画家张震中负责主题雕塑设计，由李国琴、张会朝、甄聪喜等人负责现场施工。由汉白玉雕成的十二星座古典人物雕像仿照古希腊罗马范本而成，形象鲜明、手法细腻，仿佛讲述着一个个美妙的西方神话（图11－9）。被雕塑簇拥的音乐喷泉流光溢彩，美不胜收。几十件非洲装饰雕塑把周围的草坪装

图11－9　西部欢乐园雕塑

点得格外美丽，散发着异国的情调。这次公园雕塑的完成，缓解了九州洮砚厂的经济压力，也让李国琴松了口气。

1998年，她在位于兰州市广场西口的金昌中路（兰州一中墙外）租赁铺面，开起了九州洮砚厂销售部（图11－10）。至此洮砚厂才不用雕塑资金来补贴，走向了正常运转的轨道。应该说，从1997年到2000年，九州洮砚厂虽然没有赚到多少钱，却培养了近30名洮砚雕刻人才，其中部分学员早就成为洮砚界的骨干。提到这些学员，李国琴脸上总会露出自豪的笑容，她说教别人的同时，也是自己学习的过程。她还谦虚地说，虽然她长于美术理论和绘画基础，但实际操作能力并不比学员强多少。

1999年，由腾讯自主开发的基于Internet的即时通信网络工具OICQ以其合理的设计、

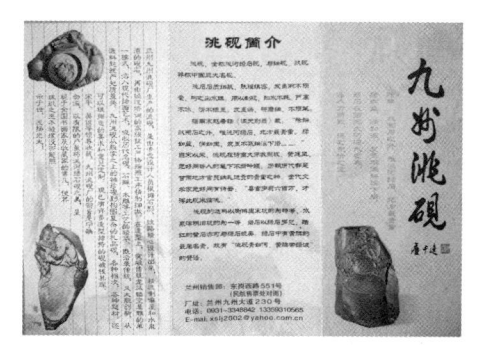

图11－10　九州洮砚厂各销售部通用宣传册页

良好的应用、强大的功能、稳定高效的系统运行赢得了用户的肯定。同年，阿里巴巴集团也正式成立。一向不愿落伍的李国琴开始接触互联网，不但申请了OICQ号，而且在阿里巴巴上开始推广雕塑和洮砚。可是，在那个时候，大多人对互联网还没有正确的认知，甚至有人还持抵触态度，这使她的网上洮砚推销收效甚微。但在长期授业解惑的过程中，在接触互联网的过程中，李国琴越来越觉得自己底子薄弱，想适应未来的网络生活和信息时代，需要补充的还有很多很多。于是，她做出了一个决定，于2000年关掉了洮砚厂和销售部，去西北师范大学地理与环境科学学院，开始了为期两年的美术教育专升本学习。在这两年里，她进一步学习了素描、色彩、国画以及美术概论等课程。这是她第一次在大学校园里学习，所以格外珍惜。在没课的时候，她会偷偷溜进美术系本科生的课堂上听老师讲课。在有课的时候，她还会伺机带来五岁的女儿与她一同听讲，好让孩子也接受一点艺术的熏陶。

自2001年起，李国琴创作了《西厢记》《琵琶行》《八仙过海套砚》等作品。2002年，她趁参加广交会的机会前往肇庆，考察了端砚雕刻的发展状况。这是她第一次近距离接触端砚，从中感受到了洮砚与端砚从工具到理念上的差距，学到不少东西，也受到不少启发。当地流传一则故事，对她触动很大。故事讲述了包拯落实朝廷进贡端砚数量，减轻砚工负担以及在端州离任时将父老乡亲临别赠送的端溪名砚掷入西江的事迹。身处包拯为官之地，听着包拯与端砚的故事，李国琴被那个两袖清风、廉洁奉公的人物所感动。从肇庆归来后，她偶然发现一块洮石，外形、纹理都很符合大义凛然的包拯形象，她便利用石上的铜钉和水纹设计创作了《包拯掷砚》（图11-11）。这方砚线条简洁，转折刚劲，人物面部刻画入

图11-11 《包拯掷砚》

微，将包拯刚毅与正直的性格表现得非常到位。就在这一年，她还在兰州市广场东口和城隍庙同时开了两家洮砚销售部，因与商场相连而获得较好的收益。同年，还完成了中甸大厦商业银行总面积18.928平方米的汉白玉浮雕（图11－12）。

2003年初夏，为了开拓北京的洮砚市场，李国琴只身一人来到北京。在一个月时间里，仅凭一个背包，一张地图，跑遍了北京的大街小巷。最后，她在琉璃厂看上了一家店面，并与老板达成了初步协议。谁知就在她们准备正式签署合同时，一场前所未有的疫情袭来，为了防止"非典"蔓延，整个北京全城戒严，使她在北京开店的希望化为泡影。

图11－12 中甸大厦商业银行浮雕

2004年，李国琴在做洮砚的同时，还承接了兰州市南关十字"陶然居"的室内外雕塑。制作完成了瑞士花园的名人头像——居里夫人、达尔文、牛顿等园林景观雕塑（图11－13）。2005年，她把广场东口的销售部迁往盘旋路民航售票处对面的兰空招待所，同时撤销了城隍庙销售部。同年，还承接完成了白银市嘉园广场的雕塑，其中包括四神、童趣等几十件铜雕和貔貅等花岗岩雕塑。还有，为纪念平凉一中百年校庆而作的日晷纪念碑（图11－14）。为陆军总院制作的雕塑及底座浮雕等。

2006年，华富集团决定做一组《状元林》雕塑（图11－15），但时间非常

图11－13 瑞士花园居里夫人像

紧张，要求设计、施工、安装在一个星期内必须全部完工。如此短促的时间，要达到对方的要求是一件很困难的事。起初的几家公司都不愿意承接，当华富集团找到李国琴时，她还是毅然接了下来。她用了多半天的时间，就地取材，巧妙地设计了两只小鸟，从参差不齐的书海里飞出来。两只小鸟分别代表了文、理科的莘莘学子从知识的海洋，飞向更加广阔的天空，他们将在那里展翅飞翔，追求美好的未来。这一设计获得了陈启建老总的高度赞扬，也得到了《兰州晚报》的宣传报道。这一年6月，她的作品《荔枝砚》在"第四届青海民族民间工艺美术作品展"中获一等奖。9月，她的洮砚作品《夜读春秋》《普度众生》《渔归》在"甘肃省第九届工艺美术百花奖"中获得大奖（图11-16）。

图11-14 平凉一中日晷纪念碑　图11-15 华富集团《状元林》雕塑

图11-16 李国琴在甘肃省第九届工艺美术百花奖领奖现场

2008年，兰空招待所拆迁，李国琴在此地的洮砚销售部被迫关门。就在这一年，她承接了白银市金鱼公园的大型城雕《铜城开拓者》（图11-17、图11-18）。那是一件高达5米的红铜雕塑。从泥稿开始，到翻模、焊接、打磨、抛光，直到运输安装，反反复复，整整三个月。李国琴终日在脚手架上爬上爬下，付出了异于常人的艰辛与努力。当这件白银市地标性城市雕塑最终安装完成的那一刻，李国琴激动得热泪盈眶。现在，当我们来到《铜城开拓者》雕塑前，首先映入眼帘的是碑身正面隶书撰写的"献给铜城的开拓者"八个大字，碑心的左侧

图11—17　《铜城开拓者》雕塑全貌

图11—18　《铜城开拓者》泥稿

落款为"甘肃省人民政府、中华人民共和国地质矿产部，一九八四年十月"。再将目光上移，就会看到李国琴创作的青铜人物塑像。两位身着工装的年轻地质工作者肩并着肩，昂首挺胸，目光炯炯，共同托起一块金光闪闪的黄铜矿石，仿佛站在地球之巅，正欲敲开通往宝库的大门。这件作品，堪称李国琴雕塑历程中的一件力作。这一年，还有一件事让李国琴比较高兴，那就是甘肃礼品行业的龙头企业陇萃堂开业。当时的总经理王红女士找到她，正式和她签订了合作协议。李国琴成为给陇萃堂供应洮砚产品的固定制作者。双方互惠互利，成了长期的合作伙伴。

2010年，人们对互联网已经非常熟悉，较早接触网络的李国琴也不会放过在网上学习交流的任何机会，她逐渐接触到了全国各地的收藏家、书法家和雕刻家，从而眼界大开，感觉到了自己以前完全是在闭门造车。2011年2月，李国琴被评为"甘肃省工艺美术行业优秀技艺工作者"，她想起1999年在阿里巴巴销售洮砚时的尴尬。但现在不会了，因为，进入21世纪的人们，已经习惯了在网上处理很多事情。于是，在2012年，她正式在网上开店，并获得较好的效果。对她来讲，这才算真正把洮砚推向了全国。

图11-19　白银市工业园区雕塑《腾飞》

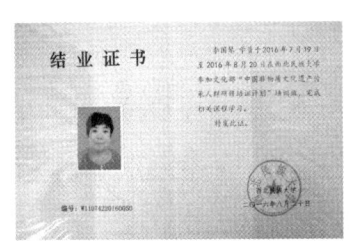

图11-20　西北民族大学"中国非物质文化遗产传承人群研修培训计划"结业证书

图11-21　被读者文化旅游股份有限公司聘为读者研学旅行专家顾问

2016年，她制作了白银市工业园区的不锈钢雕塑《腾飞》（图11-19）。同年，做了甘肃银行的铜浮雕。因为此浮雕要求涵盖甘肃省所有知名景点，所以，李国琴查阅了大量的文字和图片资料，做到胸有成竹，力求完成和谐完整、具有艺术性的浮雕，而不是堆砌起来的壁画。2016—2017年，她两次在西北民族大学参加了文化部"中国非物质文化遗产传承人群研修培训计划"，完成相关课程的学习，顺利结业（图11-20）。又一次走进大学校园，让她回忆起当年在西北师大学习的日子，她感到岁月如梭，一转眼，距离上次高校学习已经六七年。听到来自全国各地的专家讲解有关非物质文化遗产的知识，加深了她对民族文化的理解。2017年9月1日，读者文化旅游股份有限公司聘她为读者集团研学旅行专家顾问，负责向读者研学团队展示和分享非物质文化遗产项目。这让她更加清楚地意识到作为雕刻洮砚较早的一代人，她的责任究竟有多重，义务究竟有多大（图11-21）。

若从喜欢涂鸦的童年算起，李国琴的艺术之路已有39年；若从进入雕刻学校的那一刻算起，

李国琴

李国琴的雕刻之路已有29年；若从进入姚氏公司的那一天算起，李国琴的洮砚雕刻之路已有26年。她说，这么多年一路走来，她时时感觉到自己技不如人，眼中看到的，都是别人优于自己的地方。所以，她一直在探索，不断充实自己。而对于参赛评奖和职称从没花费过太多的精力，也一直不太注重宣传自己。所以，到现在也没有职称，只是默默地经营着自己的店面（图11-22），做着自己喜欢的工作。

她说的这些，从我们接触她那一刻起就已经深深地感受到了。或许，在这个时代，"默默做着自己喜欢的工作"是一种可贵的品质。也正因李国琴远离了喧嚣、远离了竞争，她才有可能静下心来思考一些有关洮砚的事。

图11-22 李国琴现在经营的店面

对于市场，她有很客观的理解，她认为空谈艺术那是空中楼阁，每个艺人首要的条件就是吃饱肚子，养家糊口。如果连这一点都达不到，再美好的艺术理想也很难继续下去。只有产品多样化，才能在维持生计的基础上花费精力进行创新，才能思考未来的路该怎样走。她说："现在的洮砚市场可以说是五彩纷呈，有实用的仿古砚，有端、歙雕刻方法的浅写意砚，也有传统题材的镂空砚，能满足各个阶层的客户，我觉得这样挺好。"对于雕刻，她一直觉得洮砚的雕刻工艺太过粗俗，即便是精细的作品，严格来说也只是石雕工艺品，与真正意义上的文房四宝相去甚远。基于这种思考，多年来，她一直在想如何突破这个约定俗成的圈子，融合进端、歙，甚至雕塑的一些元素和技法，对洮砚进行改进。同时，她渐渐懂得了"砚以用为上，砚亦必是以简约造型，气度为器用，静净而磨心，置于文案，则须可玩，可用，可藏为上"。由此形成一个固执的观点，那就是"传统雕刻才是洮砚应该呈现的样子，那些花式砚必定经不起历史的考验，终会湮没在时间的海浪里"。她思考了，也尝试了。十几年前，她开始从与别人无异的工艺砚慢慢转向文人砚。从出处、款式、年代、设计等方面力求严谨。由此衍生的部分写实的、因石设计的、个性独特的砚台，也受到了很好的评价；对于传承，她经常对学员说："做事先做人。只要敬畏道德，无愧于心，再加上兴趣、观察、执着，就能做好。"（图11-23）当然，她从不否认天赋和外在条件对一个人所起的作用与影响。

图11-23　李国琴近作

李国琴说："我对自己的要求就是无愧于心，顺其自然，顺势而为。这也是我为什么不会过多追求一些对我来说无关重要的东西的原因所在。"的确如此，我们从她的作品便可读出这些。比如，她没有把自己限定在只刻洮砚的小圈子里，而是经常挥动铁锤，雕凿大型的塑像；她也没有把自己定位在那个毕业于雕刻学校的身份里，而是经常捻动刻刀，游走于黄膘绿波的砚石上。

人们都知道，生成洮砚，最重要者，莫过于"顺其自然"；传承洮砚，最关键者，莫过于"无愧于心"。李国琴把"无愧于心，顺其自然"作为自己行为准则，当是对洮砚的深刻体悟，也是对人生的深刻体悟。

马万荣

马万荣[1]，1975年6月15日出生在卓尼县洮砚乡拉扎村一个名叫上牙山村的自然村，父亲是藏族，母亲是汉族。父亲马孝仁曾跟随著名砚雕艺人王式彦的高徒郭凤鸣（小名喜林子）学习洮砚雕刻。平日里做些龙凤、梅花、梅花鹿等传统砚，零零星星，以低廉的价格出售几块自制的洮砚，艰难维持着一家人的生活，幼小的马万荣也经常帮父亲打磨砚台。20世纪90年代初，马孝仁萌生了一个念头，那就是把自己的洮砚背到兰州变卖。没想到，这次省城之行，所带的洮砚不仅全部出售，而且价格是当地的一倍。这使马孝仁大受鼓舞。从此，他便在家小批量生产后如法炮制，兰州的市场就这样逐渐向他敞开。时间久了，买砚的人越来越多，他一人之作远远不能满足市场的需求。所以，除自己雕刻外，另从老乡手中收购一些。最后，索性从制作洮砚转入贩卖洮砚。在此期间，相识的一位新疆玉器公司老板请他为其供货。然而，合作不久，玉器老板因拖欠房租被查封停业，其中就有马孝仁供给的，从老乡手中赊欠的，价值12万元的砚台。受到牵连的马

---

[1] 本评传撰写中得到了马万荣的大力支持与配合。同时，参考了袁爱平的《刀尖上的传承——记卓尼县万荣洮砚文化艺术有限公司总经理马万荣》。在此说明并表示感谢。

孝仁瞬间背上了巨额债务,再也不敢踏进家门半步。

眼看着追债无望,愤怒的乡邻来到马家,牵牛赶羊,把值钱的东西洗劫一空。年幼的马万荣目睹了这一切。他拦住乡邻,哭泣着,哀求着。但他们哪里顾得了这些。这场灾难来得太突然了,马万荣连做梦都没有想到。父亲不知去向,妈妈体弱,弟弟年幼,家中再无别人,生活的重担自然落在了这个刚刚进入小学四年级的孩子身上。从那一刻起,马万荣清醒地意识到,他再也无法负担每学期75元的学费,不得不辍学回家了。

辍学的马万荣开始上山打野菜、摘草药,但由此得来的钱连电费都不够交。无奈之下,他只有到亲房家里去借,可是每次面对他的,不仅是两手空空,而且还有转身后听到的那句:"穷鬼,借给了,什么时候能还得起。"每当这时,马万荣总是忍不住流眼泪,也格外想念不知去向的爸爸,并在心里暗暗发誓自己以后一定要比他们过得好。

马万荣下决心要把爸爸找回来,于是,他乘上去往新疆的列车,走上了寻父之路。初到新疆,他一边跟人在库尔勒学习玉雕,一边多方打听父亲的下落(图12-1)。功夫不负有心人,他最终找到了父亲,但因怕追债,父亲还是没有跟他回来。马万荣含泪告别父亲,返回后又到兰州打工。每月除伙食外,能落下300元,这对他来讲就是来之不易的"巨款",他省吃俭用,打算拿这些钱还债、盖房子。但是,工地上的艰苦对一个十来岁的孩子来说的确是不小的挑战,尤其是酷暑与严冬,都会让他苦不堪言,并加倍思念家乡和亲人。更重要的是,马万荣觉得,他不应该以这种方式过此一生。所以,他离开了工地,回到家里,开了一家小饭馆,勉强度日。

图12-1 在库尔勒学习玉雕时的马万荣(左)

1995年，弱冠之年的马万荣跟随王玉明，来到了西北师范大学"洮砚艺术商社"，从此开始了他的洮砚人生。在这里，马万荣第一次感受到了大学校园的魅力，浓郁的学术氛围，优美的环境，来来往往的大学生和教授们，都是他以往不曾见到也不曾想过的。这一切不断触动着他的求知欲望，他努力学习，刻砚、读书、画画，一切都竭尽所能。

　　有一天，马万荣正在刻砚，身后走来一位男生，端详片刻后问他雕刻的是什么内容，他说是《西厢记》，男生又问他是否了解所刻人物姓名、性格及相关故事，当时的马万荣并不了解这些，便随口应付了一声。谁知男生摇摇头说："这方砚你肯定做不好。"年轻气盛的他并不服气，反问道："我怎么刻不好？我刻的东西你能刻出来吗？"男生没有作答，转身离开了。过了几天，男生又出现在马万荣的面前问他："你知道张飞吗？"他说："当然知道了，一个脾气很暴躁的人。"男生说："张飞你应该能刻好。"马万荣很纳闷，便虚心求教，男生这才告诉他，要学好洮砚雕刻，不仅要多读书，理解所刻内容背后的故事、内涵和寓意，还要学习绘画，要能得心应手地把所需内容表现在砚台上。男生名叫高雄山，古浪县人，是西北师范大学美术系1996级的一名学生。

　　那天晚上，高雄山的宿舍门被敲开，进来一个憨憨的年轻人，衣服略显破旧，眼睛炯炯有神，怯怯地问："你们谁收学生，我想学画。"高雄山抬头一看，这不是下午洮砚工作室的小师傅吗？高雄山本想介绍马万荣到朋友的培训班去学习，但收入微薄的马万荣，显然无法担负培训班的高额学费。于是，高雄山决定收下这个学生并免费从素描静物开始教起。这段时间对于两位年纪相仿的"师徒"来讲都有着美好的回忆。因为，对马万荣而言，做梦也不曾想到自己会在大学的校园里堂而皇之地学习素描。所以，他不仅记得老师带来的石膏模型、画板、画笔和素描临本，还忘不掉他第一次想当然用圆规画圆

马万荣

后高老师无奈的表情，也忘不了老师快速准确地描绘出极富光感和立体感的圆球体时他内心无法抑制的崇拜。绘画的魅力让他像着了迷一样反复练习，有时甚至忘记了吃饭。对于高雄山来说，马万荣是他的第一个学生，他也很难忘记马万荣惊人的进步。他说："当我看到初学几天后马万荣拿来的临摹作业时，根本不相信是他画的。但事实让我不得不承认他的勤奋和悟性，从那一刻起，我的内心被深深地触动了。"在之后的半年时间里，马万荣继续凭借着他的勤奋和对画画的执着，从静物到人物头像、全身像，再到人物的多种动态，完成了一张又一张作业，为雕刻洮砚打下了较好的造型基础，也使他具备了一定的写生能力（图12－2、图12－3、图12－4）。正因如此，他设计的砚台也开始受到刻砚师父的赞扬。高雄山说："在一次辅导课后，马万荣拿出了50元钱，说'老师，这是我的学费'，我知道他每月的工资才100元，加上吃饭还要买画具、画材，这50元是他几个月省吃俭用才节省下来的。所以，我没有收，也绝不能收，他用画画的进步证实着自己，也在回报着我。"转眼到了1997年，马万荣在洮砚艺术商社的学习期已满，怀着复杂的心情，不舍地离开了这座高等学府，离开了高雄

图12－2　马万荣的素描　1997年

图12－3　马万荣的素描　1997年

图12－4　马万荣的水墨写生　2013年

197

山。二人虽然分开了，但却一直保持着联系，并且相互在内心深处感激上苍赐予对方这样的学生（老师）和朋友。

1998年，马万荣在朋友的引荐下，前往兰州九州洮砚厂，投于著名砚雕师李国琴老师门下，开始了长达四年的砚雕学习。李老师虽然没有给他多少工资，但却提供了大量的图书资料。因为，李国琴老师是当时洮砚行业里唯一一位雕塑专业科班出身的人，有着扎实的美术基础和艺术素养。李老师每设计一块砚台，马万荣都要问个为什么。有一次，一位大收藏家拿来一方出自名家之手的《黛玉葬花砚》请李老师评价，李老师碍于情面，只能说好，但马万荣却说不好，这让在场的人都大为吃惊。他说黛玉葬花时情绪低落，但这方砚中的人物却作喜悦状，所以说不好，大家听他言之有理，也为他敢于直言表示赞赏。李国琴老师处藏书颇丰，一向好学的马万荣不断从老师处借阅书籍，除了大量临摹各种图案外，还涉猎了许多艺术文化知识。李老师也很喜欢这个爱学习的小伙子，把自己所学毫无保留地传授给他。让马万荣非常感动的是，李国琴老师经常为了让他们理解仕女飘带的转折关系，把自己的围巾挂在墙上，不厌其烦地讲解、启发。而马万荣他们则就在这种形象的解读中，反复练习并掌握其中的道理和技巧，体会着砚雕艺术与实际生活之间的关系。直到现在，马万荣一提起李国琴老师，还是感激不尽，他说他制作的东西之所以别人很难模仿，就是得益于李老师当时的训练方式。

2002年，当马万荣学习结束回到家乡时，同龄的伙伴们大多已经成家了。家里非常着急，托人四处为他张罗亲事，但破败不堪的家庭早已名声在外，谁都不愿意将自己的姑娘往"火坑"里推。再说，家里仅有一处住房，还有一个弟弟，加上动辄上万元的彩礼，都让他不敢考虑自己的婚事。但毕竟天无绝人之路，马万荣可以选择当上门女婿，这样既省下了彩礼钱，又可以将家里的房子留给弟弟。就这样，他走进了洮砚乡路巴村的卢应存家，做了卢家的上门女婿。

成家后，他凭借在外多年的学习积累制作洮砚。见惯了传统龙凤、花鸟等砚的乡亲们大都喜欢看他刻砚，也喜欢欣赏他的作品。因为，有一定造型能力的马万荣总能够别出心裁，雕刻出形象生动、惟妙惟肖的人物砚。随着时间的推移，马万荣不断将自己阅读过的连环画、经典插图、创意图案等应用在洮砚设计与雕刻当中，加上他日渐提高的理论认知，每每制作一方砚台，总会得到大家的青睐，并抢购一空。马万荣终于通过自己的努力改善了生活的窘境，不仅还清了父亲的欠债，还让家里有了盈余。即便如此，他还是觉得自己的雕刻水平不高不低，不太理想。于是，他决定再次走出家门，拜师学艺。

2004年，马万荣找到砚界名家刘爱军，说明来意后，刘老师说："我收徒弟有两个条件，一是要能吃苦，二是不发工资。"马万荣当时生活并不宽裕，但为了学习，他答应了。时间不久，马万荣的儿子出生了，初为人父的他还没从喜悦中反应过来，孩子却大病了一场，一笔巨额的医药费又一次像拦路虎一般挡在他的面前。他便连夜加班加点地干活，甚至把辍学在家的弟弟也带了过来。二人轮班休息，相互配合，弟弟做粗活，他做细活。因为着急用钱，卖砚台也随行就市，容不得与人讲价。

就在这样艰难的情况下，马万荣还是没有忘记学习文化知识的重要性。因为在马万荣的理解中，砚台是做给文化人的，所以，做砚台的人也必须有文化。另外，他还有一个观点，认为时间就像松紧带，可绷大，也可放小，就看怎么安排。他的这些认识无疑是正确的。由此，他开始抽时间阅读四大名著，相对神怪的《西游记》和忠义的《三国演义》《水浒传》，《红楼梦》显得晦涩难懂，但他还是一遍又一遍地琢磨，力求得到尽可能多的信息。正因马万荣勤奋好学，其文化程度也不断得以提升，谈吐起来也自然与众不同。鉴于此，很多业内的前辈和领导也喜欢帮助他，也习惯于将一些外出学习，抛头露面的机会推荐给他。

2009年，中央社会学院开设了一个为期15天的培训班，马万荣被派往参加，同年，他还去清华大学学习（图12-5）。这是他第一次去北京。虽然说他已经不像小时候进入省城那样好奇，但首都的繁华还是让他激动不已。尤其是聆听专家的讲座，让他深深感受到学海之无涯，北京之博大。由于文化基础薄弱，他根本无法理解专家所讲的美学理论，但还是认认真真地做了笔记。三年之后的一天，他无意间发现了这个笔记本。翻开当时的笔迹时，他惊奇地发现，不仅当年专家讲课的情形历历在目，而且还能理解其中的内容了。实际上，他自己很清楚，这并不奇怪，因为，三年来，他对美学的学习并没有间断过，而笔记上的内容正是他反复琢磨的《中西美学思想鉴赏》。通过此事，马万荣进一步明白了做笔记的重要性，他深信，即便是当时课堂上完全听不懂的问题，随着自身文化程度的不断提高，迟早有一天会慢慢理解的。

图12-5 马万荣在清华大学学习

2011年，苏州工艺美术学院举办了一期砚雕培训班，甘肃共有7个学员报名参加。马万荣选择了素描、工笔、泥塑、书法等课程（图12-6），他还是白天听专家讲课，晚上练习基本功。如有空闲，则逛逛博物馆或美术馆，走一走历史文化遗迹。有一次，朋友拉他参加一个笔友会，凡到会者都要施展才艺，有人提议让他写几个字。这可难住了马万荣，写吧，字太丑，不写吧，又会给甘肃人丢脸。这时他想到，冬天家里的窗户上有雾

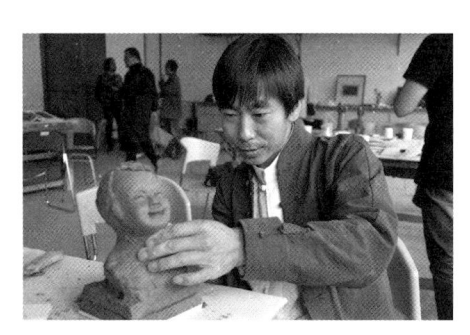

图12-6 马万荣在苏州工艺美术学院做泥塑

气,他常常将手掌调整角度,在上面压一个小脚丫的形象。于是,他装作不经意的样子,手掌沾上墨汁,在自己签名的位置轻轻一按,留下了一只精巧的小脚印。大家立刻鼓起掌来,说"效果不错,太神奇了"! 虽然当时侥幸挽回了尴尬,但他回来后还是从描红做起,决心练好毛笔字。

时间很快,一晃,他跟随刘爱军老师已经多年,出师之后,他便在临洮县租赁房屋,招收学徒,经营洮砚,传授技艺。马万荣带徒弟是发工资的,并且不按计件发。他说计件工会形成只追求数量,不求质量的现象,而他的目的就是每件作品的质量都要精、都要好,如果做不好宁可重来。在这样的要求下,他的人才培养质量也高。目前,他前后共培养出50多位徒弟,其中有弟弟马万清、卢俊科、陈龙基等七八人都成为省级大师。而他们又成立自己的工作室,收授新的学徒,将洮砚技艺代代相传下去。

在临洮的几年里,马万荣发展势头很好,随着知名度的不断提升,也培育了自己的市场。很快,他不仅购置了楼房和轿车,还解决孩子的上学问题。弟弟马万清受他影响,也在临洮成家立业,还将父母接过来一起生活。一家人终于在临洮团聚,过上了稳定而优越的生活。

人生就是这样,一家人好不容易安定下来,但是,接下来发生的两件事则打破了他现有生活的宁静。有一天,卓尼县宣传部副部长赵永新找到马万荣,动员他回到家乡带动发展洮砚产业,回报乡里。赵永新曾是洮砚乡党委书记,不但十分了解洮砚,关心洮砚的发展,而且不遗余力地为推广洮砚文化做着应有的贡献。他不仅了解马万荣的能力与水平,也清楚他的为人。面对赵部长三番五次的劝说,马万荣并没有立刻应允,因为他好不容易带着全家从山窝里走出来,不去大城市还则罢了,要是再返回去,别说家里人一致反对,就连他自己也总是转不过弯来。

又有一天，他的店里来了一个外地人，看到他的作品后愤愤地说："都说洮砚乡是洮砚的产地、是制砚的故乡，可我长途跋涉专门开车到那里，千辛万苦，却什么都没看到，简直就是骗人。没想到转了一大圈，在你这里才看到真正的好洮砚。"马万荣没有因来人表扬自己而高兴。因为，此人所讲，正是洮砚乡缺乏规模性生产基地、展示中心和销售市场的客观现实。外地人慕名而来，败兴而归实属正常，如此下去，洮砚乡将真正成为外界心中的"骗子乡"，洮砚的前景堪忧。加之对临洮制砚面临的石材运输不便、粉尘噪音等实际问题的全方位评估，马万荣决定接受赵部长的邀请，说服家人，于2014年8月18日在纳儿村的一处荒坡上选址修建、注册成立了"卓尼县万荣洮砚文化艺术品有限公司"。占地面积4700多平方米，其中有展厅、接待室、培训传习教室、研发制作车间等40多间房。是一家集国家级非物质文化遗产（洮砚）雕刻技艺传承、传习、人才培养、洮砚加工销售为一体的公司（图12-7）。

| 马万荣洮砚文化非遗传承传习基地全貌 | 展厅 | 制作车间 |

图12-7

同年，经卓尼县文广局批准挂牌"国家级非物质文化遗产洮砚第三传习所"。2015年，经县文广局卓文广字（2015）6号文件批准为卓尼县"洮砚文化非遗传承传习基地"。同年被甘南州旅游局、甘南州经信委评为"甘南州旅游商品定点生产企业"。2016年被中共甘南州委、甘南州人民政府评为"2015年全州文化产业发展先进企业"。2017年5月，由12名洮砚大师自发性组织的"洮砚技艺践行月活动"就在这里进行，成为洮砚界的一件盛事（图12-8）。

马万荣

"洮砚文化非遗传承传习基地"背靠青山，面朝碧水，周围没有车水马龙，也没有人声嘈杂，是一片难得的净土。马万荣真心喜欢这里，每天早晨起来，那片巨大的绿色水面都会映入他的眼帘，还

图12-8 马万荣组织的洮砚技艺践行月活动

有那山谷中传来的鸟叫，都会让他思绪万千。他想到自己坎坷的人生道路，想到给了他艺术生命的几位老师，他认为，是王玉明老师一开始就把他带到一个较高的平台，并为他打下了仕女雕刻的基础；是高雄山老师把他领进绘画的门径；是李国琴老师教会了他严谨、给了他大量的知识；是刘爱军老师开拓了他的思维，他从心底里感激他们。他想到远在临洮的父母妻儿，内心充满愧疚。因为，自从他回到家乡，就很少在父母身边尽孝，也没有承担起为人父、为人夫的责任。他想到几年前自己红火的日子，再想想当下为了建厂，不仅倾其所有，还背负了上百万元的贷款。他还想到，就是这片土地养育了他，让他走出去，实现了自己的梦想。现如今，他已经用各级各类的奖项证明了自己的水平，得到业内的认可。他不仅是中国工艺美术协会中青委委员、甘肃工艺美术协会理事、中华传统艺术大师、甘肃省工艺美术大师、甘肃省洮砚协会鉴定委员会常务委员、卓尼洮砚协会常务副会长，而且是卓尼县第十八届人大代表、政协卓尼县第十四届政协委员、深圳市当代名家文房四宝博物馆副馆长、砚湖博物馆研究员、《中国洮河砚》的主编。

就是这片土地让他结出累累硕果，那么他能给这片土地回报什么？所以，在所有的头衔中，马万荣最看重的便是"洮砚文化非遗传承传习基地传承人"。记得2014年传承传习基地刚成立时，老乡们便把子女送来，希望能在他的指导下获得一技之长。而这些年轻人中有

想学技术的、有生活困难的,甚至有调皮捣蛋、打架斗殴难以教育的。在家人请求下,马万荣不但收下了他们,而且潜移默化地改变了他们,不但教他们学绘画、文化、砚雕技术,还给他们介绍对象。截至目前,他先后吸收洮砚乡无业青年20余人,主持操办喜事六七个,有效缓解了洮砚乡青年的就业问题,并帮他们建立了美满的家庭。

2015年7月马万荣出资举办了洮砚乡九年制义务学校首届师生书画大赛。大力弘扬和繁荣了洮砚乡的文化建设。获得了洮砚乡人民的极大赞赏(图12-9)。2015年10月甘南州实用技术培训班的100多位学员,到厂里观摩学习,对洮砚乡洮砚文化产业的发展给予了很高的评价。2017年,马万荣被卓尼县委县政府、宣传部评为首届"最美卓尼人"(图12-10)。

图12-9 马万荣组织的首届师生书画大赛

图12-10 马万荣被评为"最美卓尼人"

客观地讲,刚过而立之年的马万荣还有很多路要走,还有很多挑战需要面对,还有很多艺术的真谛需要认知,还有很多雕刻技巧需要突破。但就从目前所取得的成绩来说,他确实是同龄人中的佼佼者。分析马万荣取得成绩的原因,首先是他的勤奋,这一点充分体现在前面的文字当中。其次就是他的悟性,可以说,学习艺术,不讲悟性是不行的。而悟性在某种程度上就是一种通达的感悟能力,也就是说凡是艺术,在理的层面都是相通的,一个有艺术悟性的人便可做到"不隔"。马万荣正是如此,先不说他做得如何,单就他在艺术中广泛涉猎即可见一斑。比如,除了绘画、雕塑、书法等与砚相关的艺术外,他还尝试过剪纸，他认为剪纸和印章、版画是相通的，因为他们的共同点就是黑白关系（图12-11）。再比如，他因无法回复朋友发来的诗文短信而发奋学习古诗词，并做了大量的类诗词短句。还比如，每年正月里，他都能登台演出，吼上几嗓子秦腔（图12-12）。他说他一直想尝试制作刺绣，但至今未能如愿。最后就是他的见识，应该说马万荣是幸运的，因为他通过自己的努力走遍大江南北，得以参加各种培训，参观多家博物馆，领略多种地域文化，聆听各级专家的思想。这就使得他在学识、眼界和思维方式等方面都有别于他人。正因如此，在他的砚作中，我们能看到传统素砚的温润和典雅，人物砚的精巧。尤其是部分以山水为题材的作品，整体设计疏密得当，往往能借助砚面的留白及朴拙的刀痕表现出荒寒的意境（图12-13）。另外，如《道法自然》、《米芾拜石》、《采菊东篱下》、《力拔山河》《普度众生》（图12-14）等砚，无疑是学习文化知识的结果。还有如《静夜思》（图12-15）、《和尚与水》、《月是故乡圆》等作品，则又是将文化内涵与洮石自然意象巧妙融合的产物。作为出生在农村的他，又能把生活中的瓜果蔬菜、锅碗灶台纳入洮砚的创作（图12-16），为洮砚的发展注入新的活力。

图12-11 马万荣的剪纸

图12-12 马万荣秦腔剧照

图12-13 《山水砚》

艺术的创造需要才情，而在我们看来，马万荣就是洮砚界的才

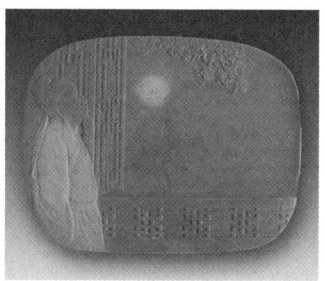

图12—14 《普度众生砚》　　图12—15 《静夜思砚》　　图12—16 《灶台砚》

子，这集中体现在他试图通过各种艺术形式表达自己所思所想的冲动当中。在信息时代，大家都忘不了借助网络平台宣传自己，推销自己的作品，马万荣也不例外，但他并不会将自己框死在洮砚的小范围之内。或许，在他看来，他对洮砚的热爱之情可以有多种渠道得以表达，他对生活的感悟也可以有多种方式诉诸洮砚。由此，我们才能看到他利用四个小和尚捂眼、捂嘴、捂耳、捂鼻的形象，传递不看、不说、不听、不闻等生活哲理的《四不砚》。也能看到他创作每一方砚时的思考与感动，如2017年，当他完成一方《黛玉葬花砚》时，心情久久不能平静，于是提笔写下"一首葬花催人愁，手把花锄出绣楼。花影香魂付尘去，伶仃孤影人心揪"的文句。在他眼里，"洮砚，穿过唐时的栈道，拂过宋时的清风，是岁月的风铃，从远古的荒芜走来，追逐着云水的风情"。

或许，在行家眼中，马万荣的文字不是地道的诗，他自己也不认为他写的是诗。但有一点可以肯定，那就是，不管文字华丽与否，无论语句合规与否，都是自己心绪的表达，都是自己对洮砚的一份情感。他说："一袭青衫砚作田，石在迷心心自恋。半生耕读心酸泪，换得片纸三两言。"他还说："我本石匠人笑痴，一年三百六十日。不拒冬寒夏炎热，砚里砚外岁月知。"这，也许正是这位年轻砚者对自己，对洮砚的真切表达与炙热感情。

李海平

李海平[1]，男，汉族，艺名拼子，1977年3月出生于卓尼县洮砚乡峡地村。是明代大将军李达后裔李七十六儿夫妇的第八代后人。爷爷李沙茂、三爷李茂棣、外爷何凤彩、父亲李尕个、弟弟李江平都是这个家族中的手艺人。他们要么会做农具，要么会编生活用品；要么是木匠，要么是砚工。尤其是三爷李茂棣，2008年被评为"国家级非物质文化遗产——砚台制作技艺·洮砚制作技艺传承人"，被称为洮砚界的一代宗师。在他的影响下，李海平和李江平兄弟也成为活跃在当今洮砚舞台上的两颗明星。所以，人们习惯性地把这个家族称为"卓尼洮砚李氏"[2]。

　　李海平出生的时候正好赶上了家庭联产承包责任制，所以，村里给他分到半个人的土地。家中没有姐妹，弟兄三人，他是长子。由于要帮助父母照顾弟弟，所以，直到1987年，10岁的李海平才进入拉扎小学接受教育。每到农忙时节，父母下地干活，无人照顾弟弟，他不得不把他们带到学校。上课时，他让弟弟们在教

---

[1] 本评传撰写中得到了李海平的大力支持与配合。在此说明并表示感谢。
[2] 李茂棣是李海平的三爷，李江平是李海平的亲弟弟，关于李海平的家庭背景可参阅李茂棣与李江平。

室外宽阔的地方玩，放学回家的路上，弟弟们走累了，他又背着他们走。回家后，给父母做饭、帮父亲出砚坯，这就是他的小学生活。在这段时间里，让他最难忘记的就是帮父亲锯坯子。父亲李尕个，农闲时经常去三爷李茂棣家请教制砚技艺，回家后据其所学制作洮砚。由于当时没有切割机，每一块砚坯都需要人工用锯子裁制而成。所以，帮父亲拉锯切割砚坯便成了李海平小学期间的一项"常规工作"。李海平说锯坯子可不是一个容易的事，需要把砚石牢牢地捆绑在柱子与一块木板中间，根据需要画上线后锯下来。拉锯也要讲求技巧，尤其是两人配合时更是如此。比如手握钢锯架要紧，心不能急，手不能弱，不能用力过猛，要坐直对端，一分为二地拉，稍有马虎，锯条就会断裂。若是遇到较厚的砚石，钢锯条来回拉动的距离只有十来公分，更需要全神贯注。所以，父亲经常对他说："拉锯吃粉，不能心恨。要做好砚台，必须要心静，没有杂念。要有一定的耐心，如果连坯子都出不好，基本功就没有，就不可能刻出砚台的细活，而雕刻出来的东西也不会有人喜欢，更不会有人购买。"现在想来，父亲那时候一方面是让他帮忙，另一方面也是磨练他的意志和耐心，训练他的基本功。可当时年纪尚小的李海平并不理解这些，他只记得那锯条和砚石摩擦发出的刺耳声音，拉断锯条后父亲的责骂以及遇到大砚石时连续半个月不间断的枯燥工作。渐渐地，这种拉锯的煎熬让他产生了逃离家门的念头，他说："当时人家的孩子在逃学，而我却想着逃家；其他同学的童年是玩耍，而我的童年则是拉锯。"但家中境况如此，他又能逃向何处？

1992年，小学毕业后，李海平考入洮砚八年制学校上初中。初二那年，卓尼遭遇了一场罕见的旱灾，为了增加耕地面积，多种粮食，李海平辍学回家，跟随父亲开垦荒地。家中现有的八九亩土地中，阳坡、石峡子、涝坝坡、白盖坡等都是那个时候父子二人开垦出来的

图13-1 李海平在涝坝坡犁地

（图13-1）。李海平记得，刚开垦出来的土地，第一年只能种土豆，因为土豆有较强的生命力。等到第二年，才能在土豆茬上种植油菜花、青稞、小麦、大豆等。对他而言，挖地的过程是乏味的，疲劳的，但与此同时，也是有趣的，而让他最难忘记的事就是"烧灰"。所谓"烧灰"是指每年五月到九月，人们把原始的草皮、草根铲下来后堆成直径为三米、高为两米的草堆，草堆内掏成中空的火膛用来添加柴火，顶上设置一个烟囱，周围设置三个小孔，作为通风口。一切准备就绪后，把干柴放入火膛点着，然后封住火膛门，在烟囱和通风口的作用下，草皮一点点被燃成灰烬。这一过程一般需要七八天时间，是当时峡地人自制肥料的常用手段。最后，再把制成的灰肥施入刚开垦出来的田中。在"烧灰"的过程中，李海平常常会在晚上收工回家时在火膛中放入土豆，等第二天上工时，便有热气腾腾，又酥又软的烤土豆当午餐了。

垦荒、烧灰的季节过后，峡地的农人们又开始刻砚，尽管当时的洮砚行业非常萧条，但这毕竟是他们在种庄稼之外唯一的副业。而对于李海平来说，他宁可垦荒、烧灰，也不愿意做砚台。这一方面是因为从小随父亲锯胚子让他对此失去了兴趣，另一方面是他看见别人都在做砚台，自己不愿意从众……但不论如何，在农闲的日子里，不做砚台就等于自断了生活的来源，所以，他还是不得不硬着头皮雕刻砚台。可不论他怎么努力，就是不能对洮砚产生好感，反而变得更加厌恶了。现在想起来，他总是笑着说，这正应了老家人常说的一句话——"干一行，厌恶一行"。

20世纪80年代，洮砚乡政府在挖日沟和拉扎兴建了地毯厂，为周边很多年轻人提供了就业机会。早已厌烦了雕刻洮砚的李海平也跟随大伙,带上口粮,走进了拉扎地毯厂。他原本以为在这里会找到另一种生活方式,但地毯和洮砚一样都是手艺活,都需要师傅的指导。而在地毯厂里,很多师傅根本不愿意带他们这些新来的学员,因为,当时厂里都是按件记工,师傅们与其在学员身上花费太多精力,还不如自己多织几张地毯。在这种情况下,初来乍到的李海平投师无门,只好认真看别人怎么做,看不懂时就多问几个为什么。两个月后,他便慢慢了解了有关图案、系线、穿线、钩线、结扣、打圈等一系列地毯编织技巧。但每个月的收入仅一两百元,每天上班远远超过八小时,除了吃饭之外,没有休息时间。到了冬天,坐在做地毯的架子上,风从脚底穿过,浑身打颤,寒冷难忍。此时的李海平突然感到在家做洮砚是多么的温暖。

新年过后,李海平再也没有去地毯厂,而是选择了在家雕刻洮砚。当时正好赶上挖日沟新成立了社办厂,厂里请来7位手艺高超的师傅带徒授艺。李海平便来到挖日沟社办厂进一步学习洮砚雕刻技艺。当时厂里的师徒传承模式是,徒弟们自购石料后带到厂里请师傅们设计、画图案,之后,徒弟按照图案雕刻,完工后交给师傅,由师傅们转手出售,所得收入的百分之四十用于支付师傅的指导与设计费,百分之六十归徒弟所有,除去石料费、工具损失费、生活费等,所剩者方可用于补贴家用。由于师傅分成比例较大,学徒每做一方砚台收入微薄,加之师傅们的设计套路很快就被徒弟所掌握,因此,很多学员在短期培训之后便回家自立门户去了。李海平记得,当初和他一起进厂的七八十人在两年时间里减到了三四十人。就在别人纷纷离开的时候,李海平却感到社办厂是一所大学堂,他要抓住这里的一切机会,学习到更多的东西。白天,他跟着师傅们学绘画,看他们设计砚台、勾勒图案,晚上,他雕刻师傅们设计绘制好的砚石,并在本子上把砚形和图案照着画下来。就这样,李海平不仅掌握了7个师傅各自的设计理念和洮砚雕刻技法，而且能够将7个人的东西融会贯通，在花草、山水、人物、动物的雕刻上都取得了长足的进展。

1994年，李海平从挖日沟社办厂出师归来，在家帮助父亲制砚，同时给二叔、三叔设计图案，也给亲朋好友指导雕刻技巧。等砚石用完了，他又得收购石料。当时出售洮砚石的有丁尕、卡古、纳儿、上达勿、下达勿、界拉、沙扎、羊沙口等地，其中丁尕、卡古、纳儿等地都在路边，比较热闹，石料的价格也比较贵。相比之下，界拉、沙扎比较偏远，石料的价格也就便宜。因此，李海平经常骑着自行车去界拉、沙扎买石头。他说："早上从家出发，待到晚上还不能到达目的地，走到石门口亲戚家休息一晚，等到第二天，准备好干粮，又开始赶路。当时在界拉、沙扎等地用十五元钱就能买到一百多斤砚石，买好砚石后绑在自行车上，又赶快往家走。骑着自行车走下坡时还稍容易，而走上坡路段时那就相当于登天了，上坡时我得卸下那一百多斤重的石头，先把石头抬到平坡，再把自行车推上平坡，又把石头绑在自行车上，就这样周而复始地行走了一天，有时天黑了，还不能到家，又去亲戚家借宿，这样反复折腾，等到回家时，人早已筋疲力尽了。但稍作休息后又开始了拉锯做坯子的活。"

父亲不忍看儿子为购买石料到界拉、沙扎一带挣命奔波，便带着自己的二弟、三弟和海平一同去白杨河、砚瓦石嘴等地挖石头，一来大家在一起，互相有个照应，二来在这些地方挖石料不用掏钱。按照常规，第一天是挖不出石头来的，因为要采到可用的石料，需要先把表层的碎渣和废石挪开，等第二天方可动工开采砚石。正因如此，他们就需要在采石点山上的窑洞里过夜。初次睡在山洞里，李海平感到新奇而兴奋，也因此久久不能入眠。等到后半夜，寂静的山谷中不断传来动物的嚎叫声、风吹树叶的沙沙声，还有父亲低沉的呼噜声，这才让他意识到山野深夜的阴森和恐怖。李海平下意识地将头缩到被窝里，努力让自己镇定，盼望着早点入睡，可越是这样越难以入睡。

除此之外，将采好的砚石背回家也是让他难以忘记的事，他说："第三天，我们每人都在自己的背篓里装了些石头，满载而归，父亲他们装得很多，而我就仅背了三块，那三块有三十多斤，刚开始觉得稍微轻点，待再走到石峡子时，我感觉我自己好重，双腿像注了铅一样沉重，最后，硬是咬着牙一点一点将石料挪到家。"

1999年，李海平前往临洮"洮河源洮砚有限责任公司"担任车间主任（图13-2）。这一年农历六月，在洮砚乡加嘛沟举办的大型庙会上，聚集了来自四面八方的商户、地摊和杂技团。初八那天下午，突如其来的一场暴雨，将许多地摊、帐篷连同杂技舞台全部冲倒。一霎时，会场处于一片混乱，所有人都陷入惊慌并竭力自保。杂技团中一名年仅七八岁的小女孩被困在洪水中，神色慌张，眼里闪动着无助与求生的泪花。就

图13-2　洮河源洮砚有限责任公司时的李海平（左）

在那一刻，当时年仅22岁的李海平，义无反顾地冲上去从水中救出了小女孩，而自己却差点被洪水冲走。这一举动惊呆了在场的所有人，认识他的人骂他傻，不认识他的人给他竖起了大拇指。从此以后，李海平义救杂技团小女孩的事迹传遍周围乡村，成为佳话。但李海平却认为这是很正常的事，所以，他并没有在众人的夸赞声中膨胀，而是继续自己平凡的生活。

2000年，李海平带着刚满15岁的三弟李江平来到"洮河源洮砚有限责任公司"。从此，兄弟二人在洮砚制作的道路上携手而行，不断超越自我，取得了骄人的成绩。2006年9月，李海平的两件洮砚作品《明月松间照》《福如东海、寿比南山》同时在"甘肃省第九届工艺美术百花奖"中荣获创作设计一等奖，这无疑给予他极大的鼓舞。

2007年10月14日，李海平收下了第一个徒弟——36岁的张立青。收徒授艺原本是洮砚行业中的平常之事，但李海平认为，在诸多大师中，年长自己6岁的张立青能拜他为师，本来就是一件让他感动的事。所以，他和弟弟李江平一起指导这位大龄的徒弟（图13－3），并把每天授课的内容都清清楚楚地记录了下来，成为他们师徒难得的资料（见附录）。2007年11月，李海平通过自己的努力加入了甘肃省工艺美术协会，从此进入了一个更加专业的平台。

图13－3　李海平（右）与李江平（中）、张立青（左）

2008年是让李海平难忘的一年。这年春天，九甸峡移民搬迁，李海平亲眼目睹了父老乡亲们离别故土的点点滴滴，这使他更加热爱那片生他养他的土地。看着搬迁的老乡们四处奔走，以低廉的价格出售祖辈居住的老房子，李海平便凑钱买下了几家院落（图13－4）。一来可以改造成今后的制砚场所，二来可以解决乡亲的燃眉之急，三来为他和搬走的乡邻间留下一个念想。就在周边村民大面积迁移的时候，5月12日，四川又发生了汶川大地震。一年之内，眼见离别之苦，耳闻生死之痛，让李海平的心绪非常复杂，他一直在思索面对这些生与死的事件，一个砚工能干什么。就在此时，在湖南国藩溪砚厂刻砚的兄弟李江平回来了，他也正在思谋如何用砚雕的形式表现汶川地震以及抗震救灾中众志成城的精神。兄弟二人一拍

图13－4　李海平家的院落

即合，开始筹划、设计、制作《众志成城、抗震救灾——纪念5·12汶川地震》巨型洮砚。这一年9月，他的洮砚作品《神七憾天》《枯木逢春》，《福神助威中华发财》与《金蟾》分别荣获甘肃省第十届工艺美术百花奖创作设计一等奖、三等奖和创新创意二等奖。更让他欣慰的是，徒弟张立青的《民族气节砚》也在本次展览中荣获制作技艺三等奖。

2009年5月12日，《众志成城、抗震救灾——纪念5·12汶川地震》巨型洮砚顺利完成，并在洮砚乡干部赵建军的协调下，无偿捐赠给中央档案馆。一方面缅怀了5·12遇难同胞和抗震救灾英雄，另一方面也加强了对洮砚文化的宣传，引起了社会的广泛关注，中央电视台"朝闻天下"栏目和全国各大网站都有报道。5月18日，李海平参加2009年中国工艺美术高级研修班，并修完48课时的全部课程，顺利结业（图13－5）。5月22日，中国工艺美术协会授予李海平"中国工艺美术协会"会员证书。9月29日，李海平和兄弟李江平构思设计了庆祝中华人民共和国60华诞、兰州解放60周年的巨型《祖国繁荣砚》，并以他们创办的"卓尼李氏洮砚研究会"的名义捐赠给兰州市委市政府。这不仅表达了对祖国华诞的庆祝，也扩大了洮砚文化在兰州的影响力。一年之内两方大型洮砚捐赠活动被媒体报道后，引起了很大的轰动，受到社会各界的广泛关注和好评，也大大提高了李海平、李江平兄弟二人的知名度和影响力。10月8日，甘肃省卓尼洮砚协会授予李海平"中国甘肃省卓尼洮砚协会"会员证书。

2010年3月，全国促进传统文化发展工程工作委员会授予李海平"中华传统工艺名师"称号，中华传统工艺师推广管理办公室授予他

图13－5 李海平中国工艺美术高级研修班结业证书

"中华传统工艺名师"任职资格。5月12日，汶川地震2周年之际，李海平与李江平又将师徒历时近一年，精心设计创作的《万众一心，重建家园——纪念5·12汶川地震姊妹砚》以"卓尼李氏洮砚研究会"的名义无偿捐赠四川博物院永久收藏。四川省委省政府领导特为此砚在四川科技馆举行了捐赠仪式。此砚表达了一位洮砚人对四川灾后重建事业的支持，以及对增进甘肃、四川两省人民友谊的愿望。8月，其洮砚作品《航天》《雄志千里》荣获"甘肃省第十一届工艺美术百花奖"创作创新一等奖。11月，作品《金蟾助福》《任我行》在"第十一届西部国际'三品'博览会"上荣获金奖。

图13-6 李海平"甘肃省工艺美术大师"荣誉证书

2011年2月，甘肃省工业和信息化委员会授予李海平"甘肃省工艺美术大师"荣誉称号（图13-6）。3月29日，"甘肃润玉洮砚艺术研究院"正式挂牌成立，特聘他为副院长。这一年的10月，是李海平收获颇丰的一个月，10月10日，"2011年中国（兰州）艺术品收藏博览会组委会"为李海平所持有的洮砚作品《黄河之水天上来》《沁园春·雪》《鹊桥会》颁发博览会展览金奖证书。10月18日，李海平的洮砚作品《福在眼前》参加"中国宁夏贺兰石（砚）设计创意大赛"，荣获"贺兰杯"入围奖，并被宁夏贺兰砚博物馆收藏，中国工艺美术协会和宁夏回族自治区轻纺工业局为其颁发荣誉证书，宁夏贺兰砚博物馆为他颁发了捐赠证书和收藏证书。同日，因李海平参加2011年5—10月的"2011年砚雕艺术高级研修班"，修完教学计划规定的全部课程，中国工艺美术协会与中国工艺美术研究院授予他结业证书。这一年，李海平曾有一段时间在湖南湘潭大学学习工艺美术，巧逢"第五届中国·阳明'和'文化旅游节暨海峡两岸阳明山旅游合作与发展论坛"于湖南阳明山开幕，中国国民党荣誉主席连战亲笔题写"和"字条幅赠予湖南阳明山（图13-7），凸显了"两岸阳明山，杜鹃传真情"的"和"文化主题。湖南主办方决定把连战主席的题字刻在具有地方文化特色的湘砚石材上作为回赠礼品，但由于湘砚石硬度高，雕刻出来的文字效果很不理想，于是，李海平便用随身携带的洮河绿石取代了湘砚石，结果取得了最佳效果，得到了主办方的认可并将此砚回赠给了连战先生。

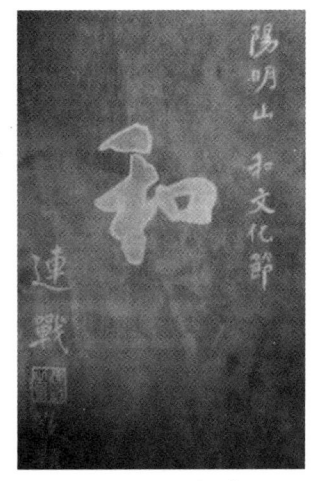

图13-7 洮石"和"字砚

这件事让李海平对洮砚的未来更加信心百倍。所以，在2013年1月8日于洮观乡召开的筹建洮砚文化一条街研讨会上，他就洮砚乡建设洮砚文化一条街的重要性、迫切性发表了自己的见解与看法，得到了与会同行的赞同和肯定。为了拓展创作空间，实践自己对洮砚雕刻的思考，2013年夏天，他在兰州城关区左家湾凤凰山庄成立了"李海平大师工作室"（图13-8），占地3亩，租房十余间，就在这里，他曾尝试将洮砚雕刻艺术融入旅游产品。2013年8月，他带着自己制作的上千方旅游纪念砚，参加了在甘肃国际会展中心举办的"兰州第三届中国旅游艺术博览会"，得到了许多旅游公司的青睐。这让他更加坚定了一种信念，那就是要让洮砚得到推广，不仅仅是将其做成高雅的文房用具，使之进入上层雅士的桌案，也不仅仅是将其雕镂得华丽非常，送进收藏家的博古架，而是应该让洮砚进入平常百姓家，只有这样，才能让越来越多的人了解洮砚，认识洮砚，

图13-8 李海平大师工作室揭牌仪式

图13-9　李海平用洮石制作的旅游产品

宣传洮砚。所以，他将洮砚与旅游产品相结合的想法是有道理的，也是可行的（图13-9）。

2014年，经甘肃省农村实用文化人才高级职称评审委员会2月26日会议评审，通过李海平获得农村实用文化人才副高级职称，3月5日，甘肃省文化厅与甘肃省人力资源和社会保障厅授予他"副高级洮砚制作艺术师"称号。6月16日，其作品在"2014年中国梦书画艺术精品展"中荣获工艺美术创新金奖，中国当代艺术家协会、华夏文化产业基金管理委员会、中国文化艺术人才管理中心授予他"德艺双馨"艺术家称号并颁发荣誉证书。

"德艺双馨"是对一个从艺者极高的肯定，李海平心里很清楚这四个字的分量，也知道自己离这四个字的差距，所以，一有机会他就外出学习，给自己充电。2015年8月30日至2015年9月30日，他在西北民族大学参加文化部"中国非物质文化遗产传承人群研修培训计划"培训班，并完成了相关学习（图13-10）。9月30日，西北民族大学为他颁发了结业证书。8月6日，卓尼县文化体育广播影视局同意《关于成立卓尼县非物质文化遗洮砚传习所的申请表》，由李海平负责传习所的一切事务。11月25日，他被甘肃省文化厅评为"甘肃省第四批省级非物质文化遗产洮砚制作技艺传承人"。

图13-10　李海平在西北民族大学培训班课堂（窗前右一）

不断叠加的头衔，让李海平越来越感到一种前所未有的紧迫感和使命感。尤其是2016年2月2日，"卓尼洮砚李海平传习所"正式挂牌成立后（图13-11），他更加意识到如何能够做到名副其实，除了到更大的平台上去学习别无它途。于是，2016年5月9日至6月5日他参加了清华大学美术学院举办的"中国非遗传承人群研修研习培训计划"清华美院研修班，完成156学时的课程学习，8月22日，清华大学为李海平颁发了结业证书（图13-12）。6月15至7月15日，文化部恭王府

图13-11 "卓尼洮砚李海平传习所"正式挂牌成立

图13-12 李海平在清华美院研修班课堂（前排左一）

管理中心府邸东二区中华传统技艺精品馆举行传统文房制砚技艺展演活动，李海平应邀参加并做了关于洮砚石质、雕工及洮砚发展现状的发言。2016年7月19日至2016年8月20日，他又一次参加了西北民族大学的"中国非物质文化遗产传承人群研修培训计划"培训班，于8月20日顺利结业，并被评为优秀学员。刚刚学习归来的李海平，还没有来得及消化课堂的知识，就步入了忙碌的9月。他说："这一月的2日，我的传习所在'2016中国文化馆年会·文化艺术博览会暨银川一带一路特色文化产品博览会非遗展'上荣获优秀非遗项目奖。11日，我又前往参加广西南宁东盟会。20日，又去山东参加'第四届中国非物质文化遗产博览会'。尽管四处奔走，非常辛苦，但一想起这都是为洮砚，为自己，就感觉也值了。"

2017年，洮砚市场萧条，李海平也曾陷入苦恼，因为，洮砚毕

竟是自己赖以生存的根本。但回头一想，市场并非他一人之力能够扭转，还不如趁此继续外出考察学习，开阔眼界。由此，1月11日，他便领着家人，带着自己的梦想和使命，前往华西五市参观、调研。一路之上，每一次见闻，都让他受益匪浅。比如，在阿里巴巴总部学习网上销售，让他感到进一步扩大网上交流与销售不仅可行，而且非常重要和必要；在杭州参观柳编艺术、西湖博物馆、西泠印社，让他体会到编织、篆刻与洮砚雕刻之间的互通之处；在西湖参观雷峰塔，让他了解了塔的建筑风格和审美理念；拜访工艺大师汪春炎、胡中泰（图13－13），让他认识到洮砚的不足和发展方向……

图13－13　胡中泰为李海平题写的"洮砚之声"横幅

这次外出，使李海平低落的情绪又一次高涨了起来，他回到家中，重新思考洮砚的未来和自己的前途。2017年3月16日，甘肃省工艺美术协会第三次会员代表大会选举他为第三届理事会理事。7月，他第三次接受西北民族大学"中国非物质文化遗产传承人群研修研习培训计划"高级研修班培训。9月1日，读者文化旅游股份有限公司聘请他为读者研学旅行专家顾问，负责向读者研学团队展示和分享非物质文化遗产项目。9月15日，参加宁夏第四十届全国文房四宝艺术博览会。10月5日，他作为2015年度教育部人文社会科学青年项目《卓尼李氏制砚工艺传承研究》的课题组成员，组织参与了该项目的中期成果论证会。10月16日，参加第五届中国文化产品博览会。11月24—26日又去参加北京2017中国职业技能博览会工匠技艺手工传承展。12月12日，被聘任为卓尼县第六届国家级非物质文化遗产"卓尼洮砚制作技艺"成果展评委。12月25日，又去天津参加56个民族非遗展。12月26日，他在卓尼洮砚制作技艺方面具有特点的"诗情画意雕法""创作雕法""传统雕刻",在国家级培训成果展中,被中国非遗巡展联盟组委会评为金奖。同月,《荷塘月色砚》被中华炎黄文化研究会砚文化联合会收藏。《三棵树》在第六届精品砚台评选中被评为二等奖。

可以说,2017年是李海平最为忙碌的一年。他说他好像在与时间赛跑,奔波在洮砚文化的传承道路上。2018年3月,他受邀参加"2018—2019中俄地方合作交流年系列活动——中国甘肃民间艺术家赴俄罗斯专题交流展"(图13—14)。

图13—14 李海平赴俄罗斯交流展证书

2018年4月11日,他的《诗情画意砚》参加甘肃省非物质文化遗产精品赴俄交流归国汇报展,荣获一等奖。当天下午,由甘肃省联合国教科文组织协会、甘肃省民间组织国际交流促进会邀请的埃及坦塔大学校长玛咖迪·阿卜杜拉教授、埃及本哈大学校长顾问撒伟教授、埃及高等教育部副部长助理穆罕默德·萨迪先生、埃及卡夫拉谢赫大学文学院副院长沃里德教授一行6人来到他的传习所考察,他和卢锁忠分别向来宾介绍了洮砚的历史并现场为来宾演示了洮砚的制作过程。

从峡地村到北上广,再到俄罗斯,李海平为了生存,为了洮砚,足迹先是遍布全国,后又跨出国门。回看他的制砚经历,我们深深感觉到他善于思考,并有自己独特的设计运营方式,而这主要体现在如下几个方面。

第一,李海平善于设计主题性系列洮砚、纪念砚。如为了推广宣传洮砚,他曾为甘肃理工大学八一届毕业生精心设计了同学聚会纪念砚二百多方(图13—15)。

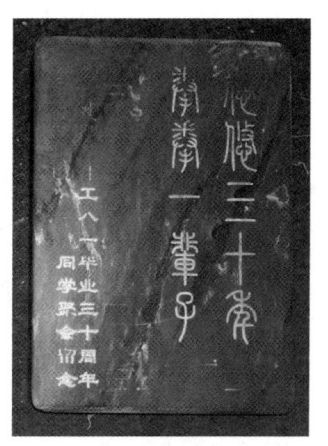

图13—15 为甘肃理工大学制作的聚会纪念砚

每方砚长15公分，宽8公分，厚2.5公分。砚身都雕刻了敦煌飞天，寓意理工大八一届的同学们像飞天一样飞往祖国大江南北、世界各地，学习高端科技，在各自的工作岗位上为祖国腾飞而奋斗。在同学聚会上，这批洮砚得到了在场所有人的高度评价，他们纷纷表示，要把洮砚带到全国各地，要让洮砚发扬光大。听到这二百方砚赢得了很好的口碑，李海平也从心底里感到高兴。再如他围绕反腐倡廉制作的系列砚，表达了一位洮砚传承人对党的热爱和拥护（图13-16）。之后，

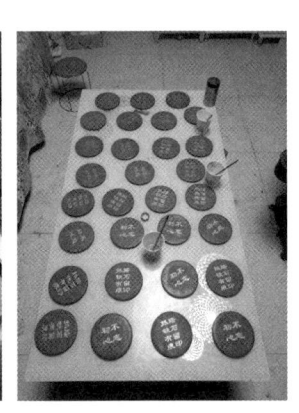

图13-16 李海平制作的反腐倡廉系列砚

他又制作了一批洮石墨海，发给中国台湾地区的书画家，这一举措，不仅让台湾艺术家用上了传说中的洮砚，感受洮砚的温润和李海平送去的温暖，而且架起海峡两岸的文化交流桥梁。

第二，他善于相石，经常从别人手中不惜高价收来洮砚成品后，又把砚上的所有雕刻全部剔除掉，重新设计构思，让原本毫无生气的洮砚获得新生。李海平说，他之所以这样做，是因为很多砚石品相非常好，纹理、色泽都天生丽质，但落入平庸的砚工之手，不能合理利用石色和石纹，他每次见到这样的砚台，都要收下来，长期以来，他以这种方式挽救的砚石不在少数，而这些作品要么再造了另一番图景，要么再现了石纹中的自然景观，一件件尽显巧思（图13-17、图13-18）。

第三，李海平祖上就有侠义之风，他从小就乐于助人，前面所提他

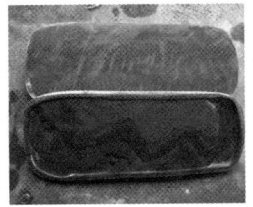

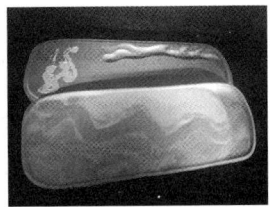

图13-17 从葡萄砚到龙砚的再造

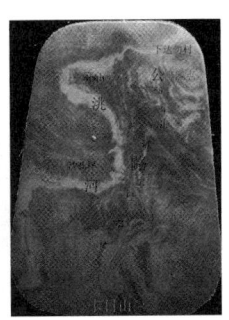

图13-18 让自然山水重现

舍命营救杂技团小演员一事便是证明。实际上，他的义举绝不止于此。作为洮砚雕刻家，他除了和弟弟李江平为汶川地震、建国60周年等捐赠大型洮砚之外，他也没忘了回报自己的家乡。如2011年冬，李海平听说老家有很多人为考取驾照，上当受骗，好生可怜。于是，他萌发了为家乡办驾校，让老乡们在家门口花最少的钱，最安全、最保险、最简单拿到驾照的念头。2012年春，他投入十万余元，在家门口租了一亩多地，将其改造为练车场，经过精心设计筹备，成立了甘肃省警苑驾校分校。等到年底，看到卓尼、临潭、瓜州好多老乡都顺利拿到驾照时，他的脸上也露出了欣慰的笑容。2013年8月6日，他为舟曲县人民武装部做了大型石雕门牌，为灾后重建的舟曲人民送上一份爱心。2015年5月27日，他曾为母校拉扎小学及坑扎村学、峡地幼儿园捐助物资，奉献爱心（图13-19）。2015年9月

图13-19 为母校拉扎小学及坑扎村学、峡地幼儿园捐助物资

9日，为兰州城隍庙无偿捐赠一方《太极砚》，该砚长83厘米，宽46厘米，厚16厘米，整体呈竹简状，层叠有序，砚池设计为"太极图"，砚面雕刻篆书《太上感应篇》，并以造残的方法表现出一种古朴、端庄、大方、厚重的气象，很好体现了太极的文化内涵。2016年8月15日，李海平在"通渭第二届中国西部文房四宝展览会"上为南海服役军人家属捐赠《护国砚》5方，为2016年高考优秀考生捐赠《金榜题名砚》10方，为通渭县书画传承优秀中小学生捐赠《千秋世纪砚》10方。2017年4月21日，李海平给卓尼柳林小学捐赠21方洮砚，被聘为柳林小学

图13-20 为柳林小学捐赠洮砚

校外工艺美术辅导员，同年，他的事迹被编入"卓尼县柳林小学校本材料"（图13-20）。2017年11月4日，他的传习所为甘南藏族自治州棋牌协会捐赠洮砚石双色象棋一副。

如今的李海平拥有诸多荣誉（图13-21），也早已习惯了在各种镜头下表达自我（图13-22），但这或许都不是最重要的。最重要的是有一颗仁爱之心，他爱洮砚，同时，也通过洮砚把他的爱心四处传递。我们相信，用爱心制作的洮砚必然是润泽的、温厚的，是能够传递很久很久的。

图13-21 李海平的诸多荣誉 　　图13-22 李海平在镜头下工作

附录

李海平授徒日记

2007年10月14日，是我值得庆幸的一天，这天在陇南刚卖了四万元的砚款。高兴之时，家里三弟打来电话说："有个三十六岁的中年人来拜师学艺，你收不收？"好事成双，又碰巧，我说："收。"

10月19日，我的同学卢月庭他爸带了个比我大6岁的人来我家拜师学艺做徒弟。他的名字叫张立青，藏巴哇镇人。开始了我的授徒生涯。

第一天，我告诉徒弟：抛光机、打磨机、雕刻机、刻砚电机，绝对不能让雨淋、霜踏、雪盖、水湿、露水潮、太阳暴晒、机上有水或晒热；用时容易烧坏、漏电伤人。用电机时一定要先检查、看锯片、磨片是否有裂隙，每处螺丝钉是否松动，检察无误，方可打开电源使用。

第二天，我教徒弟：选料、平底、画图设计，池堂占全砚的三分之二面积。欲速则不达，必须目的明确做什么砚，然后动刀。

第三天，我告诉徒弟：选砚料时，先用水湿了看石料的六面。是否有瑕疵、裂隙。一定要看清楚它上面的水纹、云纹、气纹、黄膘、白膘、筋线。纹路有的像龙、有的像海、有的像江河湖泊、鸟兽虫鱼、花草树木，制砚需根据砚石千变万化、精妙绝伦、鬼斧神工的洮砚石自然纹理，设计与其融为一体的题材、砚形。

第四天，我告诉徒弟，在砚台上写字、拿刀与写字一样用意。笔重处就要刀重，笔轻处就要刀轻。一笔一画写与刻一样用刀。该提笔处提刀。该勾笔处刀勾……写字要一笔写成、刻字时要一气呵成。从中不能停刀、字顺着写，倒着刻，从左到右按笔画顺序刻下来。

第五天，教徒弟学画人头：画人头时先用虚线画出大概的轮廓。然后根据"三庭五眼"的比例关系画出头部。（"三庭"即下巴到人中穴、人中穴到印堂穴、印堂穴到天堂穴，是一模一样的宽。"五眼"即两个耳朵间的距离，分成五份，即眼睛的宽度和脸部的最大宽度。）

画恶人，眉毛稍立，眼睛中立或大立。

画善人，眉毛平，眼睛平。画老人眉毛平，眼角垂，印堂加皱纹。画女人要突出女人的S型曲线美。掌握好人体的比例关系："站七，坐五，盘三半。"画人放大、缩小都用头部的长度为准求比例。

第六天，我带徒弟给他到洮砚乡所在地焊刻刀去，让他知道刻砚台的刀是怎样做出来的，一共焊了九把刀。

第七天，我教徒弟磨刻刀。

第八天，我问徒弟想刻一方什么砚？心中有底吗？他说雕一个仕女，带凤的图案，于是我给他画了一个"吹箫引凤"的题材让他做。结果，他刀也拿不顺手、层次也搞不清楚。无从下刀。教他分清人物层次的高低，凤凰层次的高低。他试刻了三天，把握不准刀，刻失败了，无法弥补。废了一块砚台料。

第十二天，徒弟选了两块石料，准备刻鱼砚，我给他画上。第十七天时两方鱼砚：一方因为池子没把握住开得太大。无法补救又废了。幸好另一方鱼砚还算勉强可以，被一个砚台商贩看中八十元拿走了。我们师徒都有了一丝的欣慰感。

第十八天，我告诉徒弟：胸有成竹，方可画竹，心中有砚，才可做出砚台。在做砚之前先想清楚砚的形状、样子、整体在心中有个完整的图案，后再下刀。目前是模仿阶段，所谓的设计：是在心中装上别人砚台的形状和尺寸比例后再动刀做象，当心中装上几十种上百种砚台的样板后，再组合，设计新砚，有砚理约束，大体不失。

第十九天，我告诉徒弟，制砚题材内容有民间传说，宗教器物，文字符号，借喻寓意，花鸟虫鱼，文人雅士，仕女美人，神化传说，敦煌飞天，佛像，名胜古迹，寓言典故，可谓包罗万象，博大精深，凡是表示吉祥喜庆，祝寿，引福，避邪，清高，气节，贞洁，奋进，祥瑞，等等寄托一定理想和美好愿望的题材，都可融入砚雕。

第二十天，我给徒弟找了些砚台图像资料，让他学着画砚，尽量画像，不要忽略任何细节。让他在砚石上画，自己感悟、摸索、自己找画在砚石上砚的毛病。我刻砚让他在旁边看着。

第二十一天，我给徒弟讲了刀的效果："平口刀和尖刀主要用来阴刻线条，枯竹，朽木的开口裂隙。圆刀有大有小。大圆刀、半圆刀，主要用于刻大片的花瓣，树的叶子，叶子的脉络，竹木枝干转折凹凸等。圆刀的运用，看似平淡却最富变化，一刀下去，不同的刀具部位，不同的运刀方面，不同深浅力度，都会产生丰富而又微妙的变化效果。用尖刀刻撕开裂，虫蛀，树木桩的结疤，开裂的树皮，翻卷的虫蛀树叶，效果，逼真，形象，生动。"

第二十二天，我告诉徒弟，刻砚要劳逸结合。一味不停地干活，不休息的刻砚法是不对的，每刻1—2小时适当休息15分钟左右。以调解精神的疲劳感。使自己达到最佳精神状态刻砚。这样学效果好，人也不会因过度疲劳而失控，失刀，失手。利用休息的时间画一画，喝口水；放松放松，想一想刻到什么目的要求。休息时间也不要太长，延长多了会产生懒惰感和厌倦心理，不想干活。

第二十三天，我告诉徒弟：学刻砚要择其一业，终其一生。放弃一切思想杂念。哪怕明天天塌下来，天下一片大乱，手艺将无用，今天依然要专心专意学好，不可分心。要放弃刻砚以外的话题，不能让多余事占了刻砚的思维空间。刻什么砚，先自己摸索好。从哪里先下手，堂子该多深，池子该多深，图案刻在哪个位置，款落在哪儿，名题在哪儿？底堂怎么刻，刻多深，留什么样式的边，运用镂空雕，还是深浮雕、透雕、圆雕、半圆雕、浅浮雕、线雕、阴雕、阳雕、悬雕、簿意雕等，你要在刻砚以前想好。用哪一种刀法更能表现主题，更能突出砚的实用性，艺术性，观赏性，以及收藏价值。

第二十四天，这天是冬至节，天气很冷，我看见徒弟将所有穿来的衣服，通通洗掉，干干净净地穿上新工服走进工作间，有种冬至阳生，阳气焕发的神情。

第二十五天，我让徒弟刻一个固定的题材"明月松间照"圆盘砚，锻炼他熟能生巧技艺。一连三十多天，我们师徒一起刻了十四方，直到腊月二十。徒弟稍有进步，让他带了两个砚坯回家过年。

李江平

李江平[①]，1985年腊月29日出生于卓尼县洮砚乡峡地村（身份证上误写为1986年五月初五）。由于他是父母的最后一个男孩，家人都管他叫"奶哥儿"，同时，给他起大名"建平"。上学后，又根据两个哥哥的名字，更名"李江平"，艺名"洮河水"。

清道光九年前后，明代大将军李达后裔李七十六儿夫妇从磨沟迁往岷州北乡（今卓尼县洮砚乡），初住峡地吊楼嘴嘴，后因人口繁衍发展，分居峡地、古路沟、古路坪、大古山、寺口下等地。李江平的爷爷李沙茂（兄弟间排行老二）便是李七十六儿第六代后人，生于1933年，卒于2012年，享年79岁。爷爷是个善人，村里人都喜欢叫他"他善人爷"。从李江平记事起，爷爷就加入"嘛呢会"，念经拜佛，劝人向善。对于家中的孩子，更是教导他们以善为本，以孝为先，诚信待人。爷爷也是村里村外有名的匠人，不仅会做犁头、榔头、背篼、连枷、木叉等家用农具，还能编制竹席、竹篓、毛毡等生活用品。三爷李茂棣吹拉弹唱、书法绘画样样在行，是"国家级非物质文化遗产——砚台制作技艺·洮砚制作技艺传承人"。是他最早打

[①] 本评传撰写中得到了李江平的大力支持与配合。在此说明并表示感谢。

李江平

破了传男不传女、传内不传外的古旧理念,为洮砚技艺的传承做出了巨大的贡献。李江平的父亲李尕个受先辈影响,也会多种手艺,如今家里书写用的砚台、炕上的竹席、家用的背篓、筛子、竹篓等都是他做的。母亲何氏,是临潭县陈期乡谢家坪人,祖上几代都是木匠。外公何凤彩,兄

图14-1 2008年李江平外爷送的他自作自用的砚

弟间排行老三,1931年生,2008年移民瓜州,2013春去逝,享年82岁。是当地很有名的何木匠,卓尼、临潭、岷县的好多木构寺庙建筑和民房、四合院都是外公与徒弟们修建的。江平曾听外公讲,他们修建的房子全是榫卯,不用铁钉,可防地震。外公也做过砚,前往瓜州时,老人家还把自制自用的一方洮砚送给小外孙,至今珍藏在江平手中(图14-1)。大哥李海平从小学习洮砚制作,是他洮砚路上的忠实伙伴和帮手。

可以说,迎接李江平降生的是一个普通的农民家庭,但同时也是一个充满民间艺术氛围的家庭。

人常说,穷人家的孩子早当家。四、五岁的时候,李江平就跟父母下地,帮忙干些零碎活。让他最感兴趣的就是春耕时打磨田地,这是耕种的最后一道工序,大人们把用藤条编成的"磨"套在牲口的身后,或是自己拉着,让孩子坐在上面,来回有秩序的走动,直至把凹凸不平的田地打磨的非常平整。完成自己的"工作"之余,李江平还经常和比他大一岁半的二哥李湖平找来硬土块,用木棍和石头片在上面雕一些花花草草、鸟虫走兽。看着自己的"作品",李江平认为除了人物,其他的还能看得过去,心中也有几分成就感。不料,二哥却觉得不好看,不由分说,一通乱踩,让他苦心雕刻的"作品"瞬间

化为碎片，为了这事儿，兄弟两人少不了争吵、打架。秋收的季节，家人帮着收割庄稼，为了防止雨水浸泡，他们要把庄稼捆成小捆，立在地里，远远望去，就像一个个寺庙里的塔尖儿。峡地村的人把捆庄稼叫"捆树子"，要捆好庄稼，一般需要三道"腰"。所谓"腰"，就是把拔下来的庄稼分成两小把后，穗头相交，拧接成长绳，用于捆扎。对于"捆树子"，李江平熟悉每一道工序，说起来总是头头是道，甚至连每一道"腰"之间的距离都能讲的一清二楚。这里面包含着他性格里的细腻和内心深处对家乡的情感。当然，还有"拾穗子"，也就是把洒落在地的穗子捡起来，避免浪费粮食，那也基本都是孩子们的活。

也有家人不带他下地干活的时候。有一次，独自在家的李江平，自己拿木棍和酒瓶做了"挑水担"，到离家300米的河滩挑水。回来后又学大人在灶房里烧水。他尽量模仿妈妈，抱柴火、点火、添柴，力图做好烧水的每一步。毕竟是孩子，烧着烧着，李江平就开始拿着捣火棍在地上画起画来。这一画可闯下了大祸，不知不觉火从锅底蔓延，烧到地上的柴火堆，火灾就此酿下。好在家人及时赶来扑救，才避免了一场大难。已经被吓傻的李江平遭到父母的厉声责骂，他委屈的哭着说："我看你们都忙，只想把水烧热，妈妈回家就可以直接下面了。"知道真相的妈妈又疼又气，抱起他说："傻孩子，你还小，你会做啥？"现在，李江平每次回家走进厨房，都会想起他第一次烧水的事。

1992年，七岁的李江平经常跑到三爷李茂棣办的峡地村学，偷看孩子们上课。李茂棣发现后，就把他领到教室里交给老师，让他跟着听课。父母得知此事，就给他报了名。当时没有幼儿园和学前班，李江平因年龄小只能上半年级。从家到学校步行需要十几分钟，李江平每次都和比他高一级的二哥一同出入。每到夏天，李江平经常在下课的时候和同学到河滩去玩水、捏泥人。放学回家的路上，他又和二哥在路边的石头上糊涂乱摸一番。

李江平

　　三爷的峡地村学只有一到二年级，升到三年级的李江平需要去离家两公里以外的拉扎小学（图14－2、图14－3）。由于离家较远，

图14－2　现在的拉扎小学

图14－3　在拉扎小学上学时的李江平（右一）、卢努杰（左一）、卢新望（中）

中午便不回家吃饭。早上离家时，总会在书包里装上青稞面馍馍或洋芋，作为早饭和午饭。学校门前河滩里有一眼泉水，是他们口渴时的饮水之处。每年春季，学校都要勤工俭学，冬季又要打杈杈儿（上山捡柴火，主要是捡耐烧的树根）。李江平记得，那时候学校里只有三个老师，当地的卢校长和岷县的吴老师夫妇。让他难以忘记的是，吴老师因夫妻都在学校，所以，在办公室里开了小卖部，在校园里养了鸡和狗，还让本来生活困难的学生拿馍馍喂狗养鸡。最无奈的是，春天勤工俭学时，他们给每位同学布置挖山药的任务，冬天取暖时，又给每个学生安排捡柴火的差事。学生辛苦得来的药材和柴火，大多成为老师的私人之物，用于学校者微乎其微。吴老师可能没过多考虑自己的做法，但给孩子们留下了不好的印象。时间不久，吴老师夫妇不知何因离开了学校。之后陆续调来几位新老师，对同学们都特别好。给李江平印象最深的是合作一位名叫李明的老师，给同学买鞋穿，买铅笔和作业本用。在各门功课中，李江平最喜欢的就是卢校长教他们的书法课。但一学期后，该课被学区取消了，从此，他再也没写过毛笔字。但就从那时起，他就在心底里默默热爱着书法。在拉扎小学，

李江平曾当过学习委员、卫生委员和体育委员，也领过"三好学生"的奖状。

四年级下学期，二哥升到初一，李江平也跟着转到了离家五公里外的洮砚乡九年制学校继续上学。他长于写作，每次考试，作文都能得满分，老师总会把他的作文当作范本念给同学们听。教室的"学习园地"和学校的黑板报上也经常会出现他写的"诗词"。李江平说，由于家里困难，整个小学，他只领过一次新书，配套练习、寒暑假作业都是从老师或同学那里借来，抄完原题再进行作答的。

9岁时的李江平，常会利用假期和周末给父亲和哥哥打杂做砚台，并且一有时间就经常跑去三爷李茂棣家看他刻砚，李茂棣也经常来他家串门，并手把手教他，让他从小就对洮砚雕刻有较好的认知。或许是因为一家人的缘故，李江平好像没有像别人那样正式拜三爷为师，但三爷给他的指导却从小一直延续到现在（图14—4）。10岁那年，比他大8岁的大哥到了成家的年龄，家里开始四处张罗，倾尽所有为老大娶亲。这使本来很不宽裕的家庭，更加困难。好在大哥李海平早已学会了洮砚雕刻技艺，也具备了挑起家庭重担的能力。那时候，李江平心里只有一个愿望，那就是快点长大，为家分忧。每天放学后，他就进山拾粪、打杈杈、挖野菜、剁蔓柴、割扫竹、折蕨菜、挖山药，以此补充家用、换取油盐。那段时间里，他还在八木车帮家人挡过骡子、放过猪；在青龙山梁上打过野鸡、拎过兔子；在狗巴额上掰过郎肚、砍过树；在白杨河里剁过桦枝、舔过汁；在三台子的牛蹄窝里吃过干粮、喝过水……11岁时，他独立雕作的一方《枯木逢春》砚被一位兰州书画家看中，并以200元的价格成交。这给了他极大的鼓励，也坚定了他继承祖辈洮砚

图14—4　李江平向三爷李茂棣请教

技艺的决心。

2000年，李江平刚满15岁，他初中还没毕业，就与家人商量，决定弃学跟随哥哥李海平到临洮"洮河源洮砚有限责任公司"制作洮砚（图14-5）。董事长张兴中见李江平忠厚，也有制砚基础，便在当年冬天把他调到兰州城隍庙的店铺里（图14-6）。在城隍庙的日子里，李江平除了雕刻洮砚外，每天都能看到来来往往，和张兴中交流的书画家。而他们中间，就有很多省上的名家。李江平亲眼目睹他们写字作画，还结识了篆刻家骆石华先生。一闲下来，李江平便模仿骆石华写"虎"字和"龙"字，也琢磨他的印章。可以说，是张兴中董事长，为他搭建了了解书画篆刻的平台，使他有机会经常与书画家相聚，他们的一点一画，一言一语，李江平都看在眼里，记在心里，从此在心底埋下了书画和篆刻的种子。

2002年春，经叔叔李想令介绍，李江平来到兰州土门墩"刘爱军洮砚艺术品研究所"。他将在这里跟随刘爱军老师进行为期两年多的洮砚学习（图14-7）。在研究所的时间里，李江平深入学习了洮砚的制作和设计方法，在造型、构思、创意等方面都有了很大的提高。也就在那时，他遇到了在拉扎小学读书时的班长卢红霞，

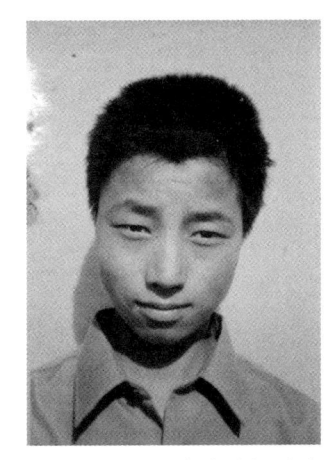

图14-5 2000年在洮河源洮砚有限责任公司时的李江平

图14-6 2000年在兰州城隍庙做砚时在白塔山公园留影

图14-7 2003年刘爱军指导李江平制砚

她初中毕业，因家境困难，放弃学业在兰州打工。他们经常在一起聊天，无话不说，也慢慢从同学发展到相知相爱的恋人。

2004年，大哥在家修房，他也回家帮忙，通过他们的共同努力，一院新瓦房终于在6月份修建了起来。房子修完后，李江平返回兰州，继续学习制作洮砚。也就在这时，他开始考虑自己的婚事。因为，在和恋人交往两年多的时间里，互相增进了认识，也增进了情感，双方父母也都满意这门亲事。另外，在刘爱军老师那里的学习也马上就要结束了。

有情人终成眷属，2004年腊月二十三、二十四两天，是李江平与卢红霞结婚的大喜日子。家人按照峡地村的习俗，为两位新人举办了热闹的婚礼。婚后的李江平幸福美满，但现实生活却变得更加拮据。这样下去他如何撑得起这个刚刚组建的家，如何生儿育女？李江平想到这些，心里难免着急。但回头一想，他几年来学习刻砚，不就是为了养家糊口，让妻儿老小过上好的生活吗？想到这里，他便于2005年借下大哥家的新瓦房，办起了个人工作室，一边制作一边出售，也算是洮砚乡最早的洮砚专卖店了。工作室门头挂着一块"砚"字牌匾，是著名书法家何裕为他题写的（图14-8）。为了长期发展，他还买了第一台电脑和打印机。2005年暑假，应兰州一老板邀请，李江平弟兄三人在兰州市安宁区西北师范大学附近制砚三四个月（图14-9）。周边都是西北师范大学美术系学生的租住房，一有时间，他就去看他们画画，或者骑上自行车在西北师大的校园里溜达溜达，呼吸呼吸大学校园里的空气。那是他第一次感受到了大学的神圣，想着自己要是能在师大学习一段时间，该有多幸福啊！

图14-8　2005年在大哥家开的洮砚店

2005年，农历腊月初十下午六点，李江平的女儿出生了，初为人父的他，看着呱呱坠地的孩子，激动、幸福、不知所措，他给姑娘起名

"李洁"。家中新添生命，他必须加倍努力，他要给孩子好的生活条件。他继续在大哥的瓦房里制砚、授徒、售砚，有时也把砚台拿到兰州，找店代销，部分收入用于购买相关书籍和制砚工具。

2006年5月的一天，李江平与豆建军、卢宏伟、卢苏努四人开着三轮车从古路坪购买砚石，

图14-9 2005年在安宁做砚时在寓言故事园留影。李海平（左一）、何林娃（左二）、李湖平（右一）、李江平（右二）

途径一段陡峭的山路。车子挡位突然出现故障，一路飞飙，完全失控。因无法转弯而撞在一棵柳树上。所幸的是，他们四人死里逃生。虽然都没有生命危险，但每人身上都留下了创伤。李江平的腰部骨骼受损，并且，在事后的两三个月里，嘴里总是不能一致地表达心里想说的话，直到9月份才稍有好转。好在他的洮砚作品《毛主席在庐山》《渔翁得利》荣获"甘肃省第九届工艺美术百花奖"创作设计一、二等奖，这让他的身心得到一丝抚慰。

2007年5月，李江平顺利加入甘肃省工艺美术协会。8月22日，作品《洮砚传奇溅墨点》在"第八届中国·九色甘南香巴拉旅游艺术节暨首届卓尼风情旅游艺术节"中，获洮砚工艺品展三等奖。这一年，他和大哥李海平还收了第一个徒弟张立青。

2008年春天，引洮工程移民开始。李江平从老乡手上买了大量的洮砚石料。亲戚朋友替他担心，有人甚至认为他是一时犯傻，买下的石头，一旦不能保值，便要倾家荡产。但他坚信自己的判断，而后来洮砚石价格的暴涨也充分证明了他当初决定的正确性。这一年9月，他的作品《荷塘月色》《画龙点睛》《国瑞》经甘肃省工艺美术评审委员会评审，荣获"甘肃省第十届工艺美术百花奖"创作设计一、二、三等奖。与此同时，他应湖南省国藩溪砚厂邀请，去娄底双峰县水库

边的厂里制作人物砚，并指导学徒。身在异乡的李江平曾因排解孤独而制做过《苏武数尽飞鸿》砚，因酒后乘兴而创作过《醉翁逗蛙》砚，因感怀汶川地震而雕刻过《汶川会师》《震撼》砚……在湖南的三个多月里，他月收入万元左右，还学会游泳，喜欢上了吃辣椒、吃夜宵、嚼槟榔、喝啤酒。这时的他完全可以尽情领略楚地的山水人情，但作为洮砚人家的子弟，他还是终日想着如何宣传洮砚，如何发展洮砚，如何把洮砚做得更大更强。越这样想，思乡之心越浓。于是，在最后制作完成一方《木兰出阵》砚后，他便辞职返乡了。

从湖南回家的李江平，开始思谋、筹划、设计、制作《众志成城、抗震救灾——纪念5·12汶川地震》巨型洮砚，并于2009年5月12日，在洮砚乡干部赵建军的协调下，由他独自承担所有费用，与李海平、卢宏伟一起，以洮砚乡农民的身份无偿捐赠给中央档案馆（图14-10）。一方面缅怀了5·12遇难同胞和抗震救灾英雄，另一方面也加强了对洮砚文化的宣传，引起了社会的广泛关注，中央电视台朝闻天下和全国各大的网站都有报道。2009年农历6月29日，儿子李志浩出生，江平喜得贵子，心中有说不出的喜悦。本年10月1日，正值中华人民共和国成立60华诞和兰州解放60周年。李江平又组织团队精心创作了庆祝中华人民共和国60华诞的巨型《祖国繁荣》砚，并以他创办的"卓尼李氏洮砚研究会"的名义捐赠给兰州市委市政府（图14-11）。这不仅表达了对祖国华

图14-10　《众志成城、抗震救灾——纪念5·12汶川地震砚》捐赠仪式（资料来源：中国网）

图14-11　庆祝中华人民共和国60华诞《祖国繁荣砚》

诞的庆祝，也扩大了洮砚文化在兰州的影响力。

2010年5月12日，汶川地震2周年之际，李江平又将师徒历时近一年，精心设计创作的《万众一心，重建家园——纪念5·12汶川地震姊妹砚》以"卓尼李氏洮砚研究会"的名义无偿捐赠四川博物院永久收藏。四川省委省政府领导特为此砚在四川科技馆举行了捐赠仪式（图14-12）。此砚表达了一位洮砚人对四川灾后重建事业的支持，以及对增进甘肃、四川两省人民友谊的愿望。2010年夏天，在各界人士的关心和支持下，李江平在兰州北滨河中路450号，金城关文化风情区租下了140平米的商铺，终于圆了他让洮砚走出大山的梦。2010年8月，洮砚作品《孕育》《嫦娥奔月》，经甘肃省工艺美术评

图14-12 《万众一心，重建家园——纪念5·12汶川地震姊妹砚》捐赠仪式

审委员会评审，荣获"甘肃省第十一届工艺美术百花奖"创作创新三等奖和制作技艺优秀奖。9月，作品《天官赐福》在"卓尼县洮砚展览评比"中获创作设计三等奖。11月，作品《国魂》在由四川省文学艺术联合会、四川省人民对外友好协会、四川中华民族文化基金会主办的"第十一届西部国际'三品'博览会"中荣获金奖。

2011年1月，鉴于李江平对洮砚所做的贡献及取得的成绩，甘肃省人民政府授予他"甘肃省全省农民工明星"称号。这一年3月29日，经甘肃省民政厅和省文联研究论证，在原有"卓尼李氏洮砚研究会"的基础上，由李江平担任院长，正式成立了"甘肃润玉洮砚艺术研究院"（以下简称"研究院"），是一家集洮砚文化传承、保护、研究、交流、宣传于一身的社会组织（图14-13、图14-14）。研究院的成立，是李江平多年的梦想，也是他作为卓尼李氏后代对这个制砚家族的责

图14—13 "甘肃润玉洮砚艺术研究院"开馆仪式

图14—14 "甘肃润玉洮砚艺术研究院"外观

任,现在终于实现了。他按捺不住激动的心情,常常登门拜访德高望重的前辈,向他们求教,力求把研究院办好。凡是见到他的人,也不管年龄大小,地位高低,都会被他的真诚所打动,并给予他很大的支持和帮助。甘肃省原人大主任卢克俭为他题写了"前程似锦"的横幅并合影留念;省政协副主席韩正卿为他题写了"天道酬勤"四字;著名画家杨志印题写"祝贺甘肃润玉洮砚艺术研究院成立",表示祝贺;甘肃省工艺美术协会执行会长、原省文联党组书记冯树林为他题写了"业精于勤"的横幅;文联副主席宋周秦送楹联祝贺,并请兰州市人民政府张津梁市长题写了"甘肃润玉洮砚艺术研究院"的牌匾。2013年9月26日,研究院被中国社会组织评估专家组评为4A级社会组织。2013年10月,研究院被兰州市城关区就业服务局授为"兰州市城关区创业孵化基地"。

"甘肃润玉洮砚艺术研究院"与李江平的名字紧密相联。凡是了解洮砚的人都知道,从研究院成立的那一刻起,李江平的所有作为均是以研究院为依托进行的。

作为洮砚的传人,他始终把传播和交流放在首位,凡是来到研究院的人,大多和他成为好朋友。而这些人又大多是文学、诗词、书画等方面颇有建树者。或者是来自港澳台的同胞,亦或是来自外国的朋友。李江平就是在制砚、售砚的过程中与他们交往、探讨、互通有无,以此将洮砚推介出去。2012年5月19日,诗人古马、作家阳飏、书画家马正雄来到洮砚艺术研究院,几位不同领域的艺术家谈天说地,整个气氛非常和谐。阳飏现场收藏他的一方砚，并刻上'风起兮'三个字。2013年7月，在甘肃省委党校的"'兰洋杯'2013国际友人武术交流大会"上，李江平的部分作品被国际武术界人士收藏。同月，洮砚作品被兰州军区外事办做为国礼赠送给泰国国王和缅甸总统收藏。2014年4月3日，著名画家杨志印先生应邀前来，就洮砚的开发、创新、传承等问题与李江平进行交流。2014年2月、9月，几件洮砚作品被中国香港地区、中国台湾地区友人收藏。2014年8月，洮砚作品被中央电视台导演石磊订购，出国时和画家史国良赠送给韩国、朝鲜的书画名家，并得到好评，进一步扩大了洮砚文化的国际影响力。2015年8月27日，来自中国台湾的港澳台美协主席、两岸和平文化艺术联盟创会理事长李沃源等十几位中国台湾地区书画家光临润玉洮砚艺术研究院，李江平给来宾全面介绍了洮砚，推动了海峡两岸书画家的洮砚文化交流，产生了积极意义（图14-15）。2016年6月，海峡两岸书画展在兰州举办，国民党主席洪秀柱为展会题写"天下为公百五载，世界大同朝夕梦"，李江平的一方洮砚被展会联谊会选作礼品回赠给洪秀柱主席收藏（图14-16）。2017年1月31日，湖南省工艺美术大师窦建龙应邀与李江平合作山水洮砚，探讨雕刻技艺。2017年2月17日，邀请江西宜春美术与设计学院副书记、中国书法研究院常务副院长梁敏教授等几位老师到研究院参观、交流、指导。2017年4月6日下午，著名画家杨国光教授、马西园书画研究院马正雄院长来他院参观、交流。2017年6月

图14-15 中国台湾书画团来研究院交流

图14-16 洪秀柱收藏砚

19日，德国拜仁州自由作家协会主席乌维·库尔尼科博士及两名协会成员苏珊娜布米尔、英格尔布尔特·琼斯特，德国亚玄文化公司总经理璐邵腾，亚玄集团董事长、陕西省文化产业促进会副会长兼秘书长陈浩，副会长张志升组成的文化团体，对兰州中山铁桥进行了"百年黄河铁桥中德探寻之旅"文化访问活动，随后到甘肃润玉洮砚艺术研究院进行了中德两国文化艺术交流。李江平向外宾讲解了洮砚的历史文化价值及传承谱系，并向来宾演示了洮砚制作技艺和书法的书写过程，另以砚作相赠。乌维·库尔尼科博士亲手体验了毛笔书写与洮砚雕刻。这次交流活动被兰州晚报、晨报等媒体报道（图14－17）。6月21日，文化甘肃网刊登了《让洮砚走向国际——中德两国文化艺术首次在兰州交流》的文章，留下了润玉洮砚艺术研究院国际交流的印记。2017年10月10日，西安非遗中心领导及西安美术学院师生来研究院参观、调研、交流（图14－18）。10月14日甘肃省书法家协会书法提高班师生来研究院参观交流。2018年1月20日卓尼县新一届文化局张局长、夏副局长、卓尼电视台李台长、洮砚协会薛会长等来他院考察、调研。他们共同思谋着洮砚的明天。

图14－17　德国文化团来研究院交流　　图14－18　西安美术学院师生来研究院交流

李江平深深认识到，自研究院成立以来，他没有放过任何一次宣传洮砚的机会。但有一点他很明白，那就是自己创作水平的提高不仅是传承洮砚的前提，也是对外交流推广洮砚的资本。所以，他坚持创作，提升技艺，也没有错过任何一次参展的机会。2011年10月，其作品《春意荡漾》《高山流水》《招财进宝》《井冈山会师》《会宁会师》《西游记》，经2011中国·兰州艺术品收藏博览会组委会专家评定，荣获五金一银奖项。在11月"第十二届甘肃省工艺美术百花奖"评奖活动中，其作品《鼎盛千秋》砚荣获创作创新二等奖。2012年9月1日，在嘉峪关"首届国际文化产业大会暨第五届甘肃省文博会"上，李江平向省委书记和宣传部长汇报了洮砚目前的情况，得到国际友人和省领导的关注与好评。2013年7月，在金昌市参加了由甘肃省人力资源和社会保障厅、金昌市人民政府共同举办的"甘肃省首届居家就业项目博览会"，以及"2013第三届中国兰州旅游博览会（居家就业精品展）"。2013年11月，作品《刘海戏金蟾》《鱼化龙》《敦煌壁画》，获"中国工艺美术"两金一银的好成绩。同年，作品《普度》《老来伴》在"中国成都第十四届西部国际'三品'博览会"上双双荣获金奖。2014年9月，作品《一团和气》获"第十三届甘肃省工艺美术百花奖"创作创新二等奖。2014年10月20日，作品《绣》获"中国原创·百花杯"中国工艺美术精品奖银奖。2017年3月，作品《讲经》荣获"第四届甘肃省工艺美术百花奖"创作创新二等奖。2017年11月26日，作品《海天旭日》《福庵说部首》《祥云》，在中华炎黄文化研究会主办、中华炎黄文化研究会砚文化联合会、北京华夏古玩城、北京砚文化发展研究会共同承办的"第六届精品砚台评选"中获得一、二、三等奖。

李江平还有很多奖项，不再一一罗列。正是他的努力，以及他在洮砚雕刻技艺方面取得的成绩，相关部门和机构也赋予他很多荣誉。2014年2月26日，他被甘肃省文化厅、人社厅、职称评审科评为"甘肃省农村实用文化人才副高级职称"。2014年6月16日，作品在香港2014年"中国梦书画艺术精品展"活动中荣获工艺美术设计金奖。被中国当代艺术家协会、华夏文化产业基金管理委员会、中国文化艺术人才管理中心授予"德艺双馨"艺术家称号。2014年12月9日，加入中国工艺美术协会。2014年，中央电视台《水墨中国》栏目组给他拍摄了纪录片。2016年1月，甘肃省工艺美术大师评审领导小组批准授予他"甘肃省工艺美术大师"荣誉称号。2017年3月16日，经甘肃省工艺美术协会第三次会员代表大会选举，李江平当选为第三届理事会常务理事。

  一个个奖项，一个个荣誉称号。李江平一次次被感动，一次次被鼓舞。他要将此化作动力，在努力提高自己的同时，尽量回报社会。他要以自己仅有的能力回报社会。2013年4月24日，他应邀参加洮砚乡筹建"洮砚一条街研讨会"，会上，他就相关问题谈了自己的看法并提出解决方案。2013年8月，他和哥哥李海平为舟曲人民武装部刻大理石牌匾。同时，被兰州市城关区就业服务局聘请为城关区就业服务局工艺品雕刻工培训老师。2015年1月26日，被评为甘肃兰州市城关区酒泉路街道畅家巷社区荣誉志愿者教师（图14－19）。2015年9月9日，他将制作了近数月的大型《太极砚》以中国洮砚之乡卓尼县的名义无偿捐赠给兰州府城隍庙，祝贺兰州府城隍开光圣典圆满成功，借以扩大洮砚文化在宗教界的宣传（图14－20）。2017年4月21日，被卓尼县柳林小学聘请为工艺美术辅导员。

图14－19 李江平在畅家巷社区讲课 图14－20 兰州城隍庙收藏的《太极砚》

  在与外界的不断交流中，李江平的视野越来越开拓，思维也越来越活跃，自己在洮砚方面的想法也越来越多。但他也越来越感到自己在艺术文化等方面的欠缺和不足。所以，他一有机会就去学习。

2013年秋,他去甘肃电大函授大专。2014年,他认识了兰州大学党组副书记、副校长、书法研究所所长李恒滨教授。从此,跟随他学习书法。按照李恒滨老师的要求,师门兄弟姐妹们每月在兰州大学书法研究所集中一次,由老师统一点评作业,互相交流。2015年8月30日至9月30日,2016年7月19日至8月20日,2017年6月23日至7月23日,他三次在西北民族大学参加文化部"中国非物质文化遗产传承人群研修培训计划"培训班,完成相关课程的学习,顺利结业,并获"优秀学员"的荣誉(图14-21)。2017年6月,他报名参加了甘肃省书法家协会主办的"第14期书法创作提高班",为期一年。2017年12月

图14-21 2016年在西北民大非遗班学习时和文化部项兆伦副部长一行及学校领导合影,前排左一为李江平

13日至15日,参加卓尼县第六届国家级非物质文化遗产——洮砚成果展及洮砚协会换届大会和卓尼县第六届洮砚协会非遗培训班,特邀甘肃省文化厅非物质文化遗产处副处长刘卫华老师授课,主讲《传统工艺振兴中的洮砚发展之路》。2017年8月25,他报名参加了"西北师范大学美术学院首届中国画高研班",为期一年。在一次次的学习中,李江平在书法、绘画、雕刻三方面都取得很大的进步(图14-22、图14-23、图14-24)。

李江平多方汲取营养,除四处求学外,凡在兰州举办的大小书画展览,博物馆里举办的文物展览,他都要带着孩子前去参观学习。正因李江平抓住了每一次获取知识的机会,他目前所取的成绩,已经超越了普通砚工在石头上的雕雕凿凿而进入了较高的层面,是以学术的眼光解读洮砚、研究洮砚、发展洮砚。说到这些,李江平就会想起2012年的一天下午,研究院来了一位瘦小的年轻人,买了他几块

图14-22、图14-23、图14-24　李江平的国画、书法、篆刻作品

洮砚，李江平帮忙把洮砚送到他的车上。就在二人说再见的那一刻，李江平突然问到对方的工作单位。方知买他砚台的是西北师范大学美术学院的史忠平副教授，两个人只因这一句"多余"的问话遂成为朋友。在之后的一年里，李江平一有时间就往西北师范大学跑。他跟着史忠平学习书法和中国画，两人亦师亦友。当李江平第一次拿着毛笔在宣纸上写生就能较好把握人物的比例和动态时，史忠平多少有点意外，也更愿意指导并鼓励他继续画下去（图14-25、图14-26）。2015年，他们共同关注的有关卓尼李氏洮砚的课题在史忠平的主持下申报并获批"教育部人文社会科学青年基金项目"，李江平是课题组成员。从此，初涉学术领地的他开始了解学术研究的规范和方法，开始一次次协助史忠平进行洮砚的田野考察（图14-27）。也正是在多次采访、调研和讨论中，他逐步了解了什么是课题，如何申报课题，如何研究课题。在

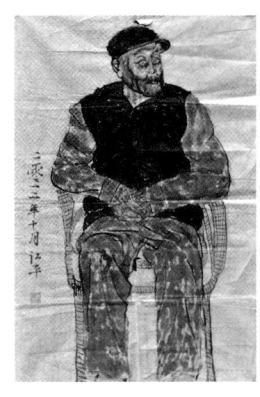

图14-25　李江平第一幅国画人物写生　　图14-26　李江平与史忠平

李江平

一次闲谈中，他说他想创作五十方以唐诗内容为题材的洮砚作品（图14-28）。经验和直觉告诉史忠平，这是一个很好的想法，如果申报

图14-27 李江平跟史忠平做教育部课题

图14-28 唐诗系列：《塞下曲》王涯诗意砚

2018年度国家艺术基金青年创作项目，命中率会非常高。所以，史忠平当即鼓励他了解相关文件，积极准备申报。从未申报过项目的李江平满脸狐疑，那可是大学教授追逐奋斗的国家级科研项目，他一个中学生能行吗？在史忠平的鼓励和帮助下，李江平准备了，申报了，也成功了。2018年2月2日，当他申请的"国家艺术基金2018年度青年创作资助项目"公布立项后（该项目于2019年4月顺利结项），他第一个告诉了史忠平，那一刻，两个人都沉浸在成功的喜悦当中。可以说，李江平是洮砚界第一位参与教育部项目、主持国家艺术基金项目的人。这代表着他的学术起点和高度。李江平每想起这些，就像做梦一样，他怎么也想不到，连初中都没念完的他，还能参与、主持那些项目。但，当我们回看李江平的学习之路，就会理解其中的原因。这，或许就是他勤奋、进取、好学、聪明的合力所致吧！

李江平为人朴实、厚道，干事刻苦认真，人缘极好。其人其砚常会激发友人的灵感，很多朋友为他和他刀下的洮砚吟诗作句，表达支持。2017年1月9日，兰州文理学院陈其斌教授有感于文房四宝产业发展的好政策，想起江平，随性作文，嵌入"江平雕琢"

四字，说："政策满天飞，看你如何追。江雕鸭头绿，平琢美人归。" 2017年2月9日，李江平在朋友圈编写了题为《李江平揭秘一方洮砚从采石到制作过程中不为人知的一面，和他的追梦故事……》的美篇文章，很多朋友看后深为感动。书法家张平生作《赞江平制砚》道："人人喜爱鸭头砚，采石原来如此艰。更赞良匠精雕刻，方得案头展玉颜。"兰州晚报甄燕红写道："千锤万凿出深山，斧斫锯割若等闲。刀刻砂磨浑不怕，要留洮砚在人间。"窦玮平作《赠江平》说："洮河绿砚名天下，鬼斧神工世代延。欲问金城何处访，润玉江平最开先。"著名诗人古马曾在2011年4月18日《兰州晚报》第七版发表《李江平·黄膘绿波石砚歌》，他写道："鸭头黄标绿波起，洮州砚石世所稀。琢石鬼手能割云，刀如旋风心如丝。石中唤梦月魄新，笔底生寒鲲鹏疾。一时手工倾城国，红灯照墨绿玉池。"省安全厅史鸿滨写道：

  大山深处尘封不了世代的梦想，
  曲肠小道限制不了前行的脚步；
  你稚嫩的肩膀扛起传统的大旗，
  天工的慧手雕琢着人间的大美。
  多少个昏黄的夜灯下爷孙伏案，
  对着原石敏思慧想巧夺大天工；
  游龙走丝的铁刀激起粒粒石花，
  一方石顺势而动渐显世间乾坤。
  或山水、或仙仕……
  或千工万刀、或弃繁从简……
  一方石就此凤凰涅槃……

  2017年3月15日，李江平设计创作了他的代表作《洮砚圣地——

喇嘛崖》，他将自己对故乡的情、对喇嘛崖的意全部浓缩在这方砚中（图14－29）。

2019年，李江平34岁，正值人生的黄金时期。我们相信，他会通过自己的努力，走出一条更加美好的、属于自己的洮砚之路。

图14－29 《洮砚圣地——喇嘛崖》砚

卢宏伟

卢宏伟[1]，男，汉族，1985年（身份证误写成1982年）出生于甘肃省卓尼县洮砚乡路巴村（图15-1）。听老人们讲，他们村子里有人曾在陇西巩昌府当过大官，卢家祖上也曾是书香门第。三百多年前，卢家有弟兄三人前去考状元，对面加麻沟的坏人试图加害于他们，好在遇到一位好心的老奶奶通风报信，才改道前行，并在杜家川一位习武的好友的护送下前去赶考。最终结果如何，老人们也说不清楚，只知道卢家曾出过两任陕西巡抚，这也算是家族中最大的官员了。卢宏伟的爷爷是一个相貌堂堂、秉性正直、在村里有头有脸的人。1958年剿匪时曾被抽调为担架兵，后来当了二十几年的村长，在村中很有威望。慈祥的奶奶是陪伴卢宏伟长大的主要亲人，因为，从他记事起，就一直和她老人家

图15-1 卢宏伟（后中）与父母和弟弟

---

[1] 本评传撰写中得到了卢宏伟的大力支持与配合。在此说明并表示感谢。

在一起。在卢宏伟儿时的记忆中，奶奶腿脚有疾，行动不便，后来他才知道这是因为奶奶生完大姑的那年，一场大雨淹没了存放洋芋的窖穴，当时还在月子里的奶奶硬是在冷水里把一窖的洋芋淘洗干净，从此落下了终生的病根。卢宏伟说，虽然在别人眼里奶奶走路不像正常人那么麻利，但在他的心目中，奶奶永远是最慈爱、最伟大的。所以，他常常陪伴在奶奶身边，力所能及地做一些照顾她老人家的事。每到晚上，他也会依偎在奶奶的怀里，听她讲故事。也正是在奶奶的讲述中，卢宏伟一次又一次听到有关佛的灵验事迹，这在他幼小的心灵里埋下了一颗信仰佛教的种子。直到今天，卢宏伟仍然是洮砚人中为数不多的佛教信仰者之一，当然，用他的话说，他信的是佛教的智慧，而不是迷信。

卢宏伟的母亲是外奶唯一的女儿，另外还有3个舅舅，全家的生计仅靠身为民办教师的外爷一个月15元的工资艰难维持。他的父亲卢贵忠、舅舅王文俊都是制作洮砚的手艺人，姑父窦佐良、马龙广也是当时十里八乡小有名气的洮砚商人。这样的家庭环境，让卢宏伟从小就熟悉了洮砚制作的每一个环节。当他渐渐长大，具备劳动能力的时候，父亲便让他帮助拉锯、扯钻。卢宏伟记得，叮叮当当的敲击声和吱吱呀呀的拉锯声曾引起过邻居们的不满，也因此给全家带来不少烦恼。但他毕竟还是个孩子，这些大人们磕磕绊绊的事对他来讲来得快，去得也快。所以，他一有空，还是经常跑到有电视的人家，一蹲就是多半天。要知道，20世纪末的路巴村还非常落后，全村仅有的几台黑白电视机对大人小孩都极具吸引力。看见儿子整天泡在别人家里，给人家带来诸多不便，父亲便用砚台从亲戚那里换回一台十八英寸的黑白电视机。从此，卢宏伟家又变成了小型"电影院"，孩子们整天聚集在这里，说说笑笑、打打闹闹，电视里演什么，他们就模仿着演什么；见大人们雕刻洮砚，他们便用土坯砖刻砚；大人们交易洮砚，他们也扮演卖家和买家，一本正经的"销售"着自己所做的"洮砚"；若是去了还没有通上电的亲戚家，他也会装模做样给人家当电工。卢宏伟说，小时候玩的名堂还有很多，总之，凡是眼中所见大人们的行为，都会成为他们模仿的对象和游戏的内容，什么念经、唱戏、巴郎舞等都不在话下。

1991年，6岁的卢宏伟进入拉扎小学学习。这是一个人人格形成的关键时期，卢宏伟与所有家庭困难的孩子一样，每年春夏之交便去采摘蕨菜，用于食用和补贴家用，冬天就上山拾柴用来生火。他还记得，二年级时，自己曾拿辛苦摘来的蕨菜售卖，换回五元钱。这让小小的卢宏伟非常自豪，并拿着钱四处炫耀，结果弄得满校园人人皆知。因为，在当时的山区小学里，拥有五元钱是一件非常奢侈的事。然而，等他还没炫耀几日，那点辛苦换来的"财产"却不翼而飞了。他知道这肯定是被那些经常欺凌弱小的大孩子们偷走了，但却不敢吱声，也不敢告诉母亲，生怕遭到严厉的批评。谁知母亲知道此事后，并没有责怪他，这让卢宏伟心里非常感激，也非常感慨。他突然想起平日里自己常遭到同学甚至是老师的误解，无故被指责为"小偷"时的委屈与无奈。再想起受信佛的奶奶的影响，自记事起不曾拿过别人一针一线。他理解了母亲为什么没有批评自己，也从心里不再记恨那个拿走自己五元钱的人。除了蕨菜事件外，让卢宏伟印象很深的就数到白杨河山上割扫帚了。割扫帚是当时农村人传统的副业，也就是将毛竹割倒，扎成小把，用来制作扫帚，主要由留守在村里的妇女小孩来胜任。卢宏伟说这样的小竹捆他每次只能背十二三把，一把四毛钱时背5元钱，一把六毛时只能背6元钱，每次都要连续十几天。他记得每次都是晚上十二点左右集体出发，等到目的地时天刚好麻麻亮，大家争先恐后，很快就将一天的扫帚割扎完成了。有一位腿部残疾的大娘，每次都跨不过必经之路上一棵横长的老树，每当这个时候，卢宏伟就奉大人之命，与和自己同龄，家庭境况出奇相似、关系非常要好的卢志杰一同前往

"营救"。等所有人都聚集在一起的时候，大家便把各自带来的干粮也集中在一起，不分你我，随手拿了，就着装在酒瓶子里的水大吃起来。卢宏伟说那是割扫帚时最为快乐的时刻，因为大伙在一起说说笑笑，很是热闹，最关键的是有大量的黑馍、少量的白馍和极个别的油馍可供选择。

虽然割扫帚让他感到了集体劳作的快乐，但在卢宏伟心中，这毕竟是妇女和孩子们干的事情，而他终有一天会成长为一个顶天立地的男子汉。卢宏伟看着周围靠洮砚谋生的男人们，大都因制作或贩卖砚台而衣着体面，生活富足，心中不免有几分羡慕和崇敬。生性好强的他也暗自发誓，一定要沿着父辈们的足迹，把洮砚做好，也过上像他们那样神气的生活。那时的他，坚定地认为，只有刻砚台才是他唯一的出路。但从小比较叛逆的他，一开始就不太喜欢大人们雕刻的那些传统图案。因为，他觉得仅自己语文课本里的插图就可以用作参照制作很多砚台。在这种认识的基础上，当他看到语文书封面上的牡丹花时，便利用课余时间将其拓下来并刻在砚盖上。当他看到《吐鲁番的葡萄熟了》这篇课文时，又把文中配有葡萄图片的那一页悄悄撕了下来，作为以后雕刻葡萄的样本。

1997年，香港回归，一方以"九九归一"为主题的洮砚由甘肃省人民政府赠送给香港特区政府，而洮砚开发公司的赵成德先生也上了电视，这极大的刺激了当时只有12岁的卢宏伟，让他第一次感觉到了洮砚的魔力。同时间，一本印有各种新式洮砚的挂历在洮砚乡开始流传，对于很少走出大山的人们来说，挂历上的洮砚实在是太"讲究"了。这本洮砚挂历对整个洮砚乡来说，绝对是意义深远，因为那时一本挂历甚至可以换一方老坑砚。而人们开始以挂历为参考，生产新式洮砚，并逐渐引入细雕、打磨、上蜡等工艺的行为，更是改变了洮砚素面朝天的旧格局。

受挂历启发，才上小学三年级的卢宏伟自制了一方鱼砚、一方竹节砚，在大坯制作完成后，由其父亲对细节进行了简单修饰（图15-2）。当时，这两方砚台卖出了160元的高价，轰动了整个寨子。而卢宏伟也正是从那时踏上了刻砚制砚的路。

图15-2　小学三年级的卢宏伟（后排右）

那时，老师傅李茂棣先生（洮河石砚雕刻技艺国家级非物质文化遗产传承人）经常到家中给他画砚台，讲砚台的各种雕刻技法、讲砚台涉及的各种历史人文、讲砚台的风水设计等一切他所知道的洮砚知识，李茂棣先生也可以说是卢宏伟真正意义上的启蒙师傅。

时间过得很快，不知不觉中，卢宏伟已经成了小学高年级学生，但那个时候的小学生升级的少，留级的多。当他回头看自己的小学经历时，才发现他仅读一年级就用了三年时间，二年级又用去了二年时间，三年级仍是两年。总是留级，让他感到极为不安。于是，刚上四年级的他辍学了。就在这时，同村的砚工向彦青建议他去卓尼一家小型的洮砚厂雕刻砚台，因为向彦青就是这家砚厂的骨干。卢宏伟便跟随向彦青来到了卓尼。对于从未出过远门的卢宏伟来讲，县城显得非常繁华，他打算在这里好好的感受感受。谁知一周以后，洮砚厂的负责人却因为卢宏伟年纪太小，怕出意外而要求他回家继续读书。无奈之下，卢宏伟又一次进入了学堂，继续在四年级学习。令他高兴的是，就在那个时候，学校换了一批新老师，他们的为人和教学方法，都让卢宏伟感到与以往大不相同。更让他兴奋的是，老师们喜欢他不说，还让他当上了班长。这些都使他信心大增，学习的劲头也十足起来。他说，或许是长大了，理解能力提高了，加上老师们的鼓励，他的学习也越来越好了，尤其是作文，每次考试都接近满分。另外，在学校的歌唱比赛中，他也获得了二等奖。他还喜欢体育，甚至在腿上绑着沙袋来练功。

卢宏伟学习成绩进步了，同时，他雕刻洮砚的成绩也不小。他说，就在那个时候，每天上学之余，他都在刻砚台。而雕刻的主要任务就是"壮龙"砚，所谓"壮龙"就是体型粗壮的龙。他负责下体，做粗活，父亲负责雕刻细部，父子配合默契，使家庭的收入得到了较大的改观。

卢宏伟顺利的升入五年级（图15-3），他感到自己学习的兴趣也愈发浓厚了。但谁知一次偶然的饮酒事件却终止了他的学业。他说，在那个时候，自己的同龄人结婚生子者非常普遍。也正是在一次同学的婚礼上，他第一次尝到了酒的滋味，第一次体会了酒醉的感觉。那个晚上，醉酒的卢宏伟回到家中，倒头便睡。与此同时，父母亲正好给刚去世的堂外爷办理丧事。等卢宏伟酒醒之后，才发现家中只有他一人，也早就错过了上学的时间。就从那一刻起，他就再也没有踏进校门，真的辍学了，这一年是1999年，他十四岁。

图15-3 小学五年级的卢宏伟（前排左一）

卢宏伟随着打工的队伍来到了省城兰州，当班车驶过临洮时，他感到了大城市的气息，面对密密麻麻的高楼大厦，他感到终于走出了大山，有一种脱胎换骨的感觉。但很快，他就感到工地上的艰辛，每天扛水泥，筛沙子，繁重的劳动不断挑战者他瘦小的身躯。炎热的夏天，除了充饥简陋的餐饭之外，唯一能做的就是不停喝冷水。时间久了，卢宏伟得上了肠炎，身体的不适以及工地上发生的伤亡事故都让他不寒而栗。他开始怀念自己在家雕刻洮砚的日子。最后，他决定离开兰州，返回家乡，重操旧业。

图15-4 临洮县洮河源洮砚有限公司时的卢宏伟（右）

返回老家，正赶上麦黄时节，卢宏伟又开始在地里埋头苦干。那时候，他的心情糟糕透了。因为在卢宏伟的骨子里，一直想干一番大事。他说尽管他至今都不知道什么是大事，但就是不愿意把精力投入到农村那些鸡毛蒜皮的琐事上。于是，他又来到临洮县洮河源洮砚有限公司做学徒（图15-4）。当时的厂长张兴忠是一位有一定知名度的画家，所以，他也积极地参与洮砚的讨论与设计，这也在一定程度上增添了洮砚的"文人气息"。窦国良先生是当时厂里的设计师兼副厂长，他所雕刻的花鸟与葡萄等都非常出名。而卢宏伟也正是在窦国良先生的指导下，打下了花鸟雕刻的坚实基础。

十四五岁正是一个花季的年龄，也是充满质疑与叛逆的年龄。就在这段时间里，卢宏伟开始学会了抽烟、喝酒，有时候也在录像厅看一场录像，时间久了，身边也有一些志同道合的哥们。常言道，好话不出门，坏话传千里。卢宏伟在临洮的表现被传到老家，村民们甚至认为他与黑社会混在了一起，这让家人也非常担忧。但卢宏伟说根本就不是那么回事，与那些朋友在一起，让他感受到别人对他前所未有的尊重和理解，他从来没有出格的行为，因为他知道他是谁，知道他该干什么。村里的老支书知道他的品行与为人，不但没有人云亦云怀疑他，还让他返回家乡去参军。但最后阴差阳错，还是没能如愿。

2002年，学艺满三年的卢宏伟已成为洮砚厂的青年骨干，月薪1500元以上。但是对于艺术的追求，让他总觉得自己在许多方面还有所欠缺。在一次回老家探亲的过程中，他无意间看到洮砚大师刘爱军老师的招生启示，于是又来到"兰州刘爱军洮砚艺术品研究所"，跟随刘老师系统学习精品洮砚的雕刻（图15-5）。

到刘爱军洮砚艺术品研究所后，卢宏伟的身份再次成为学徒，工资也只有150元。所有学徒们白天刻苦学习，晚上便利用休息时间自己加班制作洮砚换取生活费。那时的生活虽然清苦，但在刘爱军老师的指导下，一批学员都学有所成，成为现今洮砚行业的大师，如汪忠玉、李想令、何华林、马万清、李江平等，都是同时期的学员。在刘爱军老师处，卢宏伟对花卉、人物、青铜纹饰等题材的砚台雕刻技艺基本掌握纯熟，并为日后独立门户奠定了基础。这时候，卢宏伟开始积攒一些钱寄给家里，从此，人们对他的看法也有了很大的改变。他说，那时候，虽然条件艰苦，但也感到生活无忧无虑，非常快乐。每当有闲余时间，他们都会三三两两拿着毛笔来到黄河边，把那些裸露在外面的石头一块挨着一块的画过来，通过这样的方式来练习设计砚石。随着制砚水平的提高，外面有好几个洮砚厂都劝卢宏伟离开刘爱军老师，并表示愿意开高工资请他担任技术指导，但都被他婉言谢绝了。

图15-5 刘爱军老师给卢宏伟指导制砚

2005年9月，卢宏伟的洮砚作品《金银满贯》荣获甘肃省第八届工艺美术百花奖优秀奖。2006年9月，《连年有鱼》又荣获甘肃省第九届工艺美术百花奖创新设计三等奖。作品连续获奖，让他信心大增。然而，就在他打算再接再厉，大干一番的时候，一次意外的车祸阻止了他的脚步。那是2006年，卢宏伟在回老家购买原石时，与几个好友共同借用的三轮车不慎翻车，一行4人全部掉入山沟，所幸无人受重伤。因为需要休养，卢宏伟离开了刘爱军洮砚艺术品研究所。机缘凑巧，在养伤期间，市场嗅觉敏锐的洮砚经销商高瑞鹏先生来洮砚乡定制无盖单扇（片）砚。但是，洮砚乡当地的砚工们却没有设计单扇（片）

砚的先例。于是，高先生找上门与卢宏伟洽谈并商定了合作事宜。卢宏伟接下来这单生意，在2006—2007年的一年多时间里，亲自设计并组织洮砚乡砚工们生产了各类洮砚1600余方，赚取了自己人生的第一桶金。从此，他不仅改变了洮砚原先的厚重古拙，使其走向了轻便灵秀，而且让自家的土墙变成了砖墙，纸窗子变成了玻璃窗。这真是"塞翁失马，焉知非福"。

2008年，卢宏伟携新婚妻子，来到历史文化积淀深厚、人文气息浓厚的陇上名城——临洮。他利用九甸峡水库移民搬迁的契机，投入巨资，买入大量洮砚原石，开始自己的创业历程。这一年，他参加了在北京举办的第十八届全国文房四宝艺博会暨中国书画名家作品邀请展（图15-6）。9月，他的作品《正果》砚荣获甘肃省第十届工艺美术百花奖制作技艺三等奖，《凉州曲》获制作技艺二等奖。11月，在第十届中国工艺美术大师精品博览会中，经评审委员会评审，他的《志趣相投》砚获中国工艺美术银奖。

图15-6 参加第十八届全国文房四宝艺博会暨中国书画名家作品邀请展

2009年5月12日，赵建军、李江平、卢宏伟、李海平、将纪念5.12汶川地震巨型雕刻洮砚一方捐赠中央档案馆收藏。2009年11月，在第十一届中国工艺美术大师精品博览会中，其作品《庄周梦蝶》获中国工艺美术银奖，《月中嫦娥》获中国工艺美术传统艺术金奖。2010年6月20日，《国魂》砚荣获中国文房四宝精粹博览会金奖。8月，《铜鼓水渠》砚荣获甘肃省第十一届工艺美术百花奖创作创新一等奖。11月，在由四川省文学艺术界联合会、四川省人民对外友好协会、四川中华民族文化促进会主办的第十一届西部国际"三品"博览会中，他的作品《龙生九子》荣获银奖。2011年2月，经甘肃省工艺美术大师评审领导小组批准，授予卢宏伟"甘肃省工艺美术大师"称号。同年10月10日，他的《棋盘茶盘洮砚》获2011年中国（兰州）艺术品收藏博览会展览金奖。2012年11月，《簪花女》荣获第十二届甘肃省工艺美术百花奖创作创新二等奖。2013年11月，在第十五届中国工艺美术大师精品博览会中，其作品《汉宫秋月》获中国工艺美术银奖。

可以说，自从来到临洮，卢宏伟在短短的几年里，取得了可喜的成绩。但此时的他总觉得应该出去看看外面的世界。所以，2011—2013年，他一有机会就到上海、银川、西安等地参加展览会。开阔眼界的同时，也认识到洮砚本身的缺陷。于是，便产生了一个想法，就是用洮砚最好的石料，结合端砚歙砚的薄衣雕做出新的产品。后来他与安徽一个名叫江大平的人合作，由他提供洮砚石料，江大平负责找人用南方的雕工雕刻作品。这些作品中包括薄衣山水、海兽蓬莱、兰亭序、仿古砚、素砚等。这一尝试，把传统洮砚雕刻不到位、做工粗糙等问题都解决了。所以，刚开始的几批砚台深受人们喜爱，销路很好。更重要的是安徽人能够做出任何形状的砚盒子、底座和支架，这是当时洮砚急需而又缺乏技术支持的。而卢宏伟与江大平促成的这次南北融合，不仅让洮砚的面貌发生了改变，而且也让洮砚包装的困境得以改观。

提到2014年之后所做之事，卢宏伟非常难过地说，2017年的正月初八，一场突如其来的大火将他的工作室烧成灰烬，很多见证他所取成绩的获奖证书、聘书以及收藏的字画都毁于一旦。这次火灾，不仅让他经济上蒙受损失，而且让他近几年来的努力和荣誉变得无迹可寻。从噩梦中醒来的卢宏伟，只能面对现实，继续前行。2017年3月，《天师神威》砚荣获第十四届甘肃省工艺美术百花奖创作创新一等奖。12月30日，临洮县观赏石协会鉴于卢宏伟在观赏石文化方面的造诣，聘请他为临洮县观赏石协会副会长。至此，他已经身兼数职，不仅是中华传统工艺大师、甘肃省工艺美术大师、卓尼县洮砚协会副会长、临洮县洮砚协会副会长，还创办了艺遥洮砚发展有限公司。

性格耿直的卢宏伟，向来心直口快，与他交往总会感到轻松。但他的直接、大气、不设防线，又往往容易让自己陷入困境。这些年，他四处奔走，一直想做自己的洮砚艺术馆，也想做文化产业创业园。但由于种种原因，这些很有价值的设想都没有达成，并且屡屡上当。用他的说就是"不仅上当，而且当当上的不一样"。这导致他近几年的经济受到了很大的损失。

从小受崇佛的奶奶的影响，卢宏伟一直有一颗善良、宽容之心。所以，面对生活中的诸多不顺心，他总会通过几支香烟使之化为散去的烟雾。但不管发生了什么，慈善之事却从未停止。2014年4月15日，甘肃临洮卧龙寺景区管委会为卢宏伟颁发收藏证书，上面写道："卢宏伟先生，您为甘肃省临洮县卧龙寺捐赠的《中华大团结巨型洮砚》，造型优美，做工精细，具有很高的艺术价值，被我寺永久收藏，并置卧龙寺大经堂长期陈列。感谢您的杰出贡献，希望您一如既往关心卧龙寺建设，功德无量！"2017年5月12日，临洮县洮阳镇紫云山佛归寺理事会鉴于他在紫云山佛归寺发展暨传统文化旅游节活动中的突出表现，为他颁发了"先进个人"的荣誉证书。卢宏伟说，多少年来，大到给寺院捐赠大型洮砚，为家乡的建设提供力所能及的帮助，小到逢年过节看望老人，他总是重情重义，有目共睹。

2019年，刚过而立之年的卢宏伟还非常年轻，但回首自己走过的路，也不免要感叹一番。他说："自投身洮砚制作以来，我一直严格要求自己，将提升自身雕刻技艺作为基本要求，更是将洮砚事业发展壮大的历史责任作为自己的使命。14岁拜师学艺，22岁自立门户，18年的岁月改变了一个离开家乡寻梦的青春少年，也沉淀了我纯熟的雕刻技艺。在电脑技术逐渐兴盛并开始取代人工的砚雕领域，我仍然守着作为一个'手艺人'的职业理想，迷恋于雕刻刀尖上的时光。雕刻讲究分毫不差的雕工——尤其是对于老坑石材而言，一刀落下几乎已定全局，容不得丝毫差错。从艺术层面而言，雕刻还要考虑石头的纹理，物体的透视，人或物的形态，这不仅需要娴熟的技巧，更需要一个手工艺人对洮砚的了解。在机器化时代，留住传统手工艺的温度，不仅需要技能，更需要耐得住寂寞的勇气。"

的确，卢宏伟用自己的双手，极力挽留着"传统手工艺的温度"，并且无意间把自己的性情渗入洮石之内。一件名为《天师神威》的作品，用粗犷的刀法表现了天师钟馗的威猛形象，整个人物浑身充满力量，坚毅的眼神中透露着几分倔强，这分明就是作者自己个性的写照（图15-7）。《紫气东来砚》表现了老子出关的情景，画面中的老聃气静神闲，与世无争。联想卢宏伟这些年的境遇，这难道不是一种他想追求的境界吗？（图15-8）卢宏伟天生有一副侠骨，但内心也充满着柔情。一件以梅花为题材的砚作，把朽木虫蛀的感觉刻画得惟妙惟肖，而那一支白梅，清澈、透亮，冰清玉洁，朵朵花瓣无不散着清气（图15-9）。这不能不说是作者心中静气和细腻所致。

图15-7 《天师神威砚》　　图15-8 《紫气东来砚》　　图15-9 《梅花砚》

2016年4月，有人告诉卢宏伟，途径临洮的高速公路上闲置着一块广告牌。于是，他几经努力，把一块巨型的广告牌高高的竖立在高速公路的边上，上面赫然写着"洮砚"二字，非常醒目。在卢宏伟看来，这不仅是让所有路过的人都能对洮砚留有印象，而且还想借这块牌子寄托自己的一个心愿，那就是希望洮砚的前景能够像这高速公路一样健康、长远，且与时俱进。当然，他希望自己的洮砚事业也是如此。

后　　记

大约在五六年前,一次偶然的机会,我认识了甘肃润玉洮砚艺术研究院院长李江平和他的哥哥李海平。从此开始接触洮砚、了解洮砚、认识洮砚,并关注砚工这个群体。

李江平弟兄是明代大将军李达后裔李七十六儿夫妇的第八代后人,其三爷李茂棣是"国家级非物质文化遗产——砚台制作技艺·洮砚制作技艺传承人",被称为洮砚界的一代宗师。由此,我对洮砚的理解也就从李氏家族开始。随着对洮砚认识的不断深入,我感到目前洮砚的研究中,有两个问题非常重要,但又被人们忽视了。那就是洮砚传人的口述史与家族史。在这一思路下,我开始走访卓尼李氏家族中从事砚雕者,希望构建起这一家族洮砚制作传承的谱系。

2013年,我以《卓尼李氏制砚工艺传承研究》为题,申报了西北师范大学"青年教师科研能力提升计划"项目并获批立项。2015年,该课题又被批准为"2015年度教育部人文社会科学研究青年基金项目"。这不仅是对我研究洮砚的前期成果的肯定,更是对我研究洮砚提出了更高的要求。在接下来的时间里,我多次前往卓尼,越来越多地接触与洮砚相关的人和事。每采访一位砚工,就被他们的顽强、朴实和热情感化一次。我逐渐了解到他们的生存状态,体会到他们在养

后 记

家糊口与艺术理想之间的矛盾与抗争，意识到他们对研究洮砚、宣传洮砚的渴求以及对我的期望。也正是在一次次眼神的交接中，我感受到他们的不易与伟大。于是，我改变了思路，认为洮砚并不是某一个人，或某一个家族的事，而是世世代代生活在那片土地上的人们共同的文化基因与精神支柱。我要研究他们，要为他们树碑立传，要构建起整个洮砚工艺传承的大谱系。

基于这样的思维转变，我开始扩大研究对象。结果表明，这一思路是有效的。因为，当我将目光从李氏家族移开，投向整个洮砚领域时，不仅看到了更多优秀的洮砚传承人，而且因其中大多数人出自李门而进一步凸显了李氏在洮砚传承中的重要性。然而，正是这一思路的调整，让本课题的研究深度、广度、难度都大大增加。但让人感动的是，在撰写过程中，我得到了各位研究对象的大力支持和配合。除了多次去他们家中采访调查外，我们充分利用微信，让口头讲述与资料传递成为近几年来大家共同的生活常态。甚至有人专门赴约来兰，接受我的采访。现在想来，种种场景，无一不让人感动。就是这样，经过一年多的时间，我完成了15位洮砚传承人的评传。他们对洮砚有着不同的理解，不同的追求以及不同的雕刻题材和风格，但却有着非常相似的人生阅历，也都希望洮砚的明天越来越好。

从文学的角度而言，评传是带有研究与评论性质的传记。这类传记偏重于对传主的生平事迹的评价，一般按照生平顺序梳理和记述，在叙述中常常插入评论，强调材料的真实性和撰写的严谨性，要求对原始资料进行认真的研究与考证，不容许虚构或杜撰。如果有必要的推测和推论，也要加上严格的论证说明。本书也正是遵循传记文学的要求来撰写，并把重点放在资料的挖掘与整理，洮砚传人的个案研究以及新中国成立以来洮砚传承大谱系的构建上。另需说明的是，本书涉及的15位洮砚传承人代表了当今洮砚界老、中、青三代的整体实力，都拥有"洮砚雕刻大师"的称号。但在我的笔下，他们有一个共同的名字叫"砚工"。这样称呼,别无他意,只是朴素地觉得比较亲切,也比较贴切。更重要的是,我认为他们都具有敬业、专注、精益、创新的"工匠精神"。而这种精神,正是我们需要的,也是值得尊重的。

  由于个人学识与能力有限,加之所写对象之间多有交叉,对同一事件,各人表述存在出入且难以求证等问题,本书的不足和遗憾在所难免。但对于在撰写过程中给我提供了帮助的人的感谢却不能省去。首先要感谢的还是李茂棣、张建才、包述吉、贾晓东、刘爱军、王玉明、卢锁忠、汪忠玉、洪绪龙、马绪珍、李国琴、马万荣、李海平、李江平、卢宏伟以及他们的家人。因为,他们既是我的研究对象,也是我有力的支持者和忠实的配合者。其次要感谢兰州大学的研究生刘亚亚同学、西北师范大学传媒学院的刘佩琦同学,还有我的研究生沈晨晨和王璨同学,他们在协助采访、采集资料方面给了一定的帮助。再次,要感谢李德全、袁爱平、后永强等学者在洮砚传人评传方面取得的前期成果,为本书的撰写提供了有价值的资料。最后要感谢中国社会科学出版社王茵副总编辑、张潜博士以及我的家人长期给予的支持和帮助。

史忠平
2019年1月10日于兰州